Stilke's Rechtsbibliothek Nr. 115
Die Gesetze des Deutschen Reichs und der deutschen Länder
mit systematischen Erläuterungen

Die Politischen Notverordnungen

zum Schutz von Volk und Staat
vom 28. Februar 1933

gegen Verrat am Deutschen Volke
und hochverräterische Umtriebe
vom 28. Februar 1933

zum Schutze des deutschen Volkes
vom 4. Februar 1933

zur Erhaltung des inneren Friedens
vom 19. Dezember 1932

über die
Auflösung der kommunistischen Gottlosenorganisationen
vom 3. Mai 1932

mit den Ausführungsbestimmungen des Reichs und der Länder

Erläutert von
Dr. Kurt Häntzschel
Ministerialdirigent im Reichsministerium des Innern, Dozent an der Universität Berlin

Vierte veränderte und verbesserte Auflage

1 9 3 3
Verlag von Georg Stilke, Berlin

Inhaltsverzeichnis

Abkürzungen

aaO.	=	Am angegebenen Ort.
Art.	=	Artikel.
BayrObLG.	=	Entscheidung des Bayerischen Obersten Landesgerichts (amtliche Sammlung).
BGB.	=	Bürgerliches Gesetzbuch.
Cohn-Schäfer	=	Cohn-Schäfer-Wichards, Republikschutz-Gesetz, Heymann-Verlag.
DJZ.	=	Deutsche Juristenzeitung, Herausgeber u. Verlag Otto Liebmann, Berlin.
DRZ.	=	Deutsche Richterzeitung.
DurchfVO.	=	Verordnung zur Durchführung der VO.
G.	=	Gesetz.
GoltdArch.	=	Goltdammers Archiv für Strafrecht.
GS.	=	Preußische Gesetzsammlung.
GVBl.	=	Gesetz- und Verordnungsblatt
GVG.	=	Gerichtsverfassungsgesetz.
Hoche	=	Verordnung zum Schutze des Deutschen Volkes, Berlin 1933, Franz Vahlen Verlag.
HRspr.	=	Höchstrichterliche Rechtsprechung, Beilage der Juristischen Rundschau.
JurR.	=	Juristische Rundschau.
JW.	=	Juristische Wochenschrift.
KG.	=	Preußisches Kammergericht.
KGJ.	=	Jahrbuch der Entscheidungen des (preuß.) Kammergerichts, herausgegeben von Johow.
LZ.	=	Leipziger Zeitschrift für deutsches Recht; J. Schweitzer Verlag, München. Berlin, Leipzig.
MBliV.	=	Ministerialblatt für die (preußische) innere Verwaltung.
OLG.	=	Oberlandesgericht.
OVG.	=	Oberverwaltungsgericht; ohne weiteren Zusatz: Sammlung von Entscheidungen des Preuß. OVG. Sächs. OVG.: Sammlung von Entscheidungen des Sächsischen OVG.
PolVerwG.	=	Preußisches Polizei-Verwaltungs-Gesetz vom 1. Juni 1933.
PreßG.	=	Reichspreßgesetz vom 7. Mai 1870 (RGBl. S. 65).
Recht	=	Das Recht, Rundschau für den deutschen Juristenstand.
RegBl.	=	Regierungsblatt.
RepSchG.	=	Gesetz zum Schutze der Republik vom 25. März 1930 (RGBl. I S. 91).
RG.	=	Reichsgericht. (Ein dahinterstehendes Datum und Aktenzeichen kennzeichnet eine vom 4. Straffenat des Reichsgerichts unter diesem Datum getroffene Entscheidung).
RGBl.	=	Reichsgesetzblatt.
RGSt.	=	Entscheidungen des Reichsgerichts in Strafsachen (amtliche Sammlung). Die fetten Zahlen bedeuten den Band, die mageren die Seite.
RGZ.	=	Entscheidungen des Reichsgerichts in Zivilsachen (amtl. Sammlung).
RRspr.	=	Rechtsprechung des Reichsgerichts in Strafsachen, herausgegeben von den Mitgliedern der Reichsanwaltschaft.
RV.	=	Reichsverfassung.
SächsArch.	=	Sächsisches Archiv für Rechtspflege.
SchWaffG.	=	Gesetz über Schußwaffen und Munition vom 12. April 1928 (RGBl. I S. 143).
StGB.	=	Reichsstrafgesetzbuch.
StG. (StGH.)	=	Staatsgerichtshof zum Schutze der Republik (nach §§ 12, 13 des alten Republikschutzgesetzes).
StPO.	=	Reichsstrafprozeßordnung.
VerG.	=	Reichsvereinsgesetz v. 19. April 1908.
VO.	=	Verordnung.
WaffMißbrauchG.	=	Gesetz gegen Waffenmißbrauch vom 28. März 1931 (RGBl. I S. 77)

Vorwort zur vierten Auflage.

Der Name der politischen Notverordnungen hat in der letzten Zeit wiederholt gewechselt. Ihr Inhalt aber ist im wesentlichen derselbe geblieben, gleichviel, ob nun die Verordnungen als solche zur Bekämpfung politischer Ausschreitungen, zur Erhaltung des inneren Friedens oder zum Schutze des deutschen Volkes oder Staates bezeichnet werden. Mit dem schnellen Wechsel der Regierungen haben auch die politischen Notverordnungen in letzter Zeit wiederholt ihre Gestalt geändert. Bald hat man versucht, die der freien Entfaltung staatsbürgerlicher Tätigkeit auferlegten Fesseln wieder zu lockern, bald mußte man sie wieder anziehen, wenn sich herausstellte, daß die Zeit für eine wesentliche Milderung noch nicht gekommen war. Dieser Wechsel spiegelt sich auch in den jetzt in Geltung befindlichen Notverordnungen wider. Die Verordnung zur Erhaltung des inneren Friedens vom 19. Dezember 1932 zeigt den entschiedenen Willen zur Milderung der insbesondere der Presse und dem Vereins- und Versammlungsleben auferlegten Schranken. Die wenige Wochen später erlassene Verordnung zum Schutze des deutschen Volkes vom 4. Februar 1933 setzt die Mehrzahl der Beschränkungen, die überhaupt in den verschiedenen politischen Notverordnungen der letzten Jahre enthalten waren, wieder in Kraft und setzt demgemäß einen Teil der wenige Wochen zuvor erlassenen Verordnung zur Erhaltung des inneren Friedens wieder außer Anwendung. Als Folge des kommunistischen Anschlags auf den Reichstag wurde mit dem 28. Februar 1933 die Verordnung zum

Schutze von Volk und Staat erlassen. Sie soll, wie es in ihrer Einleitung heißt, nur zur Abwehr kommunistischer staatsgefährdender Gewaltakte angewendet werden, was nach dem Runderlaß des preußischen Ministers des Innern vom 3. März 1933 bedeutet, daß „Maßnahmen, die gegen Angehörige oder Einrichtungen anderer als kommunistischer, anarchistischer oder sozialdemokratischer Parteien oder Organisationen notwendig werden, auf die Verordnung zum Schutze von Volk und Staat vom 28. Februar 1933 nur dann zu stützen sind, wenn sie der Abwehr solcher kommunistischer Bestrebungen im weitesten Sinne dienen". In sonstigen Fällen haben, wie auch in diesem Erlaß ausgeführt ist, die Behörden nach der Verordnung vom 4. Februar 1933 einzuschreiten. Bei der Vielheit der Verordnungen und angesichts der Tatsache, daß ältere Verordnungen vielfach nur zum Teil außer Kraft gesetzt sind, während einzelne ihrer Bestimmungen noch gelten, ist es naturgemäß außerordentlich schwer, sich über das, was gilt, zuverlässig zu unterrichten. Diese Aufgabe soll auch die neue Auflage dieses Kommentars erleichtern.

Die in den neuen Verordnungen enthaltenen Bestimmungen stimmen zum größten Teil bewußt mit dem Wortlaut früherer Notverordnungen zur Bekämpfung politischer Ausschreitungen überein. Das rechtfertigt die Annahme, daß die neuen Vorschriften in dem gleichen Geiste wie die alten auszulegen sind. Auch die jetzigen Vorschriften dürfen also nicht in dem Sinne ausgelegt werden, als ob sie den politischen Kampf da beschränken wollten, wo er nur mit geistigen Mitteln ohne Beschimpfungen, böswillige Verächtlichmachung, Gewalttaten und Waffen geführt wird. Insbesondere soll die sachliche Kritik an Staatsform und Staatsführung sowie die sachliche Auseinandersetzung in Weltanschauungsfragen durch die Verordnungen in keiner Weise unterbunden werden. Das gilt insbesondere auch von der Befugnis zum Erlaß von Zeitungsverboten. Das Recht, eine Zeitung oder Zeitschrift zu verbieten, soll nicht so weit gehen, daß dadurch die *sachliche* Berichterstattung oder Kritik unmöglich wird. Nur da, wo der politische Kampf statt mit geistigen mit ungeistigen, statt mit sachlichen mit unsachlichen Mitteln geführt wird, sollen die Exekutivbehörden von den weitgehenden Vorschriften dieser Verordnungen Gebrauch machen, um auf diese Weise zu erzwingen, daß das politische Leben in Deutschland wieder die Formen annimmt, die guter deutscher Sitte entsprechen.

Berlin, im März 1933. Der Verfasser.

Uebersicht
über den Inhalt der Verordnungen

I. Vereins- und versammlungsrechtliche Bestimmungen

		Seite
c) **Versammlungen** und **Aufzüge unter freiem Himmel** (auch nicht politische)	**Recht des Reichsministers des Innern,** sie für Reichsgebiet oder für einzelne Teile **zu verbieten** (§ 5 VO. v. 4. 2. 1933)	59
	Beschränkung des Verbotsrechts der Länder auf Verbote **einzelner** Veranstaltungen oder **allgemeine** Verbote für **abgegrenzte Ortsteile**	60
	Recht des Reichsministers des Innern zur **Aufhebung von Versammlungsverboten der Länder** (§ 6 VO. v. 4. 2. 1933)	60
d) **Alle öffentlichen Versammlungen** (auch nicht politische auch in geschloss. Räumen)	Recht der Polizei z. **Ueberwachung durch Beauftragte,** Pflicht der Veranstalter zur **Einräumung angemessenen Platzes** (§ 3 VO. v. 4. 2. 1933)	55
	Zuwiderhandlung strafbar nach § 17 Nr. 2 VO. v. 4. 2. 1933 . .	97
e) **Politische Vereinigungen**	Recht des Reichsministers des Innern zum **Erlaß von Uniformverboten** (§ 5 VO. v. 4. 2. 1933) .	59
f) **Räumlichkeiten** (Wohnungen, Geschäftsräume, Gaststätten) **als Sammelstätten staatsgefährlicher Betätigung**	**Polizeiliche Schließung, Konzessionsentziehung bei Gast- und Schankwirtschaften** als Stütz- und Sammelpunkte für Gewalttätigkeiten (§ 23 Nr. 1 VO. v. 4. 2. 1933) . . .	111
	Polizeiliche Schließung, Konzessionsentziehung bei Gast- und Schankwirtschaften wegen Fortsetzung verbot. Vereinstätigkeit (§ 23 Nr. 3 VO. v. 4. 2. 1933)	112
	Zuwiderhandlung: Gefängnis nicht unt. 3 Monaten (§ 23 Abs. 5)	112
g) **Staatsfeindliche Vereinigungen** (Vereinigungen m. hochverräterisch. Zwecken, bewaffnete Haufen, Geheimbünde, staatsfeindliche Verbindungen [§§ 81—86, 127—129 StGB.])	**Auflösung** durch oberste Landesbehörden od. von ihnen bestimmte Stellen	123
	Beschwerde gegen Auflösung an Reichsgericht	123
	Recht des Reichsministers des Innern Landesbehörden um Auflösung zu ersuchen (§ 3 VO. v. 19. 12. 1932)	124
	Beschlagnahme des Vereinsvermögens (§ 4 VO. v. 19. 12. 1932)	130
	Zuwiderhandlung gegen Auflösung strafbar nach § 5 VO. vom 19. 12. 1932	132

II. Preßrechtliche Bestimmungen

(periodische und nichtperiodische Druckschriften)

		Seite
c) **Periodische Druckschriften,** deren Inhalt: **hochverräterischer** Natur ist, zum **Ungehorsam gegen Gesetze** od. Verordnungen anreizt, zu **Gewalttätigkeiten** anreizt oder solche **verherrlicht,** **zum Generalstreik oder zu Streik** in einem **lebenswichtigen Betriebe anreizt,** **Organe, Einrichtungen, Behörden, leitende Beamte des Staates** od. **Religionsgesellschaften** des öffentl. **Rechts, ihre Einrichtungen** oder **Gebräuche beschimpft od. böswillig verächtlich macht,** **offensichtlich unrichtige Nachrichten enthält,** deren Verbreitung lebenswichtige Staatsinteressen gefährdet, periodische Druckschriften, bei denen **Abgeordneter od. Exterritorialer verantwortlicher Redakteur** ist	**Verbot** des ferneren Erscheinens durch oberste Landesbehörde oder von ihr bestimmte Stelle. **Höchstdauer** bei Tageszeitungen vier Wochen, bei anderen Druckschriften sechs Monate. **Beim dritten Verbot innerhalb drei Monaten:** Höchstdauer sechs Monate bzw. ein Jahr (§§ 9, 10 Abs. 1 VO. v. 4. 2. 1933) . . .	69, 82
	Beschwerde gegen Verbot an Reichsgericht (§§ 10, 12 VO. v. 4. 2. 1933)	82
	Recht des Reichsministers des Innern, Landesbehörden um Verbot zu ersuchen (§ 10 Abs. 3 VO. v. 4. 2. 1933)	83
d) **Ausländische periodische Druckschriften,** bei denen die oben (zu c) genannten Voraussetzungen vorliegen	**Verbot** der Inlandsverbreitung durch Reichsminister des Innern. **Höchstdauer** sechs Monate. Kein Rechtsmittel (§ 13 VO. vom 4. 2. 1933)	92

Zuwiderhandlungen gegen Zeitungsverbote: Gefängnis nicht unter drei Monaten (§ 18 VO. v. 4. 2. 1933) . . . 98

e) **Ersatzzeitungen**	Soweit **Kopfblätter** oder **neue Zeitungen,** werden sie vom Verbot ohne weiteres mit umfaßt (§ 9 Abs. 3 VO. v. 4. 2. 1933) .	70
	Soweit **schon bestehende Zeitung zur Umgehung des Verbots zugestellt** wird, Recht zum Verbot auch dieser Zeitung (§ 11 VO. v. 4. 2. 1933)	88

III. Besondere strafrechtliche Vorschriften

			Seite
	Fahrlässige Herstellung, Verbreitung oder Vorrätighaltung von Druckschriften hochverräterischen Inhalts	Gefängnis von 1 Monat bis zu 3 Jahren. Einziehung der zur Tat gebrauchten oder bestimmten Gegenstände (§ 6 VO. v. 28. 2. 1933)	33
	Landesverrat, Verrat militärischer Geheimnisse	In schweren Fällen Todesstrafe (§ 1 VO. v. 28. 2. 1933)	28
		Ausdehnung der Strafbarkeit auf Verrat mittels gefälschter Urkunden und Nachrichten (§ 2 VO. v. 28. 2. 1933	28
		Ausdehnung der Strafbarkeit auf Verbreitung von Urkunden und und Nachrichten, die bereits bekannt sind (§ 3 VO. v. 28. 2. 1933)	30
b)	Oeffentliche Aufforderung od. Anreizung zu Gewalttätigkeiten gegen Personen oder Sachen	Gefängnis nicht unter drei Monaten (§ 15 VO. v. 4. 2. 1933) .	95
c)	Teilnahme an Verbindungen oder Verabredungen für Verbrechen wider das Leben	Gefängnis nicht unter drei Monaten, in schweren Fällen Zuchthaus bis zu fünf Jahren (§ 9 VO. v. 19. 12. 1932)	134
d)	Beschimpfung, Verleumdung od. Gewalttat gegen Reichspräsidenten	Gefängnis nicht unter drei Monaten, bei mildernden Umständen Gefängnis (§ 9 Nr. 2 VO. v. 19. 12. 1932)	135
e)	Beschimpfung od. böswillige Verächtlichmachung des Reichs, eines Landes, der Reichs- oder Landesverfassung, der Reichs- od. Landesfarben, oder der Wehrmacht	Gefängnis bis zu fünf Jahren (§ 9 Nr. 3 VO. v. 19. 12. 1932)	135
f)	Bewaffnetes Erscheinen an öffentlichen Orten zu politischen Zwecken gemeinsam mit anderen	Gefängnis nicht unter drei Monaten (§ 10 VO. v. 19. 12. 1932 in Verbindung mit § 3 Waffenmißbrauchsgesetz v. 28. 3. 1931)	144

		Seite
g) **Giftbeibringung** (§ 229 StGB.), **Brandstiftung** (§ 307), **Explosion** (§ 311), **Ueberschwemmung** (§ 312), **Beschädigung von Eisenbahnanlagen** (§ 315 Abs. 2), **gemeingefährliche Vergiftung** (§ 324)	**Todesstrafe** (§ 5 VO. v. 28. 2. 1933)	23
h) Unternehmen der **Tötung des Reichspräsidenten** oder von **Mitgliedern oder Kommissaren der Reichs- oder einer Landesregierung**, Auffordern oder Erbieten zu solcher Tötung, Annahme solchen Erbietens oder Verabredung solcher Tötung **Schwerer Aufruhr** (§ 115 Abs. 2 StGB.) **schwerer Landfriedensbruch** (§ 125 Abs. 2 StGB.), sofern die Tat **mit Waffen** oder in bewußtem und gewolltem Zusammenwirken **mit einem Bewaffneten** begangen ist **Freiheitsberaubung** (§ 239 StGB.) zwecks Benutzung **als Geisel** im politischen **Kampf**	**Todesstrafe** oder lebenslängliches **Zuchthaus** oder Zuchthaus bis 15 Jahre (§ 5 VO. v. 28. 2. 1933)	23

IV. Sammlungen zu politischen Zwecken

Recht der obersten Landesbehörden oder der von ihnen bestimmten Stellen zum **Verbot** solcher Sammlungen . . . 93

Recht des Reichsministers des Innern, solche **Verbote der Länder wieder aufzuheben** (§ 14 VO. v. 4. 2. 1932) . . . 93

Zuwiderhandlung gegen Sammlungsverbot: Gefängnis bis zu sechs Monaten oder Geldstrafe (§ 19 VO. v. 4. 2. 1932) 99

V. Polizeiliche Haft bei Verdacht von Hochverrat, Landesverrat, Verrat militärischer Geheimnisse und bei Waffendelikten

---

VI. Besondere Zuständigkeits- und Verfahrensvorschriften

VII. Sondervorschriften zur Abwehr kommunistischer Gewaltbestrebungen (im weitesten Sinne)

Verordnung des Reichspräsidenten zum Schutz von Volk und Staat

Vom 28. Februar 1933 (RGBl. I S. 83).

Auf Grund des Artikels 48 Abs. 2 der Reichsverfassung wird zur Abwehr kommunistischer staatsgefährdender Gewaltakte folgendes verordnet:

§ 1

Die Artikel 114, 115, 117, 118, 123, 124 und 153 der Verfassung des Deutschen Reichs werden bis auf weiteres außer Kraft gesetzt[1]). Es sind daher Beschränkungen der persönlichen Freiheit, des Rechts der freien Meinungsäußerung, einschließlich der Pressefreiheit, des Vereins- und Versammlungsrechts, Eingriffe in das Brief-, Post-, Telegraphen- und Fernsprechgeheimnis, Anordnungen von Haussuchungen und Beschlagnahmen sowie Beschränkungen des Eigentums auch außerhalb der sonst hierfür bestimmten gesetzlichen Grenzen zulässig[2])[3])[4]).

Die Verordnung ist, wie in ihrer Einleitung ausdrücklich gesagt wird, nur „zur Abwehr kommunistischer staatsgefährdender Gewaltakte" bestimmt. Ob diese Einleitungsworte rechtlich als Beschränkung des Anwendungsgebiets der VO. oder nur als Angabe des Motivs für ihren Erlaß aufzufassen sind, bleibt zweifelhaft. Jedenfalls aber erfordert sinngemäße Auslegung, ihre Anwendung auf die Fälle zu beschränken, in denen es sich — unmittelbar oder mittelbar — um Abwehr kommunistischer Bestrebungen handelt. Dagegen gelten für alle Amtshandlungen, die mit der Bekämpfung kommunistischer Gewaltakte nichts zu tun haben, nach wie vor die übrigen politischen Notverordnungen (Zum Schutze des deutschen Volkes, Zur Erhaltung des inneren Friedens usw.), die durch die neue Verordnung nicht außer Anwendung gesetzt worden sind (vgl. hierüber den Erlaß des Preuß. Min. d. Innern v. 3. 3. 1933, unten S. 25). Nach diesem Erlaß sind sozialdemokratische und anarchistische Bestrebungen den kommunistischen gleichgestellt; nicht dagegen die Tätigkeit der Gewerkschaften.

(1) Die Außerkraftsetzung bedeutet, daß die Behörden bei ihren Amtshandlungen — soweit sie der Bekämpfung kommunistischer Gewaltbestrebungen dienen (s. Vorbemerkung) — weder an diese Grundrechtsschranken noch an die zur Ausführung dieser Grundrechte erlassenen Gesetze (z. B. Reichsvereinsgesetz, Vorschriften der §§ 15 ff. Preuß. PolVerwG. zum Schutz der persönlichen Freiheit und der Unverletzlichkeit der Wohnung) gebunden sind. Auch das Reichspreßgesetz, das nicht seinem ganzen Umfange nach als Ausführungsgesetz zu Artikel 118 RV. angesehen werden kann, ist aus diesem Grunde durch besondere Bestimmung mit außer Kraft gesetzt worden, so daß Vorschriften zum Schutze der Pressefreiheit den Behörden bei der Abwehr kommunistischer Bestrebungen nicht mehr hindernd im Wege stehen.

(2) Wer der Träger der erweiterten Befugnisse ist, wird in der Verordnung nicht ausdrücklich gesagt. Insbesondere wird zum Unterschied von früheren Verordnungen dieser Art nicht etwa ein Reichsminister oder Reichskommissar mit ihrer Durchführung betraut. Das darf jedoch nicht zu der Annahme verleiten, als ob nun sämtliche Reichs- und Landesbehörden, auch soweit sie mit der Aufrechterhaltung der öffentlichen Sicherheit und Ordnung nichts zu tun haben, bei allen ihren Amtshandlungen an die genannten Verfassungsschranken nicht mehr gebunden wären. Vielmehr ergibt sich aus dem Zweck der Verordnung und aus § 2, daß nur an die zur Wiederherstellung der öffentlichen Sicherheit und Ordnung berufenen Behörden, d. h. die mit polizeilichen Funktionen irgendwelcher Art betrauten Behörden gedacht ist, während die übrigen Behörden (z. B. Gerichts-, Finanz-, technische und Kassenbehörden) nach wie vor an die Schranken gebunden bleiben, die sonst für ihre Tätigkeit bestehen.

(3) Im einzelnen sind für die Geltungsdauer der Verordnung außer Kraft gesetzt:

a) Artikel 114 betreffend die Unverletzlichkeit der persönlichen Freiheit. Damit sind zugleich alle die reichs- und landesgesetzlichen Beschränkungen gefallen, die zum Zweck der Sicherung dieser Unverletzlichkeit die polizeiliche Tätigkeit beschränken, so daß Freiheitsbeschränkung und insbesondere Verhängung polizeilicher Schutzhaft auch ohne Beobachtung dieser Vorschriften (in Preußen § 15 PolVerwG.) zulässig sind.

b) Artikel 115 betreffend die Unverletzlichkeit der Wohnung. Das zu a Gesagte gilt auch hier. In Preußen sind insbesondere Haussuchungen und Beschlagnahmen auch ohne Beobachtung der Vorschriften des § 16 PolVerwG. zulässig.

c) Artikel 117 betreffend das Brief-, Post-, Telegraphen- und Fernsprechgeheimnis. Es können also z. B. Verhängung der Brief- oder Postsperre, Oeffnung von Briefen, Ueberwachung oder Ausschließung vom Telegramm- und Fernsprechverkehr und ähnliche Maßnahmen polizeilich angeordnet werden. Die entsprechenden Vorschriften der Strafprozeßordnung bleiben in Kraft, gelten jedoch nach wie vor nur für Maßnahmen im Strafverfahren, während die Polizei als Verwaltungsbehörde an sie nicht gebunden ist.

d) Artikel 118 betreffend das Recht der freien Meinungsäußerung. Es sind also sowohl Beschränkungen der Redefreiheit wie der Preßfreiheit einschließlich Verhängung der Vorzensur zulässig. Mit Bezug auf die Presse ermächtigt die Verordnung sowohl zur Verhängung der Vorzensur wie zu Zeitungsverboten auf unbestimmte Zeit, zu Auflagen jeder Art hinsichtlich der Textgestaltung, zu Verfügungen, durch die die Mitarbeit bestimmter Personen an einer Zeitung untersagt wird, zur Beschlagnahme der Zeitung, Stillegung der Maschinen, Schließung des Betriebes usw., je nachdem, welche dieser Maßnahmen die Polizei nach pflichtmäßigem Ermessen für erforderlich hält, um kommunistische Gewaltbestrebungen zu bekämpfen.

e) Artikel 123 betreffend die Versammlungsfreiheit. Durch die Aufhebung der Versammlungsfreiheit ist der Polizei die Möglichkeit gegeben, Versammlungen jeder Art zu verbieten oder aufzulösen, falls sie dies zur Abwehr kommunistischer Gewaltbestrebungen für erforderlich hält. Eine Verpflichtung der Polizei, bei drohender Versammlungssprengung zunächst gegen die Störer vorzugehen, besteht nicht mehr. Vielmehr kann sie in allen Fällen auch die bedrohte Versammlung ohne weiteres verbieten.

f) Artikel 124 betreffend die Vereinigungsfreiheit. Durch die Aufhebung der Vereinsfreiheit erhält die Polizei das Recht, die Bildung von Vereinen durch Einführung einer Anmelde- oder Genehmigungspflicht oder durch sonstige Auflagen vorbeugend zu beschränken. Sie kann ferner Vereinigungen bestimmter Art verbieten, bestehende Vereine auflösen, die Teilnahme bestimmter Personen an Vereinigungen untersagen und ähnliches mehr, soweit sie dies zur Bekämpfung kommunistischer Gewaltbestrebungen für erforderlich hält.

g) Artikel 153 betreffend den Schutz des Privateigentums. Durch die Außerkraftsetzung dieser Vorschrift ist die Möglichkeit gegeben, alle zur Bekämpfung kommunistischer Gewaltbestrebungen erforderlichen Maßnahmen, insbesondere die oben zu a bis f bezeichneten auch dann vorzunehmen, wenn sie einen

Eingriff in Eigentum oder Vermögen darstellen. Zugleich wird ein Entschädigungsanspruch des einzelnen für die ihm durch solche Maßnahmen erwachsenen Vermögensschäden ausgeschlossen. Abweichende Vorschriften der Enteignungsgesetze sind außer Kraft. Wird jedoch jemandem ein Schaden dadurch zugefügt, daß die Behörde die Verordnung schuldhaft falsch anwendet, insbesondere die durch ihre Zweckbestimmung gezogenen Grenzen ihres Anwendungsgebiets überschreitet, so können Reich oder Staat wegen schuldhafter Verletzung der Dienstpflicht ihrer Beamten auf Schadensersatz in Anspruch genommen werden.

(4) Rechtsmittel wie gegen polizeiliche Verfügungen nach Landesrecht.

§ 2

Werden in einem Lande die zur Wiederherstellung der öffentlichen Sicherheit und Ordnung nötigen Maßnahmen nicht getroffen, so kann die Reichsregierung insoweit die Befugnisse der obersten Landesbehörde vorübergehend wahrnehmen.

---

(1) Unter *Maßnahmen zur Wiederherstellung der öffentlichen Sicherheit und Ordnung* sind nach dem Zweck der Verordnung *die zur Unterdrückung kommunistischer Gewaltbestrebungen erforderlichen Maßnahmen* zu verstehen (näheres hierüber siehe Vorbemerkung zu § 1). Darüber, ob ein Land die nötigen Maßnahmen getroffen hat, entscheidet allein die Reichsregierung Unter *Reichsregierung* ist hier der zuständige Ressortminister, d. h. *der Reichsminister des Innern* zu verstehen.

(2) Die Reichsregierung kann die Befugnisse der obersten Landesbehörde nur „*insoweit*“ wahrnehmen, als dies zur Wiederherstellung der öffentlichen Sicherheit und Ordnung gehört, m. a. W. sie ist nicht ohne weiteres befugt, die gesamte Regierungsgewalt einschließlich Justiz, Finanzen usw. an sich zu ziehen. Stellt sich allerdings heraus, daß die Uebernahme *nur* der Polizeigewalt nicht genügt, um die öffentliche Sicherheit und Ordnung zu gewährleisten, so sind auch weitergehende, die Uebernahme anderer Verwaltungszweige umfassende Maßnahmen für zulässig anzusehen. Die Wahrnehmung landesrechtlicher Befugnisse durch das Reich kann sowohl in der Form erfolgen, daß diese Befugnisse Reichsbehörden oder einem Reichskommissar übertragen werden, als auch in der Weise, daß einzelne Maßnahmen (z. B. Zeitungsverbote, Vereinsauflösungen usw.) vom Reichsminister des Innern unmittelbar verfügt oder daß Polizeiverordnungen erlassen werden.

(3) Durch die Vorschrift wird für das Reich keine eigene reichspolizeiliche Zuständigkeit geschaffen, sondern nur das Recht verliehen, bereits bestehende landesrechtliche Befugnisse an Stelle der Landesregierung auszuüben. Es liegt also nur eine Zuständigkeitsverschiebung vor und die Reichsregierung handelt bei der Ausübung dieser Befugnisse auf Grund und — soweit nicht § 1 der Verordnung diese Grenzen erweitert — in den Schranken der Landesgesetze. Was der Reichsminister des Innern oder sein Beauftragter auf Grund dieser Vollmacht im einzelnen verfügt, bleibt rechtlich eine landesrechtliche Verfügung. Wird also z. B. eine Zeitung oder ein Verein oder eine Versammlung auf Grund dieser Vorschrift verboten, so sind dagegen dieselben Rechtsmittel zulässig, die gegen solche polizeilichen Verfügungen nach Landesrecht gegeben sind (vgl. hierüber den Erlaß des Preuß. Min. d. Innern vom 3. 3. 1933).

§ 3

Die Behörden der Länder und Gemeinden (Gemeindeverbände) haben den auf Grund des § 2 erlassenen Anordnungen der Reichsregierung im Rahmen ihrer Zuständigkeit Folge zu leisten.

Die Zuständigkeit richtet sich nach den Vorschriften des Landesrechts. Zu außerhalb ihrer Zuständigkeit liegenden Handlungen dürfen die Länder- und Gemeindebehörden nicht herangezogen werden. Ueber Strafen im Falle der Zuwiderhandlung gegen die Anordnungen des Reichsministers des Innern oder seiner Bevollmächtigten siehe § 4.

§ 4

Wer den von den obersten Landesbehörden oder den ihnen nachgeordneten Behörden zur Durchführung dieser Verordnung erlassenen Anordnungen oder den von der Reichsregierung gemäß § 2 erlassenen Anordnungen zuwiderhandelt[1]) oder wer zu solcher Zuwiderhandlung auffordert oder anreizt[2]), wird, soweit nicht die Tat nach anderen Vorschriften mit einer schwereren Strafe bedroht ist, mit Gefängnis nicht unter einem Monat oder mit Geldstrafe von 150 bis zu 15 000 Reichsmark bestraft[3]).

Wer durch Zuwiderhandlung nach Abs. 1 eine gemeine Gefahr für Menschenleben[4]) herbeiführt, wird mit Zuchthaus, bei milderen Umständen mit Gefängnis nicht unter sechs Monaten und, wenn die Zuwiderhandlung den Tod eines

Menschen verursacht, mit dem Tode, bei mildernden Umständen mit Zuchthaus nicht unter zwei Jahren bestraft. Daneben kann auch auf Vermögenseinziehung erkannt werden[5]).

Wer zu einer gemeingefährlichen Zuwiderhandlung (Absatz 2) auffordert oder anreizt[6]), wird mit Zuchthaus, bei mildernden Umständen mit Gefängnis nicht unter drei Monaten bestraft.

---

(1) Strafbar ist jede vorsätzliche Zuwiderhandlung gegen eine auf Grund dieser Verordnung erlassene rechtmäßige Anordnung, und zwar gleichgültig, ob der Zuwiderhandelnde eine Privatperson oder Mitglied einer Behörde oder einer Landesregierung ist. Die Länder- und Gemeindebehörden sind nur im Rahmen ihrer Zuständigkeit zur Befolgung der Anordnungen des Reichs verpflichtet (vgl. § 3).

(2) Ueber Auffordern und Anreizen siehe unten S. 48, Anm. 9, 10.

(3) Die Gefängnisstrafe kann nach dem Geldstrafengesetz in Geldstrafe umgewandelt werden, sofern sie nicht auf drei Monate Gefängnis oder mehr lautet.

(4) Der Begriff „gemeine Gefahr für Menschenleben" ist hier der gleiche wie im Strafrecht (vgl. § 312 StGB.). Eine gemeine Gefahr liegt vor, wenn der Täter außerstande ist. den Umfang des infolge seiner Handlung drohenden Schadens so zu beschränken, daß Menschenleben nicht in Gefahr kommen (vgl. die Kommentare zu § 312 StGB.). Die Vorschrift gilt auch für Behörden und Landesregierungen, die den Anweisungen der Reichsregierung versätzlich nicht Folge leisten, und dadurch gemeine Gefahr für Menschenleben, z. B. Schießereien und Gewalttätigkeiten, verursachen.

(5) Die Vermögenseinziehung ist Nebenstrafe, die nur gegen Täter und Teilnehmer zulässig ist (vgl. § 40 StGB.). Soweit Täter und Teilnehmer nicht zur Verantwortung gezogen werden können, ist Einziehung im sogenannten objektiven Verfahren möglich (§ 42 StGB., §§ 330 bis 334 StPO.). Zur Sicherung der Einziehung kann die Beschlagnahme des Vermögens nach den Vorschriften der §§ 94 ff. StPO. erfolgen.

(6) Unter gemeingefährliche Zuwiderhandlung ist nur eine solche zu verstehen, durch die eine gemeine Gefahr

für Menschenleben herbeigeführt wurde (vgl. Anm. 4). Ueber Auffordern und Anreizen siehe unten S. 48, Anm. 9, 10.

§ 5

Mit dem Tode sind die Verbrechen zu bestrafen, die das Strafgesetzbuch in den §§ 81 (Hochverrat), 229 (Giftbeibringung), 307 (Brandstiftung), 311 (Explosion), 312 (Ueberschwemmung), 315 Absatz 2 (Beschädigung von Eisenbahnanlagen), 324 (gemeingefährliche Vergiftung) mit lebenslangem Zuchthaus bedroht[1]).

Mit dem Tode oder, soweit nicht bisher eine schwerere Strafe angedroht ist[2]), mit lebenslangem Zuchthaus oder mit Zuchthaus bis zu 15 Jahren wird bestraft:

1. Wer es unternimmt, den Reichspräsidenten oder ein Mitglied oder einen Kommissar der Reichsregierung oder einer Landesregierung zu töten oder wer zu einer solchen Tötung auffordert, sich erbietet, ein solches Erbieten annimmt oder eine solche Tötung mit einem anderen verabredet[3]);

2. wer in den Fällen des § 115 Abs. 2 des Strafgesetzbuchs (schwerer Aufruhr) oder des § 125 Abs. 2 des Strafgesetzbuchs (schwerer Landfriedensbruch) die Tat mit Waffen oder in bewußtem und gewolltem Zusammenwirken mit einem Bewaffneten begeht[4]);

3. wer eine Freiheitsberaubung (§ 239 des Strafgesetzbuchs) in der Absicht begeht, sich des der Freiheit Beraubten als Geisel im politischen Kampf zu bedienen[5]).

---

(1) Die Todesstrafe ist nicht etwa wahlweise neben lebenslänglichem Zuchthaus zugelassen, sondern es muß in diesen Fällen auf Todesstrafe erkannt werden. Der an erster Stelle genannte § 81 StGB. betrifft das Unternehmen der gewaltsamen Aenderung der Verfassung des Reichs oder eines Landes und der gewaltsamen Losreißung von Gebietsteilen des Reichs oder eines Landes, so daß damit auch alle separatistischen Bestrebungen mit dem Tode bedroht sind.

(2) D. h. die durch diese Verordnung gegebene Möglichkeit, wahlweise entweder auf Todesstrafe oder auf lebenslängliches Zuchthaus oder auf zeitlich begrenzte Zuchthausstrafe zu erkennen, soll in keinem Fall eine Strafmilderung gegenüber den bisherigen Gesetzen herbeiführen.

(3) Außer dem Reichspräsidenten und den Mitgliedern der Reichs- und Landesregierung (Staatspräsidenten, Ministerpräsidenten, Minister, Senatoren) sind auch alle Kommissare der Reichs- und Landesregierung durch diese Vorschrift besonders geschützt (vgl. im übrigen die Kommentare zu § 49a Strafgesetzbuch).

(4) Diese Vorschrift trifft nicht jeden Teilnehmer an einem Aufruhr, sondern nur die Rädelsführer und diejenigen Teilnehmer, die sich bei dem Aufruhr des Widerstandes gegen die Staatsgewalt (§ 113 StGB.) oder der Beamtennötigung (§ 114 StGB.) schuldig gemacht haben. Auch beim Landfriedensbruch werden nur die Rädelsführer sowie die Personen mit den schweren Strafen dieser VO. bedroht, die Gewalttätigkeiten gegen Personen begangen oder Sachen geplündert, vernichtet oder zerstört haben. In allen Fällen ist für die Anwendung der schwereren Strafen dieser Verordnung erforderlich, daß der Täter die Tat mit Waffen, d. h. mit einem gefährlichen Werkzeug (nicht notwendig Waffe im technischen Sinne; über den Begriff siehe unten S. 146 f.) begangen hat, oder daß wenigstens ein anderer der gemeinschaftlich handelnden Teilnehmer bewaffnet war und der Täter dies wußte.

(5) Hierunter fällt nur die Freiheitsberaubung, die zu dem Zweck geschieht, den Betreffenden als Geisel, d. h. als Pfandobjekt, im politischen Kampf zu gebrauchen.

§ 6

Diese Verordnung tritt mit dem Tage der Verkündung in Kraft.

Berlin, den 28. Februar 1933.

Der Reichspräsident

Der Reichskanzler

Der Reichsminister des Innern

Der Reichsminister der Justiz.

Die Verordnung ist am 28. Februar verkündet und in Kraft getreten.

Preußische Durchführungsverordnung zum Schutz von Volk und Staat

Runderlaß des Preußischen Ministers des Innern

Vom 3. März 1933 (MBliV. I S. 233)

Zur Abwehr der in letzter Stunde in ihrer ganzen Gefährlichkeit aufgedeckten verbrecherischen kommunistischen Umtriebe und zur rücksichtslosen Ausrottung dieser Gefahrenquelle hat sich der Herr Reichspräsident entschlossen, unter dem 28. 2. 1933 die im RGBl. I S. 83 verkündete VO. zum Schutz von Volk und Staat zu erlassen.

Für die praktische Anwendung der durch die VO. gewährten Handhaben erteile ich folgende Weisungen:

1. § 1 der VO. setzt nicht nur die Artikel 114, 115, 117, 118, 123, 124 und 153 der Reichsverfassung bis auf weiteres außer Kraft; er beseitigt vielmehr auch alle sonstigen für das Tätigwerden der Polizei auf den angeführten Gebieten gezogenen reichs- und landesgesetzlichen Schranken, soweit es zur Erreichung des mit der VO. erstrebten Zieles zweckmäßig und erforderlich ist. In diesem Rahmen können die Pol.-Behörden also insbesondere auch über die ihnen durch die Vorschriften der §§ 14 und 41 PVG. gezogenen Schranken hinaus tätig werden; ihre Anordnungen bleiben im übrigen Polizeiverordnungen oder polizeiliche Verfügungen und unterliegen daher auch in formeller Beziehung den dafür geltenden Vorschriften. Zuwiderhandlungen werden allerdings nach der insoweit vorgehenden Vorschrift des § 4 der VO. bestraft.

Nach Zweck und Ziel der VO. werden sich die nach ihr zulässigen erweiterten Maßnahmen in erster Linie gegen die Kommunisten, dann aber auch gegen diejenigen zu richten haben, die mit den Kommunisten zusammenarbeiten und deren verbrecherische Ziele, wenn auch nur mittelbar, unterstützen oder fördern. Zur Vermeidung von Mißgriffen weise ich darauf hin, daß Maßnahmen, die gegen Angehörige oder Einrichtungen anderer als kommunistischer, anarchistischer oder sozialdemokratischer Parteien oder Organisationen notwendig werden, auf die VO. zum Schutz von Volk und Staat v. 28. 2. 1933 nur dann zu stützen sind, wenn sie der Abwehr solcher kommunistischen Bestrebungen in weitestem Sinne dienen. In sonstigen Fällen ist nach der VO. v. 4. 2. 1933 einzuschreiten. Die Gewerkschaften sind übrigens nicht ohne weiteres den sozialdemokratischen Organisationen gleichzustellen.

2. Die nach Beseitigung der gesetzlichen Schranken in dem unter 1. erörterten Rahmen zulässigen polizeilichen Maßnahmen stehen grundsätzlich der Ortspol.-Behörde zu. Diese Zuständigkeit ist durch meine auf Grund des § 3 Abs. 5 PVG. ergangene VO. v. 2. 3. 1933 (GS. S. 33) geändert worden. Danach dürfen Anordnungen, die das Verbot einer periodischen Druckschrift oder eine Beschränkung des Eigentums zum Gegenstand haben, nur von den Landespol.-Behörden erlassen werden. Anordnungen, die Beschränkungen der persönlichen Freiheit, des Vereins- und Versammlungsrechts betreffen oder Eingriffe in das Brief-, Post-, Telegraphen- und Fernsprechgeheimnis zum Gegenstand haben, dürfen nur von den Kreispol.-Behörden (§ 3 Abs. 2 PVG.) erlassen werden.

3. Sämtliche Anordnungen, die nach Maßgabe des § 1 der VO. v. 28. 2. 1933 ergehen, sind schriftlich zu erlassen und vom Leiter der für die Maßnahme zuständigen Pol.-Behörde oder seinem allgemein oder für solche Anordnungen bestellten Vertreter unterschriftlich zu vollziehen. Bei Beschränkungen der persönlichen Freiheit, des Rechts der freien Meinungsäußerung einschl. der Pressefreiheit und bei Beschränkungen des Eigentums ist dem Betroffenen spätestens bei Beginn der Durchführung der Maßnahme eine Ausfertigung der anordnenden Verfügung zu behändigen. Bei Eingriffen in das Brief-, Post-, Telegraphen- und Fernsprechgeheimnis ist je eine Ausfertigung der entsprechenden Verfügung auf dem schnellsten Wege sowohl der zuständigen Postanstalt als auch der zuständigen Oberpostdirektion zuzuleiten.

Unberührt hiervon bleiben die Formen und Voraussetzungen, in und unter denen Beschränkungen der persönlichen Freiheit, des Rechts der freien Meinungsäußerung einschl. der Pressefreiheit, des Vereins- und Versammlungsrechts, Eingriffe in das Brief-, Post-, Telegraphen- und

Fernsprechgeheimnis, Anordnungen von Haussuchungen und von Beschlagnahmen sowie Beschränkungen des Eigentums nach den schon bisher in Geltung befindlichen gesetzlichen Bestimmungen erfolgen.

4. Die Landespol.-Behörden haben sich über die nach Maßgabe des § 1 der VO. v. 28. 2. 1933 in ihrem Landespolizeibezirk getroffenen Maßnahmen auf dem laufenden zu halten und mir bis zum 5. und 20. j. M. über die in der vorangegangenen zweiten bzw. ersten Monatshälfte erfolgten Maßnahmen zu berichten. Ohne besonderen Auftrag ist über einzelne Maßnahmen, auch über Verbote periodischer Druckschriften nach Maßgabe des § 1 dieser VO., nicht zu berichten, falls nicht ein besonders wichtiger Fall vorliegen sollte.

5. Soweit grundsätzlich (vgl. Ziff. 1 Abs. 2 dieses RdErl.) oder aus besonderen Gründen eine Anwendung der VO. zum Schutz von Volk und Staat v. 28. 2. 1933 (RGBl. I S. 83) nicht in Frage kommt oder nicht angezeigt erscheint, gelten die Vorschriften der VO. zum Schutze des deutschen Volkes v. 4. 2. 1933 (RGBl. I S. 35) und die dazu ergangenen Ausf.-Vorschriften unverändert fort.

Verordnung des Reichspräsidenten gegen Verrat am Deutschen Volke und hochverräterische Umtriebe

Vom 28. Februar 1933 (RGBl. I S. 85).

Auf Grund des Artikels 48 Abs. 2 der Reichsverfassung wird folgendes verordnet:

1. Abschnitt

Verschärfung der Vorschriften gegen Landesverrat und Verrat militärischer Geheimnisse

§ 1

Wer Landesverrat oder Verrat oder Ausspähung militärischer Geheimnisse begeht, kann[1]) bestraft werden

1. bei schwerem Verrat militärischer Geheimnisse (§ 1 Abs. 3 des Gesetzes gegen den Verrat militärischer Geheimnisse)[2]) mit dem Tode;
2. bei Landesverrat nach § 92 Abs. 1 des Strafgesetzbuchs[3]) und bei Verrat militärischer Geheimnisse nach § 1 Abs. 1, 2 des Gesetzes gegen den Verrat militärischer Geheimnisse[4]) mit dem Tode oder mit lebenslangem Zuchthaus;
3. bei Ausspähung militärischer Geheimnisse (§ 3 des Gesetzes gegen den Verrat militärischer Geheimnisse) mit dem Tode oder mit lebenslangem Zuchthaus oder mit Zuchthaus bis zu fünfzehn Jahren.

---

(1) „Kann" nicht „muß" bestraft werden.

(2) Wortlaut s. u. S. 76/77.

(3) Ueber den Inhalt dieser Vorschrift s. u. S. 76.

(4) Wortlaut s. u. S. 77.

§ 2

(1) Wer durch Fälschung oder Verfälschung[1]) Gegenstände[2]), deren Geheimhaltung vor einer ausländischen Regierung im Falle der Echtheit[3]) für das Wohl des Reichs

erforderlich wäre, in der Absicht herstellt[4]), sie einer ausländischen Regierung[5]) bekanntzumachen oder öffentlich mitzuteilen, wird mit Zuchthaus bis zu zehn Jahren bestraft.

(2) Ebenso wird bestraft, wer Gegenstände oder Nachrichten, von denen er weiß, daß sie falsch sind, und deren Geheimhaltung vor einer ausländischen Regierung im Falle der Echtheit oder Wahrheit für das Wohl des Reichs erforderlich wäre, der ausländischen Regierung bekanntmacht oder öffentlich mitteilt, ohne sie als falsch zu bezeichnen[6]).

(3) Wer sich Gegenstände der im Abs. 2 bezeichneten Art in der Absicht verschafft, sie einer ausländischen Regierung bekanntzumachen oder öffentlich mitzuteilen, ohne sie als falsch zu bezeichnen, wird mit Zuchthaus bis zu fünf Jahren bestraft[7]).

(4) Sind mildernde Umstände vorhanden, so tritt Gefängnis nicht unter einem Jahr ein.

---

(1) Fälschung ist die Herstellung, Verfälschung ist die unbefugte Abänderung einer Urkunde.

(2) Gegenstände sind nur Sachen, insbesondere Urkunden, nicht auch Nachrichten.

(3) Die Vorschrift bezieht sich nur auf Fälschungen und Verfälschungen.

(4) Zur Strafbarkeit genügt die Herstellung, sofern sie nur in der Absicht geschieht, die Fälschung entweder einer ausländischen Regierung zukommen zu lassen, oder sie öffentlich bekanntzumachen. Daß die Fälschung tatsächlich einer ausländischen Regierung oder der Oeffentlichkeit übergeben wurde, wird nicht gefordert.

(5) Ausländische Regierung im Sinne dieser Vorschrift sind auch die Regierungskommission des Saargebiets und die Regierungsbehörden von Memel und Danzig.

(6) Die Vorschrift des Abs. 2 betrifft — abweichend von Abs. 1 — außer Gegenständen auch Nachrichten. Dafür genügt — zum Unterschied von Abs. 1 — für die Strafbarkeit hier nicht die bloße Herstellung zum Zwecke der landesverräterischen Verwendung, vielmehr muß der Landesverrat durch Bekanntmachung an die ausländische Regierung oder öffentliche Mitteilung zur Vollendung gelangt sein. Der Täter muß wissen — nicht nur für möglich halten — daß die Nachrichten oder Gegenstände falsch sind, so daß bezüglich der Unechtheit bedingter Vorsatz zur Bestrafung nicht ausreicht. Dagegen

genügt hinsichtlich des Wissens um die Notwendigkeit der Geheimhaltung gegenüber einer ausländischen Regierung einfacher Vorsatz, so daß der Täter auch dann zu bestrafen ist, wenn er auch nur mit der Möglichkeit rechnete und sie bewußt in Kauf nahm, daß die Geheimhaltung im Falle der Echtheit oder Wahrheit im Interesse des Reichs erforderlich sein könnte. Erfolgt die Bekanntgabe oder öffentliche Mitteilung nicht zum Zwecke der Täuschung, sondern wird dabei die Urkunde oder Nachricht ernstlich als falsch bezeichnet, so ist die Handlung nicht strafbar, so daß z. B. die Entlarvung solcher Fälschungen durch die Presse unter gleichzeitiger Wiedergabe ihres Wortlauts nicht gehindert ist.

(7) Für den Vorsatz gelten hier die gleichen Erfordernisse wie bei Abs. 2, d. h. der Täter muß die Unechtheit positiv wissen und die Notwendigkeit der Geheimhaltung mindestens für möglich halten (vgl. oben Anm. 6). Außerdem muß das Verschaffen der Gegenstände — Nachrichten fallen nicht unter diese Vorschrift! — zu dem Zweck geschehen, um sie als echt weiterzugeben.

§ 3

(1) Wer Gegenstände oder Nachrichten, deren Geheimhaltung vor einer ausländischen Regierung für das Wohl des Reichs erforderlich wäre, wenn sie nicht bereits der ausländischen Regierung bekannt oder öffentlich mitgeteilt worden wären, öffentlich mitteilt oder erörtert und dadurch das Wohl des Reichs gefährdet, wird mit Gefängnis nicht unter drei Monaten bestraft. Es macht keinen Unterschied, ob die Gegenstände oder Nachrichten echt oder falsch, wahr oder unwahr sind[1]).

(2) Die Tat wird nur auf Antrag der Reichsregierung verfolgt. Die Zurücknahme des Antrags ist zulässig[2]).

---

(1) Diese Vorschrift gilt auch für die Wiedergabe echter Urkunden und wahrer Nachrichten und enthält eine Erweiterung des Begriffs „Staatsgeheimnis". Während bisher über Dinge, die dem Ausland ohnehin bekannt sind und die vielleicht schon in der ausländischen Presse gestanden haben, frei geschrieben werden durfte, weil sie kein vor der ausländischen Regierung zu hütendes Geheimnis mehr darstellen, ist dies nach dieser Vorschrift nicht mehr unbedingt gestattet. Auch ein Gegenstand oder eine Nachricht, deren Geheimhaltung vor einer ausländischen Regierung nur dann erforderlich sein würde, wenn sie dieser nicht bereits bekannt wäre, darf nicht mehr mitgeteilt

oder erörtert werden, wenn dadurch das Wohl des Reichs gefährdet werden kann. Durch diese Bestimmung soll insbesondere der von einzelnen radikalen Politikern verfolgten Praxis ein Riegel vorgeschoben werden, Staatsgeheimnisse zuerst in ausländische Blätter zu lancieren, um sie dann ungestraft auch in der inländischen Presse wiedergeben zu können. Getroffen werden kann von dieser Vorschrift aber auch die Presse, die solchen Machenschaften fernsteht und die in gutem Glauben aus der ausländischen Presse irgendeine Nachricht über Deutschland übernimmt. Eine Schädigung deutscher Staatsinteressen kann damit insbesondere in den Fällen verbunden sein, in denen die Veröffentlichung in einem — vielleicht obskuren — ausländischen Blatt keine Beachtung gefunden hat, die Uebernahme in die deutsche Presse aber erst das allgemeine Interesse auf diese Angelegenheit lenkt. Gleichzeitig wird durch diese Vorschrift verhütet, daß Nachrichten, die in der ausländischen Presse vielleicht nur als Versuchsballons erschienen sind, von der deutschen Presse aufgenommen und damit vielleicht mittelbar bestätigt werden, was ebenfalls eine Gefährdung deutscher Interessen bedeuten kann.

(2) Da die neue Vorschrift sehr weit geht und die Möglichkeit nicht ausgeschlossen ist, daß sich auch durchaus verantwortungsbewußte Zeitungen in ihr verfangen, so ist als Sicherung gegen eine zuweit gehende Anwendung vorgesehen, daß die Staatsanwaltschaft solche Strafverfahren nicht selbständig, sondern nur auf Antrag der Reichsregierung einleiten darf. Das gewährleistet eine sorgfältige und sachverständige Prüfung aller Umstände der Tat und schützt vor kleinlicher Handhabung der Vorschrift. Hat die Reichsregierung Strafantrag gestellt und stellt sich nachher heraus, daß der Fall milder liegt, als es zuerst den Anschein hatte, so kann sie den Antrag wieder zurückziehen, was Einstellung des Verfahrens zur Folge hat. Trotz dieser Sicherung empfiehlt es sich, schon zur Vermeidung von Unannehmlichkeiten, bei der Wiedergabe oder auch nur Erörterung ausländischer Nachrichten über Deutschland mit größter Vorsicht zu verfahren. In Zweifelsfällen wird eine Anfrage bei der Presseabteilung der Reichsregierung, ob gegen die Veröffentlichung Bedenken bestehen, das sicherste Mittel sein, um sich vor einem Strafantrag der Reichsregierung zu schützen.

§ 4

Auf Verbrechen und Vergehen gegen die §§ 2, 3 dieser Verordnung finden die Vorschriften des § 4 Abs. 2 Nr. 2 des Strafgesetzbuchs Anwendung.

Das bedeutet, daß ein Deutscher wegen solcher landesverräterischen Handlung auch dann verfolgt werden kann, wenn er die Tat im Auslande begangen hat.

2. Abschnitt

Bekämpfung hochverräterischer Umtriebe

§ 5

(1) Ist bei einem Hochverrat die Tat darauf gerichtet, die Reichswehr oder die Polizei zur Erfüllung ihrer Pflicht untauglich zu machen, das Deutsche Reich und seine Länder gegen Angriffe auf ihren äußeren oder inneren Bestand zu schützen, so ist auf die in den §§ 81 bis 86 des Strafgesetzbuchs angedrohte Zuchthausstrafe zu erkennen[1]).

(2) Bei mildernden Umständen ist die Strafe in den Fällen des § 81 des Strafgesetzbuchs[2]) Zuchthaus, in den Fällen der §§ 83 bis 85 des Strafgesetzbuchs[3]) Gefängnis nicht unter einem Jahre, in den Fällen des § 86 des Strafgesetzbuchs[4]) Gefängnis von einem bis zu drei Jahren.

---

(1) Die Vorschrift gilt für sämtliche Tatbestände des Hochverrats (§§ 81 bis 86 StGB.), insbesondere also auch für die Vorbereitung eines hochverräterischen Unternehmens. Sie dient der Unterdrückung von Bestrebungen, die darauf gerichtet sind, Reichswehr oder Polizei im staatsfeindlichen Sinne politisch zu beeinflussen, zum Ungehorsam aufzuwiegeln oder sonst zu zersetzen, um so die Zuverlässigkeit oder Schlagkraft dieser staatlichen Machtmittel zu schwächen.

(2) § 81 StGB. bedroht das hochverräterische Unternehmen, das auf gewaltsame Aenderung der Verfassung oder auf Abtrennung von Gebietsteilen des Reichs oder eines Landes gerichtet ist.

(3) Die §§ 83 bis 85 StGB. richten sich gegen hochverräterisches Komplott, hochverräterische Konspiration mit einer auswärtigen Regierung und gegen die öffentlich oder durch Verbreitung von Schriften erfolgende Aufforderung zum Hochverrat.

(4) § 86 StGB. betrifft die Vorbereitung eines hochverräterischen Unternehmens. Näheres hierüber siehe auf S. 76.

§ 6

(1) Wer eine Druckschrift, deren Inhalt

durch Aufforderungen oder Anreizung[1]) zum gewaltsamen Kampf gegen die Staatsgewalt oder zu dessen Vorbereitung[2]) oder

durch Aufforderung oder Anreizung zu einem hochverräterischen Bestrebungen dienenden Streik in einem lebenswichtigen Betrieb, Generalstreik oder anderen Massenstreik[3])

oder in anderer Weise[4])

den Tatbestand des Hochverrats (§§ 81 bis 86 des Strafgesetzbuchs) begründet, herstellt, verbreitet oder zum Zwecke der Verbreitung vorrätig hält[5]), obwohl er bei sorgfältiger Prüfung der Schrift den strafbaren Inhalt hätte erkennen können[6]), wird, soweit nicht in anderen Vorschriften eine schwerere Strafe angedroht ist[7]), mit Gefängnis von einem Monat bis zu drei Jahren bestraft.

(2) Auf Gegenstände, die zur Begehung eines nach dieser Vorschrift strafbaren Vergehens gebraucht oder bestimmt sind, findet § 86a des Strafgesetzbuchs entsprechende Anwendung[8])[9]).

---

(1) Ueber Aufforderung und Anreizung vgl. S. 48 Anm. 9, 10.

(2) Die Druckschrift muß zum *gewaltsamen* Kampf — nicht nur zur *geistigen* Bekämpfung — anreizen oder muß mindestens der *Vorbereitung* eines *gewaltsamen* Kampfes dienen. Letzteres kann auch mit geistigen Mitteln geschehen — vgl. über die Möglichkeit der rein geistigen Vorbereitung eines hochverräterischen Unternehmens S. 76 Anm. a, jedoch muß der Endzweck auch bei solcher geistigen Vorbereitung immer eine gewaltsam durchzuführende Machtergreifung sein.

(3) Ueber Aufforderung oder Anreizung zu einem *Streik in lebenswichtigen Betrieben* und zum *Generalstreik* siehe S. 78 Anm. 7. Zur Strafbarkeit genügt hier auch die Aufforderung zum *Massenstreik*, auch wenn er nicht einen lebenswichtigen Betrieb betrifft. *Massenstreik* ist im Gegensatz zum Generalstreik einerseits und zu Teilstreiks andererseits der Streik in einem ganzen Gewerbe oder Arbeitszweig oder der gleichzeitig an vielen Orten des Reichs hervorgerufene Streik, während der Streik in nur einzelnen Betrieben kein Massenstreik ist.

(4) Durch den Zusatz „oder in anderer Weise" wird zum Ausdruck gebracht, daß die beiden vorher genannten Arten der hochverräterischen Bekämpfung des Staates durch Druckschriften nur Beispiele sind und daß die Vorschrift auf jede Druckschrift hochverräterischen Inhalts Anwendung findet, gleichviel, in welcher Gestalt vermittels ihres Inhalts der Hochverrat begangen oder vorbereitet wird.

(5) Zur Strafbarkeit genügt die Herstellung, Verbreitung oder Vorrätighaltung zum Zwecke der Verbreitung. Daß Verbreitung tatsächlich erfolgt, ist nicht erforderlich.

(6) Hochverrat war bisher nur bei vorsätzlichem Handeln strafbar. Durch diese Vorschrift wird bei Druckschriften auch fahrlässiges Handeln von der Strafbarkeit erfaßt, um so die Beweisschwierigkeiten zu überwinden, die stets dann einer Bestrafung im Wege stehen, wenn Drucker, Verbreiter oder sonstige an Herstellung oder Vertrieb beteiligte Personen behaupten, vom Inhalt der Schrift keine Kenntnis gehabt zu haben.

(7) Läßt sich nachweisen, daß der Täter den Inhalt gekannt, also vorsätzlich gehandelt hat, so finden die schwereren Strafen der §§ 81 ff. StGB. Anwendung.

(8) Siehe hierzu S. 153/54.

(9) Zur Aburteilung der nach diesem Paragraphen strafbaren Handlungen sind die Amtsgerichte zuständig (§ 7 Abs. 2).

3. Abschnitt

Vorschriften über Zuständigkeit und Strafverfahren

§ 7

(1) Für Verbrechen und Vergehen gegen die §§ 2, 3 dieser Verordnung gilt § 134 des Gerichtsverfassungsgesetzes[1]).

(2) Für Vergehen gegen § 6 sind die Amtsgerichte zuständig[2]). § 6 des Einführungsgesetzes zum Gerichtsverfassungsgesetz findet keine Anwendung[3]).

---

(1) d. h. zur Verhandlung und Entscheidung ist das Reichsgericht zuständig. Verfahren wegen Landesverrats und Verrats militärischer Geheimnisse (nicht auch Hochverratssachen) können vom Oberreichsanwalt an die Landesstaatsanwaltschaft abgegeben werden, wenn sie von minderer Bedeutung sind. Dieselben Sachen können auch dann, wenn sie nicht

von minderer Bedeutung sind, auf Antrag des Oberreichsanwalts vom Reichsgericht einem Oberlandesgericht zur Verhandlung und Entscheidung überwiesen werden.

(2) Betrifft die nach § 6 strafbare fahrlässige Herstellung, Verbreitung oder Vorrätighaltung hochverräterischer Schriften.

(3) d. h. die Amtsgerichte sind auch in den Ländern ausschließlich zuständig, in denen sonst nach Landesrecht Preßdelikte von den Schwurgerichten (jetzt großen Schöffengerichten) abgeurteilt werden.

§ 8

(1) In den zur Zuständigkeit des Reichsgerichts gehörenden Strafsachen[1]) können die nach den Vorschriften der Strafprozeßordnung im vorbereitenden Verfahren[2]) dem Amtsrichter obliegenden Geschäfte[3]) auch durch einen oder mehrere besondere Ermittlungsrichter des Reichsgerichts vorgenommen werden[4]). Die Bestellung sowie die Verteilung der Geschäfte unter mehrere Ermittlungsrichter erfolgt durch den Reichsminister der Justiz auf die Dauer eines Geschäftsjahres[5]). Zum Ermittlungsrichter kann jedes Mitglied eines deutschen Gerichts und jeder Amtsrichter bestellt werden.

(2) Ueber die Beschwerde gegen eine Verfügung des Ermittlungsrichters entscheidet das Reichsgericht.

(3) Die zur Durchführung erforderlichen Rechts- und Verwaltungsvorschriften erläßt der Reichsminister der Justiz.

---

(1) Das Reichsgericht ist zur Untersuchung und Entscheidung in erster und letzter Instanz zuständig für Hoch- und Landesverrat gegen das Reich, sowie für Verbrechen gegen die §§ 1, 3 des Gesetzes gegen den Verrat militärischer Geheimnisse vom 3. 6. 1914.

(2) Das ist das Verfahren vor Erhebung der öffentlichen Klage und vor dem Antrag auf Eröffnung der Voruntersuchung. Nach diesem Zeitpunkt, insbesondere also nach Eröffnung der Voruntersuchung ist für die Tätigkeit des Ermittlungsrichters kein Raum mehr; vgl. auch § 9 Anm. 2.

(3) z. B. richterliche Untersuchungshandlungen (§ 162 StPO.), richterliche Bestätigung von Beschlagnahme (§ 98 Abs. 2 StPO.).

(4) Der vom Reichsjustizminister ernannte Ermittlungsrichter übernimmt praktisch die Funktionen, die sonst der vom Reichsgerichtspräsidenten bestellte Untersuchungsrichter hat. Ergänzend greift die Vorschrift des § 10 ein, wonach der Oberreichsanwalt auf

Voruntersuchung verzichten kann. Ueber die Zuständigkeit des Ermittlungsrichters bei Druckschriftenbeschlagnahmen vgl. § 9.

(5) Damit geht diese Geschäftsverteilungsfunktion vom Reichsgericht auf den Reichsjustizminister über.

§ 9

Ist eine Druckschrift nach § 23 des Gesetzes über die Presse vom 7. Mai 1874 (Reichsgesetzbl. S. 65) oder nach § 8 der Verordnung zum Schutze des deutschen Volkes vom 4. Februar 1933 (Reichsgesetzbl. I S. 35) beschlagnahmt worden, weil der Inhalt der Schrift den Tatbestand einer zur Zuständigkeit des Reichsgerichts gehörenden strafbaren Handlung begründet[1]), so gelten, wenn ein Ermittlungsrichter des Reichsgerichts bestellt ist[2]), folgende Vorschriften:

1. **Ueber die Bestätigung oder Aufhebung der vorläufigen Beschlagnahme hat an Stelle des Amtsrichters der Ermittlungsrichter des Reichsgerichts zu entscheiden[3]).**
2. **Die Entscheidung muß unverzüglich herbeigeführt werden. Die Behörde, die eine Beschlagnahme ohne Anordnung des Oberreichsanwalts verfügt hat, muß die Absendung der Verhandlungen an den Oberreichsanwalt spätestens binnen zwölf Stunden bewirken. Der Oberreichsanwalt hat den Antrag auf gerichtliche Bestätigung, wenn er die Beschlagnahme selbst angeordnet hat, binnen vierundzwanzig Stunden nach der Anordnung der Beschlagnahme, andernfalls binnen vierundzwanzig Stunden nach dem Empfang der Verhandlungen an den Ermittlungsrichter abzusenden, sofern er nicht die Wiederaufhebung der Beschlagnahme mittels einer sofort vollstreckbaren Verfügung anordnet. Der Ermittlungsrichter hat die Entscheidung binnen vierundzwanzig Stunden nach Empfang des Antrags zu erlassen[4]).**
3. **An die Stellung der im § 24 Abs. 4 des Gesetzes über die Presse bestimmten Frist tritt eine Frist von sieben Tagen[5]).**
4. **Gegen den Beschluß des Ermittlungsrichters, der die vorläufige Beschlagnahme aufhebt, steht dem Oberreichsanwalt die sofortige Beschwerde zu. Die Beschwerde hat aufschiebende Wirkung[6]).**
5. **Die Vorschrift des § 26 des Gesetzes über die Presse findet keine Anwendung.**

(1) Die Vorschrift gilt für die Fälle, in denen eine Druckschrift beschlagnahmt worden ist, weil ihr Inhalt den Tatbestand des Hochverrats (§§ 81 bis 86 StGB.), des Landesverrats (§ 92 Nr. 1 StGB.) oder des Verrats militärischer Geheimnisse (§§ 1 bis 4 des Gesetzes vom 3. 6. 1914) begründet.

(2) Vgl. § 8. Liegt die Untersuchung nicht dem Ermittlungsrichter des Reichsgerichts ob, sondern ist — z. B. gemäß § 10 Abs. 2 — Voruntersuchung angeordnet worden, so gelten diese Vorschriften nicht; vgl. auch § 8 Anm. 2.

(3) Zur Entscheidung über Bestätigung oder Aufhebung der Beschlagnahme ist sonst nach § 24 PreßG. in Verbindung mit § 98 Abs. 2 StPO. der Amtsrichter zuständig. Hier tritt der Ermittlungsrichter des Reichsgerichts an seine Stelle.

(4) Die Fristen entsprechen im wesentlichen denen des § 24 PreßG.

(5) Nach § 24 Abs. 4 PreßG. erlischt die Beschlagnahme ohne weiteres von selbst, wenn nicht bis zum Ablauf des fünften Tages nach Anordnung der Beschlagnahme der die Beschlagnahme bestätigende Gerichtsbeschluß bei der Behörde eingegangen ist, die die Beschlagnahme angeordnet hat. Es genügt nicht, daß der Beschluß innerhalb dieser Frist gefaßt worden ist, er muß auch zugegangen sein. An Stelle der fünftägigen Frist tritt hier eine solche von sieben Tagen.

(6) Diese Regelung bedeutet eine Abweichung von § 25 PreßG., wonach solche Gerichtsbeschlüsse unanfechtbar sind. Hier ist sowohl das Rechtsmittel der sofortigen Beschwerde zugelassen, als auch bestimmt, daß es bis zur Entscheidung über die Beschwerde bei der angeordneten Beschlagnahme verbleibt.

(7) § 26 PreßG. ist eine Sicherungsvorschrift, die verhindern soll, daß die Staatsanwaltschaften insbesondere in zweifelhaften Fällen sich mit der gerichtlichen Bestätigung der vorläufigen Beschlagnahme begnügen und daß das Hauptverfahren, das dem Betroffenen die Möglichkeit weiterer Aufklärung gibt, über Gebühr hinausgeschoben wird. (Vgl. Häntzschel, Kommentar zum Reichspreßgesetz zu § 26 und die dort zitierte Stelle der Begründung zum Reichspreßgesetz.) Diese Sicherung wird hier beseitigt.

§ 10

(1) In den zur Zuständigkeit des Reichsgerichts gehörenden Strafsachen[1]) entfällt die Voruntersuchung[2]), wenn

der Tatbestand einfach liegt und sie darum nach dem pflichtmäßigen Ermessen des Oberreichsanwalts für die Vorbereitung der Hauptverhandlung nicht erforderlich ist[3]).

(2) Das Reichsgericht kann nach der Einreichung der Anklageschrift von Amts wegen oder auf Antrag des Angeschuldigten die nachträgliche Eröffnung einer Voruntersuchung beschließen, wenn ihm dies zur besseren Aufklärung des Sachverhalts oder für die Vorbereitung der Verteidigung des Angeschuldigten geboten erscheint[4]).

(1) Vgl. § 8 Anm. 1.

(2) Vgl. §§ 178, 186 StPO.

(3) Darüber, ob der Tatbestand einfach liegt und deshalb Voruntersuchung entfallen kann, entscheidet zunächst der Oberreichsanwalt selbständig; vgl. jedoch Abs. 2.

(4) In diesem Fall geht die weitere Untersuchung an den vom Präsidenten des Reichsgerichts gemäß § 186 StPO. ernannten Untersuchungsrichter über. Der Ermittlungsrichter (§ 8) tritt nicht mehr in Tätigkeit, da diese auf das vorbereitende Verfahren beschränkt ist (§ 8 Anm. 2). Auch die besonderen Vorschriften des § 9 für Druckschriftenbeschlagnahme gelten nun nicht mehr, so daß auch die Zuständigkeit des Ermittlungsrichters für die Entscheidung solcher Beschlagnahmen entfällt.

4. Abschnitt

Inkrafttreten der Verordnung

§ 11

§ 6 dieser Verordnung tritt mit dem Tage nach der Verkündung in Kraft. Im übrigen tritt die Verordnung mit dem vierten Tage nach der Verkündung in Kraft.

Berlin, den 28. Februar 1933.

Der Reichspräsident

Der Reichskanzler

Der Reichsminister des Innern

Der Reichsminister der Justiz

Die Verordnung ist am 1. März 1933 verkündet worden.

Verordnung des Reichspräsidenten zum Schutze des Deutschen Volkes

Vom 4. Februar 1933 (RGBl. I S. 35).

Abschnitt I

Versammlungen und Aufzüge

§ 1

(1) Oeffentliche[1]) politische[2]) Versammlungen[3]) sowie alle Versammlungen und Aufzüge[4]) unter freiem Himmel[5]) sind spätestens achtundvierzig Stunden vorher unter Angabe des Ortes, der Zeit und des Verhandlungsgegenstandes der Ortspolizeibehörde anzumelden[6]).

(2) Sie können im Einzelfall[7]) verboten werden, wenn nach den Umständen eine unmittelbare Gefahr für die öffentliche Sicherheit zu besorgen ist[8])[9]). Statt des Verbots kann eine Genehmigung unter Auflagen ausgesprochen werden[10]). Zuständig sind, soweit die obersten Landesbehörden nichts anderes bestimmen, die Ortspolizeibehörden.

(3) Ausgenommen sind Veranstaltungen nicht politischer Art[11]).

(4) Eine Anordnung nach Abs. 2 kann nach den Bestimmungen des Landesrechts angefochten werden[12]). Die Beschwerde hat keine aufschiebende Wirkung[13]).

---

(1) Oeffentlich ist jede Versammlung, zu welcher der Zutritt nicht auf vorher namentlich oder sonst individuell bezeichnete Personen beschränkt ist, sondern, sei es auch unter Erfüllung bestimmter Bedingungen, jedem gestattet ist. Dabei ist es gleichgültig, ob die Versammlung von vornherein, z. B nach der Einladung, eine öffentliche sein sollte, oder ob sie als geschlossene gedacht war, aber nachher tatsächlich zu einer öffentlichen geworden ist (RGSt. 21 418, RRspr. 9 311, KGJ. 16 429 und 35 C 39, OLG. Posen v. 3. 12. 1910 — 8. S. 143/10). Eine öffentliche Versammlung liegt auch dann vor, wenn unabsichtlich, z. B. infolge ungenügender Aufsicht, Personen

hineingekommen sind, die nicht zu dem geschlossenen Kreise gehörten (OLG. Marienwerder v. 6. 5. 1913 — 3. S. 73/13). Selbst eine Vereinsversammlung kann unter Umständen eine öffentliche sein, wenn nämlich der Verein selbst nicht einen engeren Personenkreis darstellt, so daß eine wechselseitige persönliche Beziehung zwischen den Vereinsmitgliedern, die der Vereinigung den Charakter einer geschlossenen gibt, fehlt (OLG. Celle v. 6. 9. 1910 — 3. S. 132/10, OLG. Marienwerder v. 26. 9. 1913 — 3. S. 147/13, vgl. auch RGSt. **21** 256). Dies wird insbesondere dann zu bejahen sein, wenn der Verein spontan für einen bestimmten Zweck gegründet wird, oder wenn praktisch jedermann der sofortige Beitritt möglich ist. Auch die Einführung von Gästen in Vereinsversammlungen ist, wenn der geschlossene Charakter der Versammlung gewahrt bleiben soll, nur insoweit zulässig, als persönliche oder sachliche Beziehungen zu ihnen bestehen, jeder Gast von dem Verein oder einem Vereinsmitglied persönlich eingeladen oder eingeführt ist und die Zahl der Gäste die Zahl der eigentlichen Vereinsmitglieder nicht übersteigt (OLG. Breslau v. 11. 10. 1910 — 3. S. 355/10). Andererseits berechtigt die Tatsache, daß ein Verein nur selten zusammenkommt und daß infolgedessen die Beziehungen der Mitglieder untereinander nur loser Natur sind, noch nicht zu der Annahme, daß die Versammlung eines solchen Vereins als öffentliche anzusehen wäre (OVG. **56** 330). Daß nur Bergarbeiter oder nur Arbeiter einer bestimmten Fabrik oder nur Anhänger einer bestimmten Partei oder Religion zu der Versammlung Zutritt haben, um über ihre gemeinsamen Interessen zu beraten, genügt für sich allein noch nicht, um der Versammlung den Charakter einer nichtöffentlichen zu geben; es müssen außer der Gleichheit der Interessen persönliche wechselseitige Beziehungen zwischen den Teilnehmern vorhanden sein (RGSt. **21** 254, **44** 132, OVG. **27** 430, **29** 434, RG. v. 22. 9. 1910 — 1. S. 623/10, OLG. Posen v. 2. 4. 1914 — 6. S. 47/14, OLG. Marienwerder v. 28. 8. 1913 — 3. S. 136/13). Die sich hiernach ergebende Rechtslage ist in einem Erlaß des Reichsministers des Innern an die Länderregierungen v. 23. 3. 1932 (IA 3204/22. 3.) wie folgt zusammengestellt:

„Als öffentliche Versammlungen sind nach dem Stande der Rechtsprechung auch solche anzusehen, die zwar äußerlich in Gestalt einer geschlossenen abgehalten werden, an denen aber ein Personenkreis teilnimmt, der nicht durch wechselseitige persönliche Beziehungen der Teilnehmer zueinander verbunden ist. Insbesondere können auch Vereinsversammlungen öffentliche

Versammlungen sein, wenn die räumliche Ausdehnung des Gebietes, das der Verein umfaßt, oder die Zahl seiner Mitglieder so groß ist, daß von einem in sich geschlossenen, bestimmt abgegrenzten Kreise von innerlich unter sich verbundenen Personen nicht gesprochen werden kann. Letzteres wird regelmäßig dann der Fall sein, wenn Mitglieder aus verschiedenen Orten oder Ländern, die bis dahin persönlich nicht bekannt waren, an der Versammlung teilnehmen. Die Zulassung von Angehörigen der Vereinsmitglieder macht eine geschlossene Versammlung noch nicht zu einer öffentlichen. Wohl aber kann durch die Zulassung von Gästen eine geschlossene Versammlung den Charakter einer öffentlichen annehmen, wenn zwischen den Gästen und den Vereinsmitgliedern keine engeren persönlichen oder sachlichen Beziehungen bestehen, nicht jeder Gast von dem Verein oder einem Vereinsmitglied persönlich eingeladen oder eingeführt ist oder die Zahl der Gäste die der Vereinsmitglieder übersteigt."

(2) Politisch ist jede Versammlung, in der das Staatswesen betreffende öffentliche Angelegenheiten mit dem Willen der Einwirkung auf die Staatsgeschäfte erörtert werden. Ob es sich um außen- oder innenpolitische Angelegenheiten, um Reichs-, Staats- oder Kommunalangelegenheiten handelt, macht keinen Unterschied. Nicht jede, das öffentliche Interesse irgendwie angehende Angelegenheit ist politisch, sondern nur eine solche, die den Staat, seine Verfassung, Gesetzgebung oder Verwaltung unmittelbar berührt (RGSt. 58 S. 415). Entsprechend der Vorschrift des § 17a VerG. sind auch hier Versammlungen von Arbeitgebern und Arbeitnehmern noch nicht deshalb als politisch anzusehen, weil sie zur Erlangung günstigerer Lohn-, Arbeits- oder Wirtschaftsbedingungen auf Angelegenheiten der Sozial- oder Wirtschaftspolitik einzuwirken bezwecken und demgemäß wirtschafts- oder sozialpolitische Angelegenheiten in den Kreis der Erörterungen einbeziehen (vgl. Erlaß des Preuß. Min. d. Innern v. 7. 8. und 10. 11. 1931 MBliV. S. 793, 1161). Sobald jedoch ein darüber hinausgehender staatspolitischer Zweck erkennbar wird, wie dies zum Beispiel bei den Versammlungen der den gewaltsamen Umsturz erstrebenden roten Gewerkschaftsopposition der Kommunistischen Partei der Fall ist, liegt eine politische Versammlung vor.

(3) Eine Versammlung setzt das Zusammensein und Zusammenhalten einer größeren Anzahl von Personen voraus, die sich an einem gemeinsamen Ort zu gemeinsamem — nicht nur zufällig gleichartigem — Zweck geistiger Natur zusammengefunden haben (RGSt. 21 71, 46 31). Wie groß die Personenzahl sein

muß, ist Tatfrage. Drei Personen können unter Umständen genügen. Der Organisation kann die Versammlung entbehren; auch als „gemütlicher Abend“ kann eine politische Versammlung abgehalten werden (RG. i. JW. 1932 S. 966). Daß es zu Debatten der Versammlungsteilnehmer über die in der Versammlung gehaltenen Reden oder Kundgebungen kommt, ist nicht erforderlich (RG. aaO.). Es muß aber doch die innere Verbundenheit und Geschlossenheit, das Zusammenhalten der Beteiligten vorhanden und erkennbar sein. Wird ein Redner bei seiner Kundgebung nur von einem Kreis von Neugierigen umstanden oder beobachtet, ohne daß erkennbar wird, daß seine Worte oder Handlungen von dem gemeinsamen Willen der Anwesenden getragen werden, so liegt nur die Kundgebung eines einzelnen, nicht eine Versammlung vor (so RG. aaO. über die Frage, in welchen Fällen kommunistische Hofpropaganda den Tatbestand einer Versammlung bildet). Auf der anderen Seite ist zum Begriff der Versammlung nicht erforderlich, daß die Beteiligten schon zum Zweck gemeinsamer Beratung oder Kundgebung zum Versammlungsort gekommen sind. Auch aus einer gelegentlichen Menschenansammlung kann sich eine Versammlung entwickeln, sobald eine innere Beteiligung einer ausreichenden Personenmehrheit äußerlich feststellbar ist, so daß zwar nicht das Zusammen*kommen*, wohl aber das Zusammen*bleiben* einen gemeinsamen inneren Zweck verfolgt (vgl. OLG. Naumburg i. H. Rspr. 1932 Nr. 499 über eine Rede, die ein Erwerbsloser auf offenem Markt vor anderen Erwerbslosen über die gemeinsame Lage der Erwerbslosen gehalten hat). Keine Versammlung ist das Zusammensein zu lediglich *geselligen Zwecken* (OVG. **56** 299), zu Tanzlustbarkeiten (OVG. **18** 422, RGSt. **47** 389), zu Theatervorstellungen, Konzerten und wissenschaftlichen Vorträgen (RGSt. aaO.; OVG. **54** 252, **78** 272, Sächs. OVG. **13** 339), zu Märkten und anderen ausschließlich geschäftlichen Zwecken. Auch eine Schulklasse ist keine Versammlung (RG. in JW. 1927 S. 455). In diesen Fällen fehlt der Wille der Versammelten, sich entweder *gegenseitig* geistig zu beeinflussen oder *gemeinschaftlich auf die Außenwelt* einen solchen Einfluß auszuüben, indem die Teilnehmer zwar mit dem Vortragenden oder den Darstellern, nicht aber untereinander durch ein gemeinsames geistiges Band verbunden sind (vgl. RG. in JW. 1925 S. 1122). Keine Versammlung und demgemäß auch kein Aufzug sind Geländeübungen sportlicher Natur, sofern sie lediglich der Ausbildung im Geländespiel und Wehrsport dienen. Erl. d. Preuß. Min. d. Innern v. 1. 10. 1932 — II 1121). Versammlungen sind dagegen, auch ohne daß

Erörterungen der Teilnehmer untereinander stattfinden, z. B. Denkmalseinweihungen, Fahnenweihen, Gedächtnisfeiern u. dgl., weil hier der Wille zu gemeinsamer geistiger Kundgebung vorliegt. Auch Aufzüge sind (sich fortbewegende) Versammlungen (vgl. RG. in JW. 1925 S. 987, Bayer. ObLG. in „Recht" 1932 Sp. 59).

(4) Ein Aufzug liegt vor, wenn eine zu einem bestimmten Zweck vereinigte Menschenmenge sich in einer Weise über öffentliche Straßen und Plätze bewegt, welche die Aufmerksamkeit des Publikums zu erregen oder den Verkehr zu gefährden geeignet ist. Daß der Zweck ein demonstrativer sei, ist nach Preuß. Rechtspr. nicht erforderlich, vielmehr genügt die Verfolgung irgendeines Zweckes (KG. v. 22. 12. 1913 — 1. S. 1010/13, OLG. Naumburg in JurR. 1925 Rechtspr. Sp. 382 u. OLG. Naumburg i. H. Rspr. 1932 Nr. 498, OLG. Breslau v. 14. 8. 1910 — 3. S. 317/10, OLG. Celle v. 27. 2. 1913 — 3. S. 19/13, RGSt. 44 S. 370, Leipz. Kommentar Anm. 4 zu § 107a StGB. Stenglein VerG. in Strafrechtl. Nebengesetze, 5. Aufl. § 11 Anm. 4 RVG). Nach der neueren Rechtspr. liegt dagegen Aufzug nur vor, wenn Teilnehmer die Absicht haben, Aufmerksamkeit des Publikums auf sich zu lenken (Sächs. OLG. v. 10. 8. 1926 — DRZ. 1927 Rspr. Nr. 83; Bayr. ObLG. v. 15. 10. 1931 — II Nr. 632/31, KG. v. 3. 5. 1932 i. JW. 1932 S. 1769, ähnlich RG. in JW. 1925 S. 986 und 1122). Letztere Auslegung verdient den Vorzug. Irgendein gemeinsamer Zweck, ein die Teilnehmer zusammenhaltendes geistiges Band muß jedenfalls beim Aufzug ebenso gefordert werden wie bei der Versammlung; denn der Aufzug ist nichts anderes als eine sich fortbewegende Versammlung unter freiem Himmel. Eine nur zufällig zusammengedrängte, den gleichen Weg machende Menschenmenge, wie sie beim Schluß von Versammlungen, Theatervorstellungen usw. das herausströmende Publikum zu bilden pflegt, ist kein Aufzug. Ebensowenig Ausmärsche von Wandervögeln oder zu geländesportlichen Uebungen, die nicht in demonstrativer Form (z. B. als Propagandaumzüge), sondern lediglich deshalb erfolgen, um ein gemeinsames Wegziel zu erreichen.

(5) Auch die auf einem engen Hof abgehaltene Versammlung ist eine solche unter freiem Himmel. Entscheidend ist nicht die engere oder weitere Abgrenzung nach den Seiten, sondern die fehlende Abgrenzung nach oben (KG. in JW. 1932 S. 966). Doch ist zu beachten, daß nach § 8 VerG. eine in geschlossenem Raum veranstaltete Versammlung noch nicht deshalb zu einer unter freiem Himmel wird, weil außerhalb des Versammlungsraums

befindliche Personen an den Erörterungen teilnehmen oder weil sie in einen mit dem Versammlungsraum zusammenhängenden umfriedeten Hof oder Garten verlegt wird.

(6) Die Anmeldung muß durch eine physische Person erfolgen; Anmeldungen mit der Unterschrift „Das Komitee" oder die „— — Partei" genügen nicht. Die Anmeldepflicht geht insoweit über Artikel 123 RV. hinaus, als sie auch für Versammlungen in geschlossenen Räumen gilt, sofern sie öffentlich sind und politischen Charakter tragen. Die Angaben müssen Ort, Zeit und Verhandlungsgegenstand umfassen und richtig sein. Wer mit Vorbedacht falsche Angaben macht, etwa um die Ueberwachung durch die Polizei zu erschweren, macht sich strafbar (s. u. § 16). Die Redner brauchen nicht angemeldet zu werden, doch kann die Polizei auf Grund der Nr. 2 die Abhaltung der Versammlung davon abhängig machen, daß die Redner angegeben werden, daß bestimmte Redner nicht auftreten dürfen oder daß andere als die angegebenen Redner nicht sprechen werden (vgl. jedoch unten Anm. 10). Die Leiter nichtpolitischer Versammlungen werden guttun, darüber zu wachen, daß keine politischen Dinge in die Versammlungen hineingetragen werden, da die Duldung politischer Erörterungen durch die Versammlungsleitung der Versammlung einen politischen Charakter geben würde. Wenn sie nicht Gefahr laufen wollen, wegen Abhaltung einer nicht angemeldeten politischen Versammlung mit Gefängnis bestraft zu werden, so werden sie solchen Erörterungen sofort widersprechen und, wenn dieser Widerspruch nichts hilft, die Versammlung für aufgelöst erklären müssen. Ueber Ausnahmen von der Anmeldepflicht vgl. Absatz 3.

(7) Das Verbot ist nur im Einzelfall, d. h. für eine bestimmte Veranstaltung zulässig. Daneben steht das Recht der Länder zum Verbot — auch nichtpolitischer — Versammlungen und Aufzüge unter freiem Himmel auf Grund von Artikel 123 Abs. 2 RV.; doch ist dieses Recht durch § 6 dieser Verordnung beschränkt worden. Näheres s. unten zu § 6. Aufrechterhalten ist ferner das Recht, eine Versammlung vorbeugend zu verbieten, wenn die Voraussetzungen des § 1 Abs. 2 VerG. vorliegen (zur Verhütung unmittelbarer Gefahr für Leben und Gesundheit der Teilnehmer). Ueber das Recht des Reichsministers des Innern zum Erlaß von Versammlungsverboten s. u. § 5.

(8) Die Gefahr muß eine unmittelbare sein, d. h. es genügt nicht die Möglichkeit einer Gefährdung der öffentlichen Sicherheit (sog. abstrakte Gefahr), vielmehr muß eine solche Gefährdung nach dem normalen Ablauf der Dinge unmittelbar

drohend bevorstehen. Der Eintritt eines Schadens muß mit überwiegender Wahrscheinlichkeit anzunehmen sein, ohne daß es des Hinzutretens neuer Gefahrenmomente bedarf. Die öffentliche Sicherheit ist bedroht, wenn entweder der Bestand des Staates oder seiner Einrichtungen oder das Leben, die Gesundheit, Freiheit, Ehre oder das Vermögen des einzelnen gefährdet ist (vgl. Begründung zum Preuß. Polizeiverwaltungsgesetz).

(9) Das Versammlungs recht der Verfassung ist durch die VO. nicht aufgehoben, so daß die Polizei genötigt ist, zum Schutz des Versammlungsrechtes der Veranstalter und Teilnehmer einer Versammlung zunächst gegen die Störer vorzugehen; nur wenn ihre Kräfte dazu nicht ausreichen oder das Vorgehen gegen die Störer zu einer ungleich schwereren Erschütterung der öffentlichen Ordnung führen würde als das Verbot der Versammlung, darf sie diese verbieten. Gegen das Verbot sind die nach Landesrecht gegen polizeiliche Verfügungen gegebenen Rechtsmittel zulässig (siehe Abs. 4).

(10) Zum Unterschied von den früheren VO. (vgl. § 16 der VO. vom 28. 3. 1931) sind die Behörden bei der Durchführung dieser VO. nicht von den Grundrechtschranken befreit. Soweit die VO. selbst Grundrechte durchbricht — und das ist bezüglich des Grundrechts der Versammlungsfreiheit teilweise der Fall —, sind allerdings auch die Behörden bei der Durchführung und insbesondere bei der Anordnung beschränkender Auflagen an die Beachtung dieses, von der VO. selbst durchbrochenen Grundrechts nicht gebunden. Dagegen gewährt die neue VO. nicht das Recht, darüber hinaus Auflagen zu machen, die in andere Grundrechte, z. B. die persönliche Freiheit (Artikel 114 RV.), das Recht der freien Meinungsäußerung (Artikel 118 RV.) oder das Eigentum (Artikel 153 RV.) eingreifen. Diese bewußte Einschränkung der Befugnisse der mit der Durchführung der VO. betrauten Behörden wird sich hier besonders bemerkbar machen, da sie es den Behörden unmöglich macht, Auflagen wie die, daß bestimmte Redner nicht sprechen dürfen, oder daß über bestimmte Gegenstände nicht gesprochen werden darf, einfach deshalb zu machen, weil die politische Einstellung des Redners oder die Art des Themas zu Bedenken Anlaß gibt. Solche gegen bestimmte Personen oder gegen bestimmte geistige Tendenzen gerichtete Auflagen würden eine Verletzung des Artikels 118 RV. bedeuten. Dieser Artikel gestattet wohl Beschränkungen allgemeiner Natur (vgl. die Wortfassung: „In den Schranken der allgemeinen Gesetze"), aber nicht Sonderrecht gegen die Meinungsfreiheit. Wenn man einen bestimmten Redner lediglich wegen seiner geistigen und insbesondere politischen

Einstellung in der Redefreiheit, wenn auch nur durch eine Auflage, beschränkt, oder wenn man bestimmte Erörterungen mit Rücksicht auf ihre geistige Zielrichtung und die davon zu erwartende Wirkung verbietet, so ist dies der typische Fall der Bekämpfung einer bestimmten geistigen Tendenz um ihrer selbst willen, was durch Artikel 118 RV. ausgeschlossen ist. Soweit allerdings einem Redner durch die Auflage das Reden nur deshalb verboten werden soll, weil nicht die geistige Richtung seiner Rede Bedenken auslöst, sondern auf Grund früherer Reden feststeht, daß er in seinen Reden unmittelbar zu Gewalttätigkeiten oder anderen Ungesetzlichkeiten aufreizt oder in sonstiger Weise die Strafgesetze oder die öffentliche Sicherheit und Ordnung in schwerer Weise verletzt hat, würde einem Redeverbot auch Artikel 118 RV. nicht im Wege stehen, da dieser nur die Freiheit der geistigen Zielrichtung schützt, aber keinen Freibrief für Gesetzwidrigkeiten gibt (vgl. Häntzschel „Das Recht der freien Meinungsäußerung" in „Handbuch des deutschen Staatsrechts" S. 651 ff. und die dort zitierte Literatur und Rechtsprechung). Diese Unterscheidung wird mit Rücksicht auf die Möglichkeit der Anfechtung der Auflage als polizeiliche Verfügung zu beachten sein. Die Auflage ist als polizeiliche Verfügung mit denselben Rechtsmitteln wie das Verbot anfechtbar.

(11) Ueber „politisch" vgl. Anm. 2. Die früher nur auf hergebrachte Züge von Hochzeitsgesellschaften, Prozessionen usw. beschränkte Ausnahmevorschrift wird durch diese weitergehende Vorschrift ersetzt.

(12) D. h. nach den Vorschriften über die Anfechtung versammlungspolizeilicher Verfügung (in Preußen §§ 45 ff. Pol.-Verw.G.).

(13) D. h. bis zur Entscheidung bewendet es bei dem Verbot oder bei den gemachten Auflagen.

§ 2

Oeffentliche[1]) politische[2]) Versammlungen[3]) sowie Versammlungen und Aufzüge[4]) unter freiem Himmel[5]) können aufgelöst werden[6]),

1. **wenn in ihnen zum Ungehorsam gegen Gesetze oder rechtsgültige Verordnungen[7]) oder die innerhalb ihrer Zuständigkeit getroffenen Anordnungen der verfassungsmäßigen Regierung oder der Behörden[8]) aufgefordert[9]) oder angereizt[10]) wird oder**
2. **wenn in ihnen Organe[11]), Einrichtungen[12]), Behörden[13]) oder leitende Beamte des Staates[14]) beschimpft[15]) oder böswillig verächtlich gemacht werden[16])[17]) oder**

3. wenn in ihnen eine Religionsgesellschaft des öffentlichen Rechtes[18]), ihre Einrichtungen[19]), Gebräuche[20]) oder Gegenstände ihrer religiösen Verehrung[21]) beschimpft oder böswillig verächtlich gemacht werden[22]) oder

4. wenn in ihnen zu einer Gewalttat[23]) gegen eine bestimmte Person oder allgemein zu Gewalttätigkeiten gegen Personen oder Sachen[24]) aufgefordert oder angereizt wird[25]),

5. wenn sie nicht angemeldet[26]) oder wenn sie verboten[27]) sind oder wenn von den Angaben der Anmeldung absichtlich abgewichen[28]) oder wenn einer Auflage zuwidergehandelt wird[29]).

(1—5) Vgl. oben § 1 Anm. 1—5.

(6) Die Auflösungsgründe dieser VO. treten zu denen des § 14 Nr. 3—5 des Reichsvereinsgesetzes für die Dauer der VO. hinzu. Zuständig für die Auflösung ist die Ortspolizeibehörde, insbesondere auch die Beauftragten, die die Polizei nach § 3 der VO. in jede öffentliche Versammlung entsenden kann. Wer versucht, die Versammlung trotzdem fortzusetzen, macht sich strafbar (§ 17 Nr. 3). Das Recht zur Auflösung schließt ohne weiteres die Befugnis in sich, zunächst zur Beseitigung des Auflösungsgrundes Auflagen für den Fortgang der Versammlung zu machen und erst, falls diese nicht innegehalten werden, die Auflösung auszusprechen (so mit Recht v. Jan S. 146 Anm. 3). Ueber das Recht zur Anfechtung der Auflösungsverfügung vgl. § 4. Ueber Auflösung bei Nichtzulassung von Polizeibeauftragten s. u. § 3 Abs. 4.

(7) Beim Gesetz ist, zum Unterschied von der Verordnung, die Rechtsgültigkeit nicht notwendige Voraussetzung. Gesetz und Verordnung müssen ein Gebot oder Verbot enthalten, da sonst eine Aufforderung zum Ungehorsam gegen sie nicht denkbar ist. Beispiel: Aufforderung zum Steuerstreik.

(8) Anordnung ist jedes in Ausübung staatlicher Hoheitsrechte erlassene Gebot oder Verbot, gleichviel ob es ein solches allgemeiner Natur ist (Verordnung), oder ob es sich an den einzelnen richtet (Verfügung). Solche Anordnungen sind z. B. die in verschiedenen Ländern bestehenden Schulverwaltungserlasse, die den Schülern die Teilnahme an politischen Schülerbünden verbieten. Die Anordnungen der Regierung und der Behörden müssen nicht notwendig rechtsbeständig, aber doch jedenfalls im Rahmen ihrer

sachlichen und örtlichen Zuständigkeit erlassen sein. Die Regierung muß außerdem eine verfassungsmäßige sein, so daß z. B. die Anordnungen einer Landesregierung, deren Verfassungsmäßigkeit vom Reich mit Recht bestritten wird, nicht geschützt sind.

(9) Sowohl die allgemeine Aufforderung wie die zu einer bestimmten Ungehorsamshandlung fällt darunter.

(10) Anreizen ist weitergehend als Auffordern, so daß der Tatbestand dieser Vorschrift insofern über den des § 110 StGB. hinausgeht. Es genügt dazu jede Kundgebung, die darauf gerichtet ist, mit Bezug auf bestimmte gesetzliche Gebote oder Verbote den Gehorsamswillen der Bevölkerung allgemein zu untergraben und etwaige innere Hemmungen, die gegen die Begehung von Ungesetzlichkeiten bestehen, zu beseitigen. Die Anreizung will auf Sinne und Leidenschaften entfesselnd wirken, zum Unterschied von der regelmäßig in erster Linie an den Intellekt gerichteten Aufforderung. Beispiel: „Jetzt gilt es, auch die Betriebsarbeiter in Bewegung zu setzen. Es darf nicht geduldet werden, daß die Polizei die Hungernden niederknüppelt und niederschießt" (RG. v. 14. 7. 1931 — XII V 55/31).

(11) Das sind die verfassungsmäßigen Staatsorgane, z. B. die amtierenden Reichs- und Staatspräsidenten, Minister, Reichstag, Reichsrat, Landtage usw.

(12) Das sind die bleibenden, dauernden Bestandteile der Verfassung und Verwaltung, mit welchen das Deutsche Reich oder seine Gliedstaaten „sich einrichten", jene auf Erfüllung des Staatszwecks hinzielenden, für die Dauer bestimmten organischen Schöpfungen auf irgendeinem Gebiet der staatlichen Tätigkeit (RGSt. 22, 255). Rechtsinstitute wie Ehe, Familie, die der Staat anerkennt und schützt, ohne sie zur Grundlage besonderer organischer Schöpfungen zu machen und ohne sie unter Anpassung an die bestehenden Verhältnisse seinen Bedürfnissen entsprechend besonders zu gestalten, sind nicht Staatseinrichtungen; es muß sich also stets um der Erfüllung des Staatszweckes dienende, für die Dauer bestimmte organische Schöpfungen auf den verschiedenen Gebieten der staatlichen Tätigkeit handeln (RGSt. a. a. O., RGSt. **29**, 319). Beispiele: Polizei, Wehrmacht, Justiz (RG. v. 2. 8. 1932 — XII V 104/32).

(13) Nur die Behörden des Staates, d. h. des Reichs und der Länder, nicht auch die der Kommunen sind besonders geschützt. Doch sind Einrichtungen der Kommunen dann Staatseinrichtungen (vgl. oben Anm. 12), wenn sie Aufgaben zu erfüllen haben, die den

Kommunen vom Staate als sog. Auftragsangelegenheiten übertragen worden sind (Beispiel: Kommunalpolizei).

(14) Welche Beamten zu leitenden im Sinne dieser Verordnung erklärt werden, ist für das Reich durch Verordnung des Reichsministers des Innern vom 4. 2. 1933 (Anhang I) für die Länder durch Verordnung der Landesregierungen bzw. der einzelnen Fachminister bestimmt (näheres siehe Anhang II). Im Reich sind es der Reichskanzler, die Reichsminister und die Staatssekretäre; ferner die Reichskommissare für Preußen.

Die Beschimpfung oder Verächtlichmachung braucht sich beim Beamten nicht auf das Amt zu beziehen. (RG. v. 12. 10. 1931 — XII V Nr. 166/31). Bei Erlaß der Verordnung ist von einer solchen Einschränkung mit Absicht Abstand genommen worden, um auch alle die rein persönlichen Verunglimpfungen zu treffen, die äußerlich mit der Amtsstellung des Betreffenden nichts zu tun haben, die aber doch ihren Grund darin haben, daß der Betreffende mit Rücksicht auf sein Amt oder seine sonstige politische Tätigkeit einzelnen andersdenkenden Kreisen besonders verhaßt erscheint. Immerhin wird es sinngemäßer Auslegung entsprechen, über die so bezeichnete Grenze nicht hinauszugehen und Beschimpfungen und Verächtlichmachungen, die offenbar mit der Amtsstellung des Betreffenden nicht das geringste zu tun haben, sondern auch den Motiven nach rein privater Natur sind, nicht als unter diese Vorschrift fallend anzusehen. Gegen üble Nachreden, die nicht in der besonderen Form der Beschimpfung oder böswilligen Verächtlichmachung erfolgen, sind die betreffenden Beamten durch diese Vorschrift ohnehin nicht weitergehend geschützt als jeder andere Staatsbürger. Beispiel für Beschimpfung oder böswillige Verächtlichmachung leitender Beamter: Bezeichnung als Sachwalter eines Interessentenhaufens, d. h. als bloße Vertreter von Einzelinteressen im Gegensatz zu ihrer Pflicht, die Interessen des ganzen Volkes wahrzunehmen, mit dem Zusatz, daß ihre Maßnahmen jedem Deutschen, zumal jedem ehemaligen Frontsoldaten, die Schamröte ins Gesicht treiben müßten (RG. v. 4. 7. 1931 — XII V 51/31).

(15) Beschimpfung ist — zum Unterschied von der sachlichen Kritik — jede durch Form oder Inhalt besonders verletzende rohe Aeußerung der Mißachtung (RGSt. 57, 201). Die besondere Roheit kann sowohl in der Ausdrucksform (Schimpfworte) wie auch darin bestehen, daß der Vorwurf nur inhaltlich besonders ehrenrührig erscheint (RG. in „Recht" 1929 S. 287; RGSt. 61, 308; StGH. in JW. 1922

S. 1728). Der Begriff der Beschimpfung verlangt nicht „ganz besonders" rohe Form, auch nicht daß sie „dazu angetan ist, den Geist der Auflehnung und die Neigung zu Gewalttätigkeiten hervorzurufen" (RG. v. 21. 3. 1929 — 2 D 1186/28). Keine Beschimpfung ist einzelnes Scheltwort, das nicht zu politischer Kundgebung, sondern im Unmut rasch und ohne eigentliches Bewußtsein von dem bedenklichen Inhalt des Wortes ausgestoßen wurde (RGSt. 57, 185. RG. in LZ. 1928 S. 345). Als Beschimpfungen sind von der Rechtsprechung angesehen worden:

„Nun sind sie alle unter sich, die Youngbetrüger, in dem Hause am Platz der Republik ... Seit 12 Jahren hat man dort geschwätzt und gelogen ..." (Beschimpfung des Reichstags, RG. 4. Strafsenat vom 2. 3. 1931 — XII V 11/1931). Wenn von „brutalen Attacken der Polizei" gesprochen und behauptet wird, die Polizei habe „Männer, Frauen und Kinder wie tolle Hunde geprügelt und niedergeschossen", und wenn schließlich gesagt wird, daß mit der wachsenden Zahl der Polizeiattacken sich auch die Brutalität der Polizei immer mehr gesteigert habe, so bedeutet das, wenn die aufgestellten Behauptungen mindestens in dieser Verallgemeinerung unzutreffend sind, eine Beschimpfung der Polizei (RG. v. 14. 7. 1931 — XII V 55/31). Ebenso die Behauptung, die Polizei führt bewußt den Machtkampf gegen die ... Partei aus parteipolitischen Zweckgedanken (RG. v. 4. 9. 1931 — XII V 131/31).

Bloße Wiedergabe einer eine Beschimpfung enthaltenden Zeugenaussage stellt nur dann Beschimpfung dar, wenn Verfasser des Berichts sich die Beschimpfung zu eigen gemacht hat (RGSt. 59, 181). Unbeachtlich ist, ob Beschimpfung in berechtigtem Unwillen gegenüber politischem Gegner erfolgte oder ob sie in dieser Form im politischen Kampf üblich ist (RG. in JW. 1928 S. 186).

(16) Verächtlichmachung ist eine abgeschwächte Form der Beschimpfung (RGSt. in H. Rspr. 1932 Nr. 303) und zwar jede Kundgebung, die eine Person oder Einrichtung als mit einem sittlichen Makel behaftet oder als sonstwie der Achtung der Volksgenossen unwürdig hinstellt (vgl. § 5 Nr. 1 RepSchG. und dazu Erklärung des Staatssekretärs Zweigert in der Sitzung des 21. Ausschusses des Reichstags v. 10. 1. 1930, S. 5). Die Behauptung mangelnder Vaterlandsliebe ist eine Verächtlichmachung, die zur böswilligen wird, wenn dem Täter nicht der Kampf um die Sache, sondern der Angriff gegen den verhaßten Gegner zur Hauptsache wird, also

an Stelle sittlicher Beweggründe solche treten, die als sittenwidrig anzusehen sind (OVG. i. DJZ. 1932 S. 813 f.). Beispiel einer Verächtlichmachung: „Wir werden es den (folgen Ministernamen) nicht vergessen, daß sie es wagten, mit amtlichen Mitteln die Entehrung des deutschen Volkes zu betreiben"; und: „Das neudeutsche System ist seelisch korrupt" (RG. 4. Strafsenat vom 31. 12. 1930 — XII V 17/1930). Aber nicht jeder Ausdruck der Geringschätzung oder Mißachtung gegenüber einer Regierung, insbesondere nicht die Behauptung, daß sie sich in dieser oder jener Beziehung als unfähig erwiesen habe, ist eine böswillige Verächtlichmachung (vgl. RG. v. 23. 7. 1931 — XII V 63/31); wohl aber liegt böswillige Verächtlichmachung vor, wenn einer Regierung ohne jeden durch Tatsachen belegten Grund der Vorwurf „völlig unsachlicher und von Parteilichkeit diktierter Amtsführung" oder der unberechtigte Vorwurf eines die vaterländischen Interessen bewußt mißachtenden Verhaltens gemacht wird. Damit sind die Grenzen erlaubter Kritik überschritten (RG. v. 3. 8. 1931 — XII V 76/31 und RG. v. 20. 4. 1931 — XII V 20/31). Böswillige Verächtlichmachung ist auch in Frageform möglich, insbesondere in Form rhetorischer Fragen, die der positiven Bejahung der in ihnen mitgeteilten Tatsachen gleich stehen (RG. v. 14. 8. 1931 — XII V 85/31). Eine Beschimpfung oder böswillige Verächtlichmachung des herrschenden „Systems", z. B. als „herrliches System" oder „beispielloses Terrorsystem", erfüllt den Tatbestand des § 2 Nr. 2 der VO.; denn eine solche Beschimpfung, die zugleich eine solche der Verfassung ist (§ 9 Nr. 3 VO. v. 19. 12. 1932, s. u. S. 135), ergreift alle Organe, Einrichtungen und Behörden dieser Staatsform, wie auch die leitenden Beamten, die sich in ihren Dienst gestellt haben (RG. v. 24. 8. 1931 — XII V 109/31 — und v. 28. 8. 1931 — XII V 126/31). Die Bezeichnung leitender Beamter als „Männer eines todkranken, innerlich faulen Systems", sowie die Behauptung, daß eine Polizeidirektion Zeitungsverbote „mit Reichsverfassung oder ohne Reichsverfassung, für das Gesetz oder gegen das Gesetz" erlasse, stellen eine böswillige Verächtlichmachung dar, die letztere Behauptung insbesondere dadurch, daß der Polizei willkürliche, pflichtvergessene Anwendung der bestehenden Verordnungen zum Vorwurf gemacht wird (RG. v. 2. 9. 1931 — XII V 130/31). Die Behauptung, daß die Polizei ihre Aufgaben nicht pflichtgemäß erfülle, sondern sich dabei von „Blutgier und Mordlust" und dem Bestreben leiten lasse, „tüchtig zu bimsen und niederzureiten", ist eine böswillige Verächtlichmachung der zur Aufrechterhaltung der öffentlichen Ruhe und Sicherheit berufenen Organe. Die Ausdrücke „Polizeiterror in L.“ und „ungeheuerliche Polizeibrutalitäten in K.“ enthalten eine Beschimpfung und böswillige Verächtlichmachung der Polizei und eine Gefährdung der öffentlichen Sicherheit und Ordnung (RG. v. 24. 8. 1931 — XII V 115/31). Der einem Gericht oder der Staatsanwaltschaft gemachte Vorwurf bewußt unsachlichen Verhaltens in einer Rechtssache ist eine böswillige Verächtlichmachung (RG. v. 4. 9. 1931 — XII V 132/31). Der Vorwurf der Parteilichkeit gegenüber einem Polizeipräsidenten ist eine persönliche Kränkung und böswillige Verächtlichmachung (RG. 21. 8. 1931 — XII V 100/31). Eines Eingehens auf die Frage, ob die aufgestellten Behauptungen der Wahrheit entsprechen oder nicht, bedarf es nicht, wenn etwaige Verfehlungen einzelner zum Anlaß einer Verallgemeinerung genommen sind, durch die eine staatliche Einrichtung oder eine Behörde als Ganzes beschimpft oder böswillig verächtlich gemacht wird (RG. v. 24. 8. 1931 — XII V 92/31).

(17) Böswilligkeit, die bei der Verächtlichmachung — nicht auch bei der Beschimpfung — hinzukommen muß, setzt eine feindselige Gesinnung voraus, die in der Veröffentlichung selbst irgendwie zum Ausdruck kommen muß. Entscheidend ist auch hier nicht die innere Einstellung, die die Verfasser bei der Veröffentlichung hatten, sondern es kommt nur darauf an, welchen Eindruck die Veröffentlichung, so wie sie erfolgte, nach außen hervorruft (RG. v. 6. 4. 1932 — XII. V. 51/32). Im einzelnen kann die zur Böswilligkeit gehörende feindselige Einstellung z. B. daraus entnommen werden, daß Vorwürfe erhoben werden, ohne daß sie zur sachlichen Erörterung erforderlich sind (RG. v. 4. 7. 1931 — XII. V. 51/31), daß Vorwürfe ungerechtfertigt verallgemeinert werden, um auf diese Weise die Bevölkerung aufzureizen (RG. v. 21. 8. 1931 — XII V. 112/31), daß schwere Vorwürfe erhoben werden, ohne daß auch nur der Versuch gemacht wird, sie sachlich zu begründen (RG. v. 4. 8. 1931 — XII. V. 74/31). Daß die Vorwürfe in Frageform gekleidet sind, schließt ihre Böswilligkeit nicht aus (RG. v. 14. 8. 1931 — XII. V. 85/31). Auch in ironischen Bemerkungen kann eine böswillige Verächtlichmachung liegen (RG. v. 30. 4. 1931 — XII. V. 26/31). Hat dagegen der die Verächtlichmachung enthaltende Artikel eine wohlmeinende Tendenz, so liegt Böswilligkeit nicht vor (RG. v. 23. 7. 1931 — XII. V. 63/31).

(18) Religionsgesellschaften des öffentlichen Rechts sind vor allem die christlichen Kirchen und die Synagogengemeinden, in ein-

zelnen Ländern — aber z. B. nicht in Preußen — auch freireligiöse Gemeinden (Verzeichnis siehe Anhang III). Sie sind geschützt, weil die kommunistische Bewegung neuerdings den Kampf gegen den Staat auch dadurch zu führen sucht, daß sie durch „Gottlosenpropaganda" die Grundlagen christlicher Gesinnung und Gesittung zu untergraben trachtet. Voraussetzung des Verbots ist auch hier, daß die Versammlung nicht nur einen religiösen, sondern auch politischen Charakter trägt (vgl. oben Anm. 2). Ueber die Auflösung der kommunistischen Gottlosenorganisation s. u. S. 155.

(19) Das sind sowohl die organisatorischen Einrichtungen (Priester, Gemeindeältestenrat, evang. Konsistorium usw.) wie die rein kirchlichen (Gottesdienst, Sakramente, Beichte, Abendmahl usw.), doch ist zu beachten, daß nur die Einrichtungen als solche geschützt sind, nicht etwa auch die ihnen angehörenden Personen gegen Kritiken, die nicht gegen die kirchlichen Einrichtungen gerichtet sind, sondern nur die Art und Weise ihrer Amtsführung betreffen. So ist die Figur eines katholischen Geistlichen in der Reihe von „Volksverrätern" nicht als Beschimpfung der katholischen Kirche angesehen worden, wenn der Vorwurf die Zentrumspartei treffen sollte (RG. v. 6. 5. 1931 — XII V 29/31); wohl dagegen die Bezeichnung des Papstes als ergebenen Dieners einer kapitalistischen Gesellschaftsordnung, der innerlich die Lehre Christi von der sozialen Gerechtigkeit ablehne, da durch den Vorwurf der inneren Unaufrichtigkeit gegen den Träger des Papsttums diese Einrichtung der katholischen Kirche als solche in den Augen der Allgemeinheit herabgewürdigt wird (RG. v. 4. 8. 1931 — XII V 74/31).

Als Einrichtungen hat die Rechtsprechung angesehen: Christusverehrung und Marienkultus (RGSt. 2, 428), Konzil (RRspr. 1, 521, RGSt. 26, 294), Konfirmation (RGSt. 5, 189), das lutherische Predigtamt (RGSt. 9, 159), die Funktionen des christlichen Predigtamts: Abendmahl (RG. III 609/04 v. 20. 6. 1904), Evangeliumsverkündung (RGSt. 5, 354, jedoch nicht die einzelne Feier, die einzelne Predigt), den Gesang des Geistlichen (Sächs. Arch. 1913 S. 129), das Vaterunser (Recht 1915 S. 2614), die Kanzel (RGSt. 26, 39, jedoch nicht als Bestandteil des Kirchengebäudes, sondern als Bezeichnung für Predigtamt oder Predigt), das katholische Priestertum (RGSt. 27, 284, als organische Einrichtung, nicht den Priesterstand als Inbegriff gewisser oder aller Priester), die Einrichtung der kirchlichen Orden (RGSt. 33, 221, nicht auch der einzelnen Orden), das Apostolische Glaubensbekenntnis (RRspr. 3,

755), die Sonntagsheiligung (RRspr. 8, 692), Meßopfer und Beichte (RGSt. 33, 221), das Laubhüttenfest (RGSt. 47, 142).

(20) Gebräuche sind die in der allgemeinen Auffassung einer Religionsgemeinschaft begründeten tatsächlichen Uebungen und Darstellungen religiöser Ordnung, sei es, daß sie auf geschriebenem oder ungeschriebenem Recht beruhen, wobei persönliche Gewohnheiten und lokale Gepflogenheiten zu berücksichtigen sind; insbesondere: die Amtstracht der Geistlichen (RGSt. 6, 788), die Uebung, sich zu bekreuzigen (RGSt. 33, 221), der Gebrauch des Weihwassers (Goltd. Arch. 48, 130), die Reliquienverehrung (RGSt. 22, 238, 24, 15), die Segenserteilung (Recht 1914, 2786). Aber nur die Bestandteile des Kultus der Religionsgesellschaft, nicht auch körperliche Sachen fallen unter den Begriff „Gebräuche". so ist z. B. der Rosenkranz nicht geschützt (JW. 1915, 42). Im übrigen ist zu beachten, daß nicht die einzelne Kulthandlung, nicht der einzelne Gegenstand der Verehrung geschützt wird, sondern nur die Einrichtung als solche gegen Angriffe, die sich gegen sie richten (RGSt. 22, 238, 24, 15, 45, 11). Näheres siehe Ebermeyer, Kommentar zum Reichsstrafgesetzbuch, Anm. zu § 166.

(21) Z. B. das Kruzifix, Christus-, Marien- und Heiligenbilder, der heilige Rock zu Trier usw.; doch ist die Benutzung eines Christusbildes für politische Zwecke dann keine Beschimpfung oder Verächtlichmachung des Bildes, wenn dabei Angriffe nur gegen die der Zentrumspartei angehörenden Geistlichen erhoben werden (RG. v. 6. 5. 1931 — XII V 29/31).

(22) Siehe oben Anm. 15—17.

(23) Das ist jeder Angriff auf Leib oder Leben, angefangen von der tätlichen Beleidigung (z. B. Ohrfeige) bis zu Mord und Totschlag.

(24) Zur Auflösung berechtigt sowohl die Aufforderung bzw. das Anreizen zu Gewalttaten gegen bestimmte Einzelpersonen wie die allgemeine Aufforderung zu Gewalttätigkeiten gegen Personen, z. B. die Mitglieder bestimmter Verbände, Konfessionen oder Parteieinrichtungen („Schlagt die Faschisten, wo ihr sie trefft") und ebenso auch die Aufforderung zu Gewalttätigkeiten gegen Sachen, z. B. zum Plündern von Geschäften, Herunterreißen von Fahnen, Uniformstücken oder Abzeichen.

(25) Ueber Anreizen s. o. Anm. 10.

(26) Gleichgültig ist, ob die Nichtanmeldung auf einem Verschulden beruht.

(27) Verboten ist eine Versammlung nur dann, wenn ein behördliches Verbot vorliegt. Daß die Versammlung in einer gesetzlichen Bestimmungen zuwiderlaufenden Weise abgehalten wird (indem z. B. einzelne Teilnehmer bewaffnet sind), macht sie noch nicht zu einer verbotenen (RG. i. Recht 1931 Sp. 492).

(28) Absichtlich ist die Abweichung nur dann, wenn der Täter mit Vorbedacht gehandelt hat, also sein Wille schon einige Zeit vorher darauf gerichtet war, von den Angaben abzuweichen; nicht dann, wenn durch unvorhergesehene Umstände (z. B. Verspätung des Redners, Wahl eines anderen Versammlungslokals wegen Ueberfüllung des ursprünglich in Aussicht genommenen) die Angaben über Zeit oder Ort nicht innegehalten werden können.

(29) Gleichgültig ist, ob die Zuwiderhandlung auf einem Verschulden der Beteiligten beruht.

§ 3

(1) Die Polizeibehörde[1]) ist befugt, in jede öffentliche Versammlung[2]) Beauftragte[3]) zu entsenden.

(2) Die Beauftragten haben sich unter Kundgebung ihrer Eigenschaft dem Leiter[4]) oder, solange dieser nicht bestellt ist, dem Veranstalter[5]) der Versammlung zu erkennen zu geben[6]).

(3) Den Beauftragten muß ein angemessener Platz eingeräumt werden[7]).

(4) Wird die Zulassung[8]) der Beauftragten verweigert, so kann die Versammlung für aufgelöst erklärt werden[9]).

Diese Vorschrift ist wörtlich aus der Verordnung gegen politische Ausschreitungen vom 14. 6. 1932 übernommen worden (vgl. § 2, 15 der VO.).

Der § 13 VerG. gestattete die Entsendung von zwei Polizeibeauftragten in jede öffentliche Versammlung. Ob die Entsendung nur in politische Versammlungen oder auch in unpolitische erfolgen durfte, war strittig. Die preußische Praxis vertrat in Uebereinstimmung mit OVG. 58 S. 288 die erstere Ansicht, während das Reichsgericht (RG. in DJZ. 1911 S. 992) die Entsendung in jede öffentliche Versammlung für zulässig hielt, gleichviel ob sie politisch oder unpolitisch war. Durch die VO. des Rats der Volksbeauftragten vom 12. 11. 1918 (RGBl. S. 1303) wurden dann sämtliche Beschränkungen des Vereins- und Versammlungsrechts für aufgehoben erklärt. Trotzdem sah Praxis und herrschende

Meinung das Ueberwachungsrecht des § 13 RVG. als fortbestehend an, da es keine Beschränkung des Rechts, sich zu versammeln, sondern nur eine den Ablauf der Versammlungen regelnde Ordnungsvorschrift darstellte (so Brecht, Vereinsgesetz in v. Brauchitsch 21. Auflage Anm. 1 zu § 13, v. Jan Vereinsgesetz S. 136 zu b, Anschütz Anm. 3 zu Artikel 123 RV., Poetzsch-Heffter Anm. 9 zu Artikel 123 RV.; a. A. Delius Vereinsgesetz S. 148). Neuerdings hat sich jedoch zunächst das OLG. Stettin in einem Urteil vom 8. 11. 1930 (2 S. 208/30) und dann auch das Reichsgericht in einem Urteil vom 28. 4. 1932 (RGSt. 66, S. 228) auf den Standpunkt gestellt, daß § 13 VerG. durch die VO. des Rats der Volksbeauftragten aufgehoben sei, und daß die Polizei zur Ueberwachung von Versammlungen nur noch in den Schranken des § 1 Abs. 2 VerG., d. h. nur noch beim Vorliegen unmittelbarer Gefahr für Leben und Gesundheit der Versammlungsteilnehmer berechtigt sei. Solange eine solche unmittelbare Gefahr, wie sie z. B. durch Tätlichkeiten, Schießereien oder ähnliche Vorkommnisse in einer Versammlung begründet werden kann, nicht vorliegt, hatte nach dem Reichsgerichtsurteil die Polizei kein Recht zur Ueberwachung und konnte infolgedessen von dem Inhaber des Hausrechts am Betreten des Versammlungsraums gehindert werden. Da dieser Zustand besonders in der heutigen Zeit polizeilichen Anforderungen nicht genügt, so ist durch die vorliegende VO. das Recht zur Entsendung von Polizeibeauftragten wieder hergestellt worden. Es ist sogar über den vor November 1918 bestehenden Umfang hinaus erweitert worden, indem die Polizei nicht mehr zwei, sondern, soweit es ihr zur Erreichung des Ueberwachungszweckes erforderlich erscheint, auch mehr Beauftragte in das Versammlungslokal entsenden kann, und indem ferner die Zweifelsfrage, ob auch nichtpolitische öffentliche Versammlungen überwacht werden können, in bejahendem Sinne entschieden worden ist.

(1) Welche Polizeibehörde zuständig ist, bestimmt sich nach Landesrecht. Regelmäßig ist eine Zuständigkeit der Ortspolizeibehörde begründet. In Preußen ist ein Eingreifen der höheren Instanz nur dann zulässig, wenn die nötige Ueberwachung „nicht auf dem als Regel gegebenen Wege der Anweisung, sondern mit Sicherheit eben nur durch eigenes Handeln der Aufsichtsbehörde erwartet werden kann," also wenn anzunehmen ist, daß die untere Instanz nicht einschreiten kann oder wird (OVG. **59**, S. 301, 304).

(2) Ueber öffentliche Versammlung vgl. § 1 Anm. 1 u. 3.

(3) „Die Polizeibehörde ist bei der Auswahl der Personen, die sie entsendet, unbeschränkt. Sie kann bei Mangel entsprechender Beamter auch eine andere Polizeibehörde um Entsendung von Hilfskräften ersuchen, die dadurch Organe der zuständigen Behörde werden“ (OVG. 66 S. 327). Auch die Anzahl der Beauftragten ist zum Unterschied vom Reichsvereinsgesetz nicht mehr beschränkt (vgl. oben Vorbemerkung am Schluß).

(4) Der Begriff des Leiters ist hier derselbe wie im § 10 VerG. Als Leiter ist der Versammlungs- oder Aufzugsteilnehmer anzusehen, der die Ordnung handhabt und als Vorsitzender der Versammlung oder Führer des Aufzugs den äußeren Gang der Veranstaltung, bei Versammlungen insbesondere die Reihenfolge der Redner bestimmt.

(5) Veranstalter ist, wer die Vorbereitungen zu der Versammlung oder dem Aufzug getroffen, insbesondere die Einladungen dazu hat ergehen lassen. Er braucht nicht notwendig an der von ihm veranstalteten Versammlung oder dem Aufzug teilzunehmen.

(6) Die Beauftragten haben sich als solche zu erkennen zu geben; anderenfalls hat eine von ihnen ausgesprochene Auflösung insoweit keine rechtliche Wirkung, als die Zuwiderhandlung dagegen nicht strafbar ist. Eine Form ist jedoch für die Kundgebung ihrer dienstlichen Eigenschaft als Polizeibeauftragte nicht vorgeschrieben, so daß es genügt, wenn diese aus den Umständen deutlich hervorgeht. Eine Legitimation kann nur von in Zivil erscheinenden Beauftragten verlangt werden. Uniformierte Beamte sowie Beamte, die in Begleitung uniformierter Beamten erscheinen, sind durch die Uniform genügend ausgewiesen (OVG. 61 S. 238).

(7) Angemessen ist jeder Platz, der die Möglichkeit gewährt, den Zweck der Vorschrift, nämlich die Versammlungsüberwachung, ohne Schwierigkeiten zu erfüllen und der nicht etwa durch seine Beschaffenheit die Würde der von dem Beamten vertretenen Behörde verletzt. Darüber hinaus kann der Ueberwachungsbeamte einen besonderen Ehrenplatz (z. B. am Vorstandstisch) nicht für sich in Anspruch nehmen.

(8) Nur mangelnde Zulassung, nicht auch die Verweigerung eines angemessenen Platzes berechtigt zur Auflösung; wird jedoch durch die Verweigerung eines angemessenen Platzes die Versammlungsüberwachung unmöglich, so wird man dies als verweigerte Zulassung ansehen müssen, die zur Auflösung nach Abs. 4 berechtigt. Strafvorschrift siehe § 17 Nr. 2.

(9) Die Auflösungsgründe dieser VO. stellen den aufgehobenen § 14 Nr. 3 des Reichsvereinsgesetzes für die Dauer der VO. wieder her. Zuständig für die Auflösung ist die Ortspolizeibehörde, insbesondere auch die Beauftragten, die die Polizei nach Absatz 1 in jede öffentliche Versammlung entsenden kann. Wer versucht, die Versammlung trotzdem fortzusetzen, macht sich strafbar nach § 17 Nr. 3. Das Recht zur Auflösung schließt ohne weiteres die Befugnis in sich, zunächst zur Beseitigung des Auflösungsgrundes Auflagen für den Fortgang der Versammlung zu machen und erst, falls diese nicht innegehalten werden, die Auflösung auszusprechen (so mit Recht v. Jan S. 146 Anm. 3). Das Recht zur Anfechtung der Auflösungsverfügung bestimmt sich nach Landesrecht (§ 4 Nr. 2 der VO.).

§ 4

(1) Ist eine Versammlung[1]) für aufgelöst erklärt[2]), so hat die Polizeibehörde dem Leiter[3]) oder Veranstalter[4]) der Versammlung die mit Tatsachen zu belegenden Gründe der Anordnung[5]) schriftlich mitzuteilen, falls er dies binnen drei Tagen beantragt[6]).

(2) Die Auflösung kann nach den Bestimmungen des Landesrechts angefochten werden[7]).

---

(1) Ueber den Begriff der Versammlung vgl. oben § 1 Anm. 3. Auch Aufzüge sind — sich fortbewegende — Versammlungen (vgl. § 1 Anm. 4); a. A. Hoche S. 35, der Anwendbarkeit auf Aufzüge verneint.

(2) Die Vorschrift gilt nur für Auflösungen auf Grund dieser VO.

(3) Der Begriff des Leiters ist hier derselbe wie im § 10 VerG. Als Leiter ist der Versammlungs- oder Aufzugsteilnehmer anzusehen, der die Ordnung handhabt und als Vorsitzender der Versammlung oder Führer des Aufzugs den äußeren Gang der Veranstaltung, bei Versammlungen insbesondere die Reihenfolge der Redner bestimmt.

(4) Veranstalter ist, wer die Vorbereitungen zu der Versammlung oder dem Aufzug getroffen, insbesondere die Einladungen dazu hat ergehen lassen. Er braucht nicht notwendig an der von ihm veranstalteten Versammlung oder dem Aufzug teilzunehmen.

(5) Die schriftliche Begründung soll dem Betroffenen eine sichere Rechtsgrundlage für die Anfechtung der Auflösungs-

verfügung schaffen. Der Bescheid muß also erkennen lassen, auf Grund welcher Rechtsvorschrift die Auflösung erfolgte und welche tatsächlichen Umstände im einzelnen sie veranlaßt haben. Ist der Bescheid erteilt, so kann sich die Behörde zur Rechtfertigung ihrer Maßnahmen nicht mehr auf andere, ihr erst später bekanntgewordene Auflösungsgründe berufen (vgl. über diesen allgemeinen Rechtsgrundsatz RG. vom 27. 10. 1931 — XII V 175/31).

(6) Bei der Fristberechnung ist der Tag, an dem die Auflösung erfolgte, nicht mitzurechnen (§ 187 Abs. 1 BGB.). Nach Ablauf der Frist ist die Polizei zur schriftlichen Mitteilung der Gründe gesetzlich nicht mehr verpflichtet.

(7) Während nach § 15 in Verb. mit § 2 Abs. 2 VerG. für Versammlungsauflösungen auf Grund des Reichsvereinsgesetzes die Zulassung der Anfechtung im Verwaltungsstreitverfahren reichsrechtlich zwingend vorgeschrieben ist, wird es für Auflösungen auf Grund dieser VO. dem Landesrecht freigestellt, ob es nur einfache Dienstaufsichtsbeschwerde, Rechtsbeschwerde oder Verwaltungsstreitverfahren als Anfechtungsmittel zulassen will. Solange die Länder jedoch davon absehen, auf Grund dieser Bestimmung besondere Vorschriften zu erlassen, werden die Bestimmungen Anwendung finden müssen, die sonst in dem betr. Lande für die Anfechtung von Versammlungsauflösungen gelten, d. h. entweder Klage im Verwaltungsstreitverfahren oder Beschwerde mit nachfolgender Klage im Verwaltungsstreitverfahren. Für Preußen vgl. §§ 45 ff. PolVerwG.

Berechtigt zur Anfechtung ist jeder Versammlungsteilnehmer (OVG. 56 S. 322).

§ 5

Der Reichsminister des Innern kann allgemein oder mit Einschränkungen[1]) für das ganze Reichsgebiet oder einzelne Teile Versammlungen unter freiem Himmel[2]) und Aufzüge[3]) sowie das Tragen einheitlicher Kleidung, die die Zugehörigkeit zu einer politischen Vereinigung kennzeichnet[4]), verbieten[5]) und für Zuwiderhandlungen Gefängnisstrafe oder Geldstrafe allein oder nebeneinander androhen.

---

(1) Die Vorschrift ermächtigt nur zu allgemeinen Anordnungen mit Wirkung für das ganze Reich oder Teile desselben, nicht zu Einzelverboten. Verbote „mit Einschränkungen" sind z. B. solche, die auf bestimmte Organisationen oder Parteien beschränkt sind; das S. 94 Anm. 6 Gesagte gilt auch hier.

(2) Vgl. § 1 Anm. 3 und 5. Zu einem allgemeinen, auch für geschlossene Räume geltenden Versammlungsverbot ermächtigt die Vorschrift nicht.

(3) Ueber den Begriff siehe § 1 Anm. 4.

(4) Einheitliche Kleidung ist jede bewußte und gewollte Uebereinstimmung in der Kleidung, sofern diese Uebereinstimmung gemäß den Anordnungen der Organe der politischen Vereinigung dazu bestimmt ist, die Zugehörigkeit zur politischen Vereinigung gegenüber der Allgemeinheit sichtbar zu machen. Wenn diese Voraussetzungen vorliegen, kann ein einzelnes Kleidungsstück genügen, sofern es von den Kleidungsstücken gleicher Art, wie sie das Publikum trägt, in auffälliger Weise abweicht. Ein Hemd von bestimmter Farbe, wie sie auch sonst für Hemden benützt wird, genügt nicht (Bayer. ObLG. in JW. 1932 S. 518). Tragen liegt nur dann vor, wenn die verbotene Kleidung sichtbar oder doch so getragen wird, daß sie ohne Schwierigkeiten sofort sichtbar gemacht werden kann. Transport in geschlossenen Paketen ist kein Tragen. Nur das Tragen einheitlicher Kleidung, nicht auch das Tragen einheitlicher Abzeichen kann verboten werden.

(5) Das Recht der Länder, Uniformverbote für ihre Gebiete zu erlassen, wird durch diese Vorschrift nicht beschränkt. Ueber Versammlungsverbote der Länder siehe § 1 Abs. 2 u. § 6.

§ 6

(1) Versammlungen unter freiem Himmel[1]) und Aufzüge[2]) dürfen von den Landesbehörden[3]) wegen unmittelbarer Gefahr[4]) für die öffentliche Sicherheit[5]) verboten werden

1. allgemein[6]) nur für bestimmt abgegrenzte Ortsteile[7]),

2. im übrigen[8]) nur im Einzelfalle[9]).

Weitergehende allgemeine Verbote treten außer Kraft[10]).

(2) Hat der Reichsminister des Innern gegen ein Verbot nach Abs. 1 Nr. 1 Bedenken[11]), so kann er die oberste Landesbehörde um Aenderung oder Aufhebung ersuchen[12]). Entspricht die oberste Landesbehörde dem Ersuchen nicht, so kann er das Verbot aufheben[13]).

---

(1) Vgl. über den Begriff § 1 Anm. 3 und 5.

(2) Vgl. über den Begriff § 1 Anm. 4.

(3) Welche Landesbehörde zuständig ist, bestimmt sich nach Landesrecht. Näheres siehe Anhang II. Ueber Strafbarkeit der Zuwiderhandlung gegen solche auf Grund von Art. 123 Abs. 2 RV. erlassene Versammlungsverbote s. u. §§ 16, 17 Nr. 1.

(4) Die Gefahr muß eine unmittelbare sein, d. h. es genügt nicht die bloße Möglichkeit einer Gefährdung der öffentlichen Sicherheit (sog. abstrakte Gefahr), vielmehr muß der Eintritt eines Schadens nach dem normalen Ablauf der Dinge wahrscheinlich sein und unmittelbar drohend, d. h. unabhängig vom Hinzutreten weiterer unvorhergesehener Ereignisse, bevorstehen. Rechtsgrundlage des Verbots ist Art. 123 RV.

(5) Die öffentliche Sicherheit ist bedroht, wenn entweder der Bestand des Staates oder seiner Einrichtungen oder das Leben, die Gesundheit, Freiheit, Ehre oder das Vermögen des einzelnen gefährdet ist (vgl. die Begründung zum Preuß. Polizeiverwaltungsgesetz).

(6) Allgemeine Verbote sind solche, die in Gestalt einer Polizeiverordnung ergehen, im Gegensatz zu der nur für den Einzelfall erlassenen polizeilichen Verfügung.

(7) Ortsteile sind nur Teile von abgeschlossenen Ortschaften, nicht etwa ganze Ortschaften oder Landstriche. Wie groß die Ortsteile sein dürfen, ist Tatfrage und hängt davon ab, in einem wie großen Teil des Orts eine unmittelbare Gefahr besteht. Die Ortsteile müssen bestimmt abgegrenzt sein, d. h. die einzelnen Straßen oder Stadtteile müssen so deutlich bezeichnet sein, daß die Grenzen dieser befriedeten „Bannmeile" für jedermann erkennbar sind.

(8) D. h. soweit sie nicht auf bestimmt abgegrenzte Ortsteile beschränkt sind.

(9) In diesem Fall ist das Verbot nur als polizeiliche Verfügung für eine bestimmte Veranstaltung zugelassen, nicht auch in der Form, daß für bestimmte Tage oder Wochen allgemein Versammlungen und Aufzüge unter freiem Himmel verboten werden können. Die Bestimmung bedeutet eine wesentliche Einschränkung der den Landesbehörden durch Art. 123 Abs. 2 RV. eingeräumten Zuständigkeit. Gegen die Reichsverfassung verstößt dieser Eingriff in die Zuständigkeit der Länder nicht, da Art. 48 eine eigene außerordentliche Zuständigkeit des Reichspräsidenten begründet, kraft deren er die normale Zuständigkeitsverteilung auch insoweit durchbrechen kann, als sie in der Reichsverfassung selbst festgelegt ist (vgl. hierzu Urteil des Staatsgerichtshofs für das Deutsche Reich v. 5. 12. 1931 (11/31 u. 13/31) i. RVBl. 1932 S. 144).

(10) Damit treten alle weitergehenden Verordnungen außer Kraft, die die Länder auf Grund von Art. 123 Abs. 2 RV. und des Landespolizeirechts erlassen haben, indem sie für gewisse Zeitläufe nicht nur für abgegrenzte Ortsteile, sondern

allgemein Versammlungen und Aufzüge unter freiem Himmel wegen unmittelbarer Gefahr für die öffentliche Sicherheit verboten haben.

(11) Bedenken irgendwelcher Art genügen, gleichgültig, ob sie rechtlich oder nur durch Zweckmäßigkeitserwägungen begründet sind.

(12) Ersucht werden kann nur um Aufhebung eines allgemeinen Verbots nach Abs. 1 Nr. 1, nicht auch um Aufhebung eines Einzelverbots nach Abs. 1 Nr. 2. Eine rechtliche Verpflichtung, diesem Ersuchen zu entsprechen, begründet die Verordnung nicht; vgl. jedoch den nächsten Satz.

(13) D. h. er kann das erlassene allgemeine Verbot mit unmittelbarer Wirkung außer Kraft setzen. Der Erlaß eines neuen allgemeinen Verbots durch die Landesbehörde ist dann so lange unzulässig, als nicht etwa neue Umstände eintreten, die eine beim Erlaß des Verbots und bei seiner Aufhebung durch den Reichsminister des Innern noch nicht vorliegende oder nicht berücksichtigte Gefahrenquelle darstellen. Tauchen solche neuen Gefahrenmomente auf, so ist den Landesbehörden nicht verwehrt, die zur Aufrechterhaltung der öffentlichen Sicherheit und Ordnung erforderlichen Maßnahmen in Gestalt eines neuen Verbots zu treffen, das aber der Reichsminister des Innern, wenn er Bedenken hat, wiederum aufheben kann. Einzelverbote der im Abs. 1 Nr. 2 bezeichneten Art kann der Reichsminister des Innern nicht aufheben.

Abschnitt II

Druckschriften

§ 7

(1) Druckschriften[1]), deren Inhalt[2]) geeignet ist, die öffentliche Sicherheit oder Ordnung[3]) zu gefährden[4]), können polizeilich beschlagnahmt[5]) und eingezogen werden[6]).

(2) Zuständig sind, soweit die obersten Landesbehörden nichts anderes bestimmen, die Ortspolizeibehörden[7]).

„Diese sehr weitgehende Vorschrift ist aus der Erkenntnis der Notwendigkeit erlassen, die von einem Teil der politischen Presse gerade zur Jetztzeit in weitem Umfange betriebene, im Hinblick auf die gegenwärtige Notlage Deutschlands aber besonders bekämpfenswerte Irreführung der öffentlichen Meinung über den wahren Stand der Dinge in Politik und Wirtschaft und ihre Aussichten für die Zukunft zu verhindern oder solche Möglichkeiten einzuschränken. Die Abwehr gilt nicht dem Austrag des politischen Meinungsstreits durch die Presse an sich, sondern den Bestrebungen derjenigen Presse, die diesen politischen Kampf mit unlauteren Mitteln, nämlich durch eine Vergiftung der öffentlichen Meinung zu stören versucht. Es soll nicht erlaubt sein, durch solche Mittel denjenigen Zustand zu gefährden, der bei den gegenwärtig in Deutschland herrschenden ethischen und sozialen Anschauungen die Vorbedingung und Grundlage eines gedeihlichen Zusammenlebens in wirtschaftlicher, politischer und sozialer Hinsicht bildet: die öffentliche Sicherheit und Ordnung" (so RG. v. 14. 8. 1931 — XII V 88/31 zu der entsprechenden Vorschrift der VO. vom 10. 8. 1931).

(1) Jeder Art, gleichgültig, ob periodische oder nichtperiodische Druckschriften. Der Druckschriftenbegriff ist hier derselbe wie in § 2 des PreßG., so daß auch besprochene oder besungene Grammophonplatten, Photographien, mechanische oder chemische Vervielfältigungen von Schriften oder bildlichen Darstellungen jeder Art darunter fallen; dagegen nicht Filme. Plakate fallen unter diese Vorschrift, soweit sie Druckschriften sind; andernfalls richtet sich ihre Beschlagnahmefähigkeit nach den allgemeinen Vorschriften des Landespolizeirechts.

(2) Eine bestimmte in der Druckschrift erschienene Veröffentlichung muß die Annahme einer Gefährdung der öffentlichen Sicherheit und Ordnung begründen (RG. v. 12. 8. 1931 — XII V 82/31).

(3) Bei der weitgehenden Fassung „öffentliche Sicherheit oder Ordnung" dieser Vorschrift ist stets besonders sorgfältig zu prüfen, ob wirklich eine Gefährdung der öffentlichen Sicherheit oder Ordnung vorliegt (RG. v. 30. 12. 1931 — XII. V. 220/31). Zur Anwendung der Vorschrift genügt nicht die bloße Möglichkeit einer Gefährdung, sondern es muß die Gefährdung der öffentlichen Sicherheit oder Ordnung wenigstens in gewissem Grade wahrscheinlich sein (RG. v. 25. 1. 1932 — XII. V. 3/32). Voraussetzung für eine Gefährdung der öffentlichen Sicherheit oder Ordnung ist die Gefahr einer Störung der sogenannten äußeren Sicherheit oder Ordnung, d. h. es muß die Gefahr bestehen, daß die Veröffentlichung zu öffentlichen Unruhen, Zusammenstößen, Gewalttätigkeiten oder anderen politischen Ausschreitungen führen wird (RG. v. 5. 12. 1931 — XII. V. 203/31, RG. v. 4. 1. 1932 — XII. V. 224/31, OVG. v. 18. 2. 1932 — III A 104/31).

(4) Es genügt die allgemeine Geeignetheit des Inhalts zur Gefährdung, so daß eine tatsächlich eingetretene Beunruhigung nicht festgestellt zu werden braucht.

(5) Die Beschlagnahme ist eine polizeiliche, so daß die Vorschriften der Strafprozeßordnung auf sie keine Anwendung finden. Insbesondere braucht mit der Beschlagnahme nicht abgewartet zu werden, bis die erste Verbreitung erfolgt ist.

(6) Die Einziehung wird in der Regel durch Unbrauchbarmachung erfolgen. Eine Rückgabepflicht besteht jedenfalls nicht.

(7) Zuständigkeit und Wirkung der Beschlagnahme von Druckschriften richten sich nach den für polizeiliche Verfügungen allgemein geltenden Vorschriften des Landesrechts. Zuständig ist also jede Polizeibehörde, in deren Bereich die Verbreitung erfolgt. Andererseits wirkt die Beschlagnahme auch nur für den Bereich der anordnenden Behörde, soweit nicht etwa landesrechtlich eine weitere Wirkung für das Landesgebiet vorgesehen ist. Ueber das Gebiet eines Landes hinaus kann die Wirksamkeit der Beschlagnahme jedenfalls nicht erstreckt werden. Anfechtung nach den für polizeiliche Verfügungen geltenden Vorschriften des Landesrechts.

§ 8

Die Vorschriften des Gesetzes über die Presse vom 7. Mai 1874 (Reichsgesetzbl. S. 65) über die Beschlagnahme[1]) von Druckschriften[2]) ohne richterliche Anordnung (§§ 23 ff. des Gesetzes)[3])[4]) finden auf die in den §§ 81 bis 86[5]), 92 Nr. 1[6]) und 110[7]) des Strafgesetzbuchs oder in den §§ 1 bis 4 des Gesetzes gegen den Verrat militärischer Geheimnisse[8]) bezeichneten strafbaren Handlungen mit der Maßgabe Anwendung, daß der Staatsanwaltschaft gegen den Beschluß des Gerichts, der die vorläufige Beschlagnahme aufhebt, die sofortige Beschwerde[9]) mit aufschiebender Wirkung[10]) zusteht.

Diese Vorschrift betrifft zum Unterschied von § 7, der die polizeiliche Beschlagnahme außerhalb eines Strafverfahrens regelt, die im Zuge eines Strafverfahrens auf Grund der Strafprozeßordnung verhängte Beschlagnahme wegen strafbaren Inhalts der Druckschrift. Die hierfür in Frage kommenden Vorschriften sind folgende:

StPO. § 94: Gegenstände, welche als Beweismittel für die Untersuchung von Bedeutung sein können oder der Einziehung unterliegen, sind in Verwahrung zu nehmen oder in anderer Weise sicherzustellen.

Befinden sich die Gegenstände in dem Gewahrsam einer Person und werden sie nicht freiwillig herausgegeben, so bedarf es der Beschlagnahme.

§ 98 Abs. 1: Die Anordnung von Beschlagnahmen steht dem Richter, bei Gefahr im Verzug auch der Staatsanwaltschaft und den Polizei- und Sicherheitsbeamten zu, welche als Hilfsbeamte der Staatsanwaltschaft ihren Anordnungen Folge zu leisten haben.

RPreßges. § 23: Eine Beschlagnahme von Druckschriften ohne richterliche Anordnung findet nur statt:

1. wenn eine Druckschrift den Vorschriften der §§ 6 und 7 nicht entspricht oder den Vorschriften des § 14 zuwider verbreitet wird,
2. wenn durch eine Druckschrift einem auf Grund des § 10 des Gesetzes gegen den Verrat militärischer Geheimnisse vom 3. 6. 1914 (RGBl. 195) erlassenen Verbot zuwider gehandelt wird,
3. wenn der Inhalt einer Druckschrift den Tatbestand einer der in den §§ 85, 95, 111, 130 oder 184 des deutschen Strafgesetzbuchs mit Strafe bedrohten Handlungen begründet, in den Fällen der §§ 111 und 130 jedoch nur dann, wenn dringende Gefahr besteht, daß bei Verzögerung der Beschlagnahme die Aufforderung oder Anreizung ein Verbrechen oder Vergehen unmittelbar zur Folge haben werde.

§ 24. Ueber die Bestätigung oder Aufhebung der vorläufigen Beschlagnahme hat das zuständige Gericht zu entscheiden. Diese Entscheidung muß von der Staatsanwaltschaft binnen 24 Stunden nach Anordnung der Beschlagnahme beantragt und von dem Gericht binnen 24 Stunden nach Empfang des Antrags erlassen werden.

Hat die Polizeibehörde die Beschlagnahme oder Anordnung der Staatsanwaltschaft verfügt, so muß sie die Absendung der Verhandlungen an die letztere ohne Verzug und spätestens binnen 12 Stunden bewirken. Die Staatsanwaltschaft hat entweder die Wiederaufhebung der Beschlagnahme mittels einer sofort vollstreckbaren Verfügung anzuordnen oder die gerichtliche Bestätigung binnen 12 Stunden nach Empfang der Verhandlungen zu beantragen.

Wenn nicht bis zum Ablaufe des fünften Tages nach Anordnung der Beschlagnahme der bestätigende Gerichtsbeschluß der Behörde, welche die Beschlagnahme angeordnet hat, zugegangen ist, erlischt die letztere und muß die Freigabe der einzelnen Stücke erfolgen.

§ 25. Gegen den Beschluß des Gerichts, welcher die vorläufige Beschlagnahme aufhebt, findet ein Rechtsmittel nicht statt.

§ 26. Die vom Gericht bestätigte vorläufige Beschlagnahme ist wieder aufzuheben, wenn nicht binnen zwei Wochen nach der Bestätigung die Strafverfolgung in der Hauptsache eingeleitet worden ist.

§ 27. Die Beschlagnahme von Druckschriften trifft die Exemplare nur da, wo dergleichen zum Zwecke der Verbreitung sich befinden. Sie kann sich auf die zur Vervielfältigung dienenden Platten und Formen erstrecken; bei Druckschriften im engeren Sinne hat auf Antrag des Beteiligten statt Beschlagnahme des Satzes das Ablegen des letzteren zu geschehen.

Bei der Beschlagnahme sind die dieselbe veranlassenden Stellen der Schrift unter Anführung der verletzenden Gesetze zu bezeichnen. Trennbare Teile der Druckschrift (Beilagen einer Zeitung usw.), welche nichts Strafbares enthalten, sind von der Beschlagnahme auszuschließen.

§ 28. Während der Dauer der Beschlagnahme ist die Verbreitung der von derselben betroffenen Druckschrift oder der Wiederabdruck der die Beschlagnahme veranlassenden Stellen unstatthaft.

Wer mit Kenntnis der verfügten Beschlagnahme dieser Bestimmung entgegenhandelt, wird mit Geldstrafe bis zu 10 000 Reichsmark oder mit Gefängnis bis zu sechs Monaten bestraft.

(1) Gemäß § 41 StGB. muß bei Vorliegen einer strafbaren Handlung, die durch den Inhalt einer Druckschrift begangen ist, auf Unbrauchbarmachung aller Exemplare erkannt werden, die sich im Besitz des Verfassers, Druckers, Herausgebers, Verlegers oder Buchhändlers befinden oder die in den Besitz anderer Personen übergegangen sind und von diesen öffentlich ausgelegt oder angeboten werden. Unbrauchbarmachen im Sinne von § 41 StGB. ist als Einziehung im Sinne von § 94 StPO. anzusehen (Löwe-Rosenberg 1925 § 94 Anm. 5). Zur *Sicherung* dieser *Unbrauchbarmachung* ist im vorbereitenden Verfahren die *Beschlagnahme der Druckschrift* zulässig.

(2) Ueber Begriff der Druckschrift siehe § 7 Anm. 1 und Häntzschel, RPreßG. S. 23 ff. Die Vorschrift gilt sowohl für periodische wie andere Druckschriften.

(3) Die Beschlagnahmevorschriften des RPreßG. sind nur eine Ergänzung bzw. Abänderung des allgemeinen Beschlagnahmerechts der §§ 94 ff. StPO. Beschlagnahme kann nach diesen Vorschriften sowohl zur Sicherstellung von Beweismitteln wie zur Sicherung der späteren Einziehung bzw. Unbrauchbarmachung erfolgen (vgl. oben Anm. 1). Sie ist nur erforderlich, soweit die sicherzustellenden Gegenstände nicht etwa freiwillig herausgegeben werden (§ 94 Abs. 2 StPO.). Die Beschlagnahme durch nichtrichterliche Beamte, d. h. durch den Staatsanwalt oder diejenigen Polizei- und Sicherheitsbeamten, die zu Hilfsbeamten der Staatsanwaltschaft bestellt sind, ist gemäß § 98 StPO. auf die Fälle beschränkt, in denen Gefahr im Verzuge obwaltet. Sollen Druckschriften wegen ihres strafbaren Geistesinhalts beschlagnahmt werden, so beschränken die §§ 23 ff. RPreßG. die Befugnisse von Staatsanwaltschaft und Polizei noch weitergehend, indem sie nur bei bestimmten, besonders gefährlichen Straftaten eine solche nichtrichterliche Beschlagnahme überhaupt zulassen. Die vorstehende Vorschrift vermehrt nun die Zahl der Fälle, in denen eine solche staatsanwaltschaftliche oder polizeiliche Beschlagnahme stattfinden darf. Begründet der Inhalt einer Druckschrift den Tatbestand des Hochverrats (§§ 81—86 StGB.), des Landesverrats (§ 92 Nr. 1 StGB.), der Aufforderung zum Ungehorsam gegen Gesetze oder Verordnungen (§ 110 StGB.) oder des Verrats militärischer Geheimnisse (§§ 1—4 des Spionagegesetzes), so soll bei Gefahr im Verzuge Staatsanwaltschaft und Polizei berechtigt sein, die Beschlagnahme auch ohne richterliche Anordnung vorzunehmen. Voraussetzung jeder Beschlagnahme ist, daß mit der Druckschrift mindestens der objektive Tatbestand einer strafbaren Handlung bereits verwirklicht worden ist und nicht etwa nur eine straflose Vorbereitungshandlung oder ein strafloser Versuch vorliegt. Begangen ist die Straftat regelmäßig erst im Augenblick der ersten Verbreitung der Druckschrift, ausnahmsweise, nämlich in den Fällen, wo schon die Vorbereitung eines Delikts selbständig strafbar ist (z. B. im Falle der Vorbereitung eines hochverräterischen Unternehmens durch Anfertigung oder Bereitstellung aufrührerischer Druckschriften, § 86 StGB.), auch schon im Augenblick der Begehung dieser Vorbereitungshandlung. Die Beschlagnahme ist nur in den Formen der §§ 24 ff. RPreßG. zulässig. Zu beachten ist ins-

besondere die Verpflichtung der Polizei, die Beschlagnahmeakten unverzüglich, spätestens aber binnen 12 Stunden nach der Beschlagnahme der Staatsanwaltschaft zu übersenden, und die Verpflichtung der Staatsanwaltschaft, binnen 24 Stunden vom Zeitpunkt der Anordnung der Beschlagnahme ab gerechnet, die Entscheidung des Gerichts über die Rechtmäßigkeit der Beschlagnahme nachzusuchen (§ 24 RPreßG.). Die Fristen rechnen vom Zeitpunkt der Anordnung der Beschlagnahme, nicht erst vom Zeitpunkt der tatsächlichen Wegnahme ab. Ist die beschlagnahmende Behörde nicht bis zum Ablauf des fünften Tages nach Anordnung der Beschlagnahme in den Besitz der gerichtlichen Entscheidung gelangt, so muß sie die beschlagnahmten Druckschriften freigeben (§ 24 RPreßG.).

(4) Die Beschlagnahme einer Druckschrift erfaßt, von dem selteneren Fall der Beweissicherung abgesehen, gemäß §§ 27, 28 RPreßG. die Druckschrift als Ganzes in allen ihren Exemplaren, die sich irgendwo zum Zwecke der Verbreitung befinden. Wegen Vollstreckung der Beschlagnahme vgl. „Polizei" 1927 S. 2 ff.

(5) D. s. die Vorschriften über Hochverrat s. u. S. 50 zu a.

(6) D. i. der Verrat von Staatsgeheimnissen, Urkunden oder Nachrichten; s. u. S. 76 zu b.

(7) D. i. Aufforderung zum Ungehorsam gegen Gesetze, rechtsgültige Verordnungen oder Anordnungen der zuständigen Behörden durch Verbreitung oder öffentlichen Anschlag oder öffentliche Ausstellung von Schriften oder anderen Darstellungen. Auch nichtöffentliche Verbreitung, d. h. solche an einen geschlossenen Personenkreis, ist Verbreitung. Versendung durch die Post ist Verbreitung, sofern nicht die Absicht vorliegt, daß nur der Adressat die Schrift lesen soll (RGSt. **16** 245). „Ungehorsam" kann nur solchen Gesetzen, Verordnungen und Anordnungen gegenüber in Frage kommen, die Gehorsam fordern, insbesondere also Strafgesetzen, Steuergesetzen, polizeilichen Verordnungen und Verfügungen (vgl. auch RGSt. **63** 286). Die Kundgebung muß zum Ungehorsam, d. h. zur Nichtbeachtung des Gesetzes oder der Anordnung schlechthin auffordern, nicht nur zu einer bestimmten einzelnen strafbaren Handlung (RGSt. **20** 63, **24** 189). Daß jemand von der Aufforderung tatsächlich Kenntnis erlangt hat, ist nicht erforderlich (RGSt. **5** 60). Es genügt die wenn auch unbeachtet gebliebene Verbreitung der Druckschrift.

(8) Ueber Verrat militärischer Geheimnisse s. u. S. 76 ff.

(9) Abweichend von § 25 RPrG., der gegen den die Beschlagnahme aufhebenden Gerichtsbeschluß Rechtsmittel nicht zuläßt.

(10) D. h. die Beschlagnahme bleibt bis zur Entscheidung über die Beschwerde aufrechterhalten. Sie erlischt aber auch hier, wenn die Behörde, deren Beamter die Beschlagnahme angeordnet hat, bis zum Ablauf des fünften Tages nach Anordnung der Beschlagnahme nicht in den Besitz der gerichtlichen Entscheidung gelangt ist (vgl. oben Anm. 3).

§ 9

(1) Periodische Druckschriften[1]) können verboten[2]) werden,

1. wenn durch ihren Inhalt[3]) die Strafbarkeit einer der in den §§ 81 bis 86, 92 Nr. 1 des Strafgesetzbuchs oder in den §§ 1 bis 4 des Gesetzes gegen den Verrat militärischer Geheimnisse bezeichneten Handlungen begründet wird[4]);

2. wenn in ihnen zum Ungehorsam gegen Gesetze oder rechtsgültige Verordnungen oder die innerhalb ihrer Zuständigkeit getroffenen Anordnungen der verfassungsmäßigen Regierung oder der Behörden aufgefordert oder angereizt wird[5]);

3. wenn in ihnen zu Gewalttätigkeiten aufgefordert oder angereizt wird, oder wenn in ihnen Gewalttätigkeiten, nachdem sie begangen worden sind, verherrlicht werden[6]);

4. wenn in ihnen zu einem Generalstreik oder zu einem Streik in einem lebenswichtigen Betriebe aufgefordert oder angereizt wird[7]);

5. wenn in ihnen Organe, Einrichtungen, Behörden oder leitende Beamte des Staates beschimpft oder böswillig verächtlich gemacht werden[8]);

6. wenn in ihnen eine Religionsgesellschaft des öffentlichen Rechts, ihre Einrichtungen, Gebräuche oder Gegenstände ihrer religiösen Verehrung beschimpft oder böswillig verächtlich gemacht werden[9]);

7. wenn in ihnen offensichtlich unrichtige Nachrichten enthalten sind, deren Verbreitung geeignet ist, lebenswichtige Interessen des Staates zu gefährden[10]);

8. **wenn als verantwortlicher Schriftleiter dem Verbote des Reichsgesetzes vom 4. März 1931 (Reichsgesetzbl. I S. 29) zuwider jemand bestellt oder benannt ist, der nicht oder nur mit besonderer Zustimmung oder Genehmigung strafrechtlich verfolgt werden kann[11]).**

(2) Die Dauer des Verbots darf bei Tageszeitungen[12]) vier Wochen, in anderen Fällen[13]) sechs Monate nicht überschreiten. Diese Beschränkung fällt fort, wenn eine periodische Druckschrift, die auf Grund der Vorschriften dieser Verordnung bereits zweimal verboten war, innerhalb dreier Monate nach dem ersten Verbot erneut verboten wird[14]); in diesem Falle darf die Dauer des Verbots bei Tageszeitungen sechs Monate, in anderen Fällen ein Jahr nicht überschreiten.

(3) Ein auf Grund des Abs. 1 erlassenes Verbot[15]) umfaßt auch die in demselben Verlag erscheinenden Kopfblätter der Zeitung[16]) sowie jede angeblich neue Druckschrift, die sich sachlich als die alte darstellt[17]) oder als ihr Ersatz anzusehen ist[18])[19]).

---

(1) Periodisch ist jede Druckschrift, die in monatlichen oder kürzeren, wenn auch unregelmäßigen Fristen erscheint (vgl. § 7 PreßG.). Periodische Druckschriften sind auch die Pressekorrespondenzen, da die abweichende Vorschrift des § 13 PreßG. nur für das Preßgesetz selbst, nicht auch für andere Gesetze oder Verordnungen gilt (RG. v. 29. 5. 1931 — XII V 38/31).

(2) Vor dem Verbot ist zu prüfen, ob der Zweck nicht auch durch Verwarnung oder durch eine von der Zeitung abzugebende Erklärung erreicht werden kann (§ 2 der 1. Durchf.-VO., siehe unten S. 160). Jeder Inhalt, auch ein „Eingesandt", kann ein Zeitungsverbot begründen (RG. v. 24. 8. 1931 — XII V 103/31). Auch der Inhalt „Kleiner Anfragen", die in einem Parlament gestellt sind, kann ein Verbot begründen (RG. v. 24. 11. 1931 i. LZ. 1932 S. 114). Erfüllt eine Veröffentlichung objektiv den Tatbestand der VO., so ist es unerheblich, ob es sich um eigene Ausführungen des Blattes oder um Wiedergabe der Aeußerungen Dritter handelt (RG. v. 19. 10. 1931 — XII V 169/31); vgl. jedoch unten Anm. 3 für Beschimpfung und Verächtlichmachung. Extrablätter einer periodischen Druckschrift sind Sondernummern derselben und können als solche ein Zeitungsverbot ebenso wie jede gewöhnliche Nummer begründen (vgl. RG. v. 21. 8. 1931 — XII V 121/31 u. RG. v. 23. 2. 1932 XII V 1932). Die Beurteilung des Inhalts eines beanstandeten Artikels erfolgt

regelmäßig nur nach dem vorliegenden Text. Es besteht keine Verpflichtung, zum besseren Verständnis frühere Veröffentlichungen des gleichen Verfassers heranzuziehen (RG. v. 24. 8. 1931 — XII V 104/31).

Das Zeitungsverbot trägt nach ständiger Rechtsprechung des Reichsgerichts (vgl. z. B. RG. — XII. V. 103/1931) nicht strafrechtlichen, sondern präventiv-polizeilichen Charakter, so daß die allgemeinen Grundsätze des Strafrechts (z. B. über fortgesetzte Handlung, Einheit und Mehrheit der Handlung usw.) keine Anwendung finden (RG. — XII. V. 175/1931). Daß das Verbot praktisch wie eine Strafe wirkt, ändert nichts an der Tatsache, daß es rechtlich als vorbeugende Verwaltungsmaßnahme gedacht und geschaffen ist (vgl. über diese Frage Alsberg in „Zeitungswissenschaft" 1932 S. 329—337 und dazu Häntzschel ebenda S. 338—340).

Daß andere Zeitungen die gleiche Veröffentlichung gebracht haben, ohne dafür verboten worden zu sein, macht das Verbot nicht unzulässig (RG. — XII. V. 124/1931 und RG. — XII. V. 29/1932).

Der Erlaß des Zeitungsverbots ist an keine Frist gebunden, doch ist das Verbot dann nicht mehr zulässig, wenn seit dem Erscheinen des beanstandeten Artikels eine so erhebliche Zeit verstrichen ist, daß ein öffentliches Interesse an dem Verbot der Zeitung nicht mehr anerkannt werden kann. Das ergibt sich insbesondere auch aus dem präventiv-polizeilichen Charakter des Zeitungsverbots, das nach dem Willen des Gesetzgebers den Zweck verfolgt, das Weitererscheinen der Zeitung zu verhindern, um die Gefahr neuer Beeinträchtigungen öffentlicher Interessen zu bannen (RG. — XII. V. 92/1932). Folgt das Verbot der Veröffentlichung nicht auf dem Fuße, sondern erst geraume Zeit später, so wird also mit besonderer Sorgfalt zu prüfen sein, ob die Gefahr einer solchen neuen Beeinträchtigung durch Fortsetzung der beanstandeten Schreibweise und damit die Voraussetzung für ein Verbot überhaupt noch besteht. Für die Frage, ob das Verbot zu spät erfolgt ist, gibt es allerdings keine feste Zeitgrenze. Vielmehr ist diese Frage nach Lage des Einzelfalles und unter Berücksichtigung aller Umstände zu entscheiden (RG. a. a. O.). Ein 10 Tage nach Erscheinen erlassenes Verbot ist in der genannten Entscheidung als rechtzeitig anerkannt worden.

Das Verbot richtet sich an den Verleger, der die Druckschrift zum Erscheinen bringt und infolgedessen auch allein zur

Einlegung von Rechtsmitteln berechtigt ist (RG. v. 22. 5. 1931 — XII V 37/31). Die Verbotsanordnung muß schriftlich ergehen (wegen der Zustellung an den betroffenen Verleger vgl. die Ausführungsanweisungen der Länder im Anhang II). Die Form der Zustellung richtet sich mangels gesetzlicher Vorschriften nach den für die einzelnen Behörden geltenden Dienstvorschriften. Gegen die Zustellung einer beglaubigten Abschrift unter Verwendung eines Faksimilestempels des beglaubigenden Kanzleisekretärs bestehen rechtlich keine Bedenken (RG. v. 12. 10. 1931 — XII V 165/31).

Die einzelne Verbotsverfügung umfaßt nur die von ihr ausdrücklich hervorgehobenen Kundgebungen. Andere vorher oder gleichzeitig erfolgte Verstöße können noch Grundlage eines neuen Verbotes sein, vgl. Beschl. d. 4. Straffenats des Reichsgerichts vom 24. 8. 1931, XII V Nr. 103/31, aber sie können nicht als Stütze für ein vorausgegangenes Verbot herangezogen werden (RG. v. 27. 10. 1931 — XII V 175/31).

Die Bemessung der Verbotsdauer steht im Ermessen der anordnenden Behörde; Frist muß immer zeitlich, d. h. nach Tagen, Wochen oder Monaten oder durch Angabe eines Anfangs- und Endtermins der Verbotsdauer bestimmt werden. Der Beginn der Verbotszeit kann auf einen späteren Zeitpunkt als die Bekanntmachung des Verbots festgesetzt werden; insbesondere kann, wenn schon ein Verbot erlassen ist, bestimmt werden, daß das neue Verbot in unmittelbarem Anschluß an das erste Verbot zu laufen beginnt (RG. v. 24. 8. 1931 — XII V 103/31). Ist auf Grund einer Nummer einer Zeitung ein Verbot erlassen worden, so hindert dies nicht, wegen eines Artikels in einer früheren Nummer noch ein zweites Verbot zu erlassen. Das ergibt sich daraus, daß es sich hier um Verwaltungsmaßnahmen handelt und daß infolgedessen auch die Grundsätze des Strafrechts über fortgesetzte Handlung usw. keine Anwendung finden können (RG. a. a. O.). Begründung des Verbots ist reichsrechtlich nicht vorgeschrieben. In Preußen ist eine solche Begründung, die sich in der Praxis immer empfehlen wird, angeordnet, ebenso die Belehrung über das Beschwerderecht (vgl. Ausführungsanweisung Anhang II).

Das Verbot trifft die periodische Druckschrift als Ganzes, nicht bloß einzelne Exemplare. Es umfaßt nicht die Nummern, die schon vor dem Verbot erschienen sind, auch nicht, soweit sie zu dem Verbot Anlaß gegeben haben, sondern hindert nur das Forterscheinen des Blattes nach Zustellung der Verbotsverfügung. (Bestritten! Uebereinstimmend OLG. Kassel i. JW.

1932 S. 895; a. A., RG. in JW. 1928 S. 1458 bezüglich derselben Frage bei § 22 RepSchG.). Das Verbot umfaßt auch die Beilagen der Zeitung. Wird einer Zeitung eine andere, auch selbständig erscheinende Zeitung als Beilage beigefügt, so hat das Verbot nur die Wirkung, daß den Beziehern der verbotenen Zeitung auch die Beilage — auch nicht für sich allein! — während der Verbotsdauer nicht zugestellt werden darf; dagegen ist die als Beilage gelieferte Zeitung nicht auch als selbständige Zeitung verboten, sondern kann ihren direkten Beziehern weitergeliefert werden (RG. v. 8. 12. 1931 — i. LZ. 1932 S. 114). Dementsprechend hat auch der Verleger der beigelegten Zeitung kein Beschwerderecht (RG. a. a. O.) Ist die beanstandete Nummer wegen strafbaren Inhalts beschlagnahmt worden, die Beschlagnahme aber mit der Begründung, daß der Inhalt nicht strafbar sei, wieder aufgehoben worden, so hat eine solche Entscheidung weder auf die Gültigkeit des Verbots, noch auf seine Bestätigung oder Nichtbestätigung durch das Reichsgericht Einfluß (RG. v. 7. 9. 1930 — XII V 6/30).

Wirkung des Verbots für das ganze Reichsgebiet. Beschränkung eines Verbots auf den Amtsbereich der anordnenden Behörde ist ebenso unzulässig wie das Verbot der Verbreitung der Druckschrift in einem bestimmten Bezirk.

Sachlich zuständig zum Erlaß von Verbotsanordnungen sind nach § 10 die obersten Landesbehörden oder die von ihnen bestimmten Stellen (vgl. hierüber die Ausführungsanweisungen der Länder im Anhang II). In Preußen außer dem Minister des Innern die Oberpräsidenten, der Regierungspräsident von Sigmaringen und der Polizeipräsident von Berlin. Oertlich zuständig ist diejenige sachlich zuständige Behörde, in deren Amtsbereich die periodische Druckschrift erscheint, d. h. wo sie durch die ersten Verbreitungsakte in den Verkehr gebracht wird (RGSt. 57, 137). Sind mehrere Erscheinungsorte vorhanden, so sind auch mehrere örtliche Behörden nebeneinander zum Verbot zuständig (RG. v. 24. 8. 1931 — XII V 92/31); doch wird dadurch, daß von einer an einem Ort erscheinenden Zeitung einige hundert Stück jeweils einem befreundeten Verlag eines anderen Ortes zur Austeilung an die Straßenhändler übersandt werden, dort noch kein zweiter Erscheinungsort begründet (RG. v. 12. 12. 1931 — XII V 209/31). Bei im Ausland erscheinenden, im Inland verbreiteten Druckschriften ist nach § 13 nur der Reichsminister des Innern zum Verbot zuständig. Das Verbot gilt auch für die Post, hebt also das Postdebit praktisch auf. Wegen Benachrichtigung der Reichspostverwaltung und Reichsbahnverwaltung vgl. die Ausführungsanweisungen (Anhang II). Daß ein Verbot versehentlich auf eine falsche Nummer der Notverordnung oder daß es mit der Beschimpfung von Organen begründet wird, wenn es sich in Wirklichkeit nicht um Organe, sondern um staatliche Einrichtungen handelt, ist unwesentlich (RG. v. 30. 6. 1931 — XII V 48/31). Liegt nicht nur Versehen vor, sondern sollte Verbot auf *eine* Vorschrift gestützt werden, so kann es nicht nachträglich auf *andere* gegründet werden.

Rechtsmittel gegen das Verbot: Beschwerde an den Senat des Reichsgerichts (s. u. § 10 Abs. 1). Bei ausländischen Druckschriften ist Beschwerde ausgeschlossen (s. u. § 13).

Zuwiderhandlung gegen das Verbot wird nach § 16 mit Gefängnis nicht unter drei Monaten bestraft.

(3) Die Strafbarkeit muß durch den *Inhalt* einer periodischen Druckschrift begründet sein, d. h. es muß der objektive Tatbestand eines Preßvergehens vorliegen. Ob ein Beteiligter bestraft werden kann oder ob seiner Bestrafung tatsächliche Hindernisse entgegenstehen (z. B. Unauffindbarkeit) oder ob in seiner Person liegende Gründe die Strafverfolgung ausschließen (z. B. mangelnder Vorsatz, Geisteskrankheit, Abgeordnetenimmunität) ist gleichgültig (RG. — XII. V. 2/1931 und X. V. 4/1931). Entscheidend ist, wie die Veröffentlichung objektiv auf den unbefangenen Leser wirkt, nicht welche Absicht subjektiv den Verfasser oder Herausgeber bei der Veröffentlichung geleitet hat (RG. — XII. V. 124/1931).

Andererseits muß der objektive Tatbestand einer *strafbaren* Handlung vorliegen. Ein *strafloser* Versuch oder eine *straflose* Vorbereitungshandlung genügt nicht. Soweit das Gesetz allerdings auch Versuch oder sogar die Vorbereitungshandlung als solche unter Strafe stellt, könnte man nach dem Wortlaut der Verordnung zu der Annahme gelangen, daß auch dann, wenn eine Veröffentlichung nicht erfolgt ist, schon die bloße Vorbereitung (Abfassung, Drucklegung usw.) einer solchen Veröffentlichung außer der Strafbarkeit auch die Möglichkeit begründet, die betreffende Zeitung, für die der Beitrag bestimmt war, zu verbieten. Sinngemäße Auslegung führt jedoch auch hier zu dem Ergebnis, daß *das Zeitungsverbot in jedem Fall die Verbreitung der Zeitung mit dem strafbaren Inhalt zur Voraussetzung hat*, weil es den Verleger, der eine strafbare Veröffentlichung hat erscheinen lassen, von der Wiederholung solcher Veröffentlichungen abhalten soll. Ist der strafbare Beitrag tatsächlich gar nicht erschienen, so bewendet es bei der Möglichkeit, die Schuldigen (z. B. wegen Vorbereitung eines hochverräterischen Unternehmens) zu bestrafen.

Für die Wiedergabe von Aeußerungen Dritter, insbesondere also für den Nachdruck einer zu einem Verbot berechtigenden Veröffentlichung aus einer anderen Zeitung gelten folgende Grundsätze: Entscheidend ist nicht die Absicht der an der Veröffentlichung beteiligten Personen, sondern nur die objektive Wirkung, die die Veröffentlichung auf den unbefangenen Leser hervorruft. Stellt sich hiernach die nachgedruckte Veröffentlichung auch ihrerseits als solche hoch- oder landesverräterischer, beschimpfender, aufreizender, lebenswichtige Interessen des Staates verletzender usw. Natur dar, so begründet sie die Möglichkeit eines Verbots, anderenfalls nicht. Es kommt also darauf an, ob die von einer anderen Zeitung übernommene Veröffentlichung geeignet ist, auch auf den Leser der nachdruckenden Zeitung in rechtsschädlichem Sinne aufreizend zu wirken, oder ob die Wiedergabe in der anderen Zeitung unter Berücksichtigung aller Umstände (Art der Wiedergabe, Leserkreis, Tendenz der Zeitung usw.) als hierzu nicht geeignet anzusehen ist. Beim Landesverrat und beim Verrat militärischer Geheimnisse ist entscheidend, ob durch die Wiedergabe die geheimzuhaltende Tatsache weiteren Kreisen bekanntgemacht wird und deshalb objektiv wiederum Landesverrat darstellt, oder ob dies nicht der Fall ist, indem z. B. nur eine inzwischen allgemein bekanntgewordene Veröffentlichung wiedergegeben und kritisiert wird; bei Beschimpfung und Verächtlichmachung ist entscheidend, ob die nachdruckende Zeitung sich diese zu eigen macht oder ob sie erkennbar davon abrückt (vgl. hierzu RG. — XII. V. 144/1931, XII. V. 169/1931, XII. V. 207/1931, XII. V. 26/1932, XII. V. 56/1932, XII. V. 63/1932). Unter Umständen kann sogar der Nachdruck einer an sich nicht strafbaren Veröffentlichung (z. B. aus einer Gedichtsammlung eines Schriftstellers) der Vorbereitung eines Hochverrats dienen und damit ein Zeitungsverbot begründen, nämlich dann, wenn sich aus den Umständen der Verbreitung, insbesondere dem Zusammenhang oder der Form der Aufmachung ergibt, daß die Veröffentlichung der Vorbereitung eines hochverräterischen Unternehmens dienen soll (vgl. RG. — XII. V. 176/1931).

Zu Nr. 1:

(4) Der Inhalt muß den Tatbestand einer der folgenden strafbaren Handlungen begründen:

a) Hochverrat (§§ 81—86 StGB.). Praktisch kommt bei der Presse nur öffentliche Aufforderung zur Begehung eines Hochverrats (§ 85 StGB.) und vor allem Vorbereitung eines hochverräterischen Unternehmens (§ 86 StGB.) in Frage. Letzteres insbesondere dann, wenn die Schreibweise für ein bestimmtes, in absehbarer Zeit geplantes hochverräterisches Unternehmen einer bestimmten Partei oder Gruppe (z. B. der kommunistischen Partei Deutschlands) geistig den Boden vorbereiten soll, indem sie in der Bevölkerung die Hemmungen zu beseitigen sucht, die gegen einen gewaltsam durchzuführenden Umsturz erfahrungsgemäß in breiten Kreisen immer noch bestehen, oder indem sie darüber hinaus z. B. dazu anleiten soll, wie man sich bei einem solchen Umsturz zweckmäßig zu verhalten hat, damit er Erfolg haben soll (vgl. RG. vom 11. Dezember 1930 — 14 a S. 212/29; ferner RG. — XII. V. 4/1931, RG. — XII. V. 12/1931). Doch geht es nicht an, ein Verbot im wesentlichen nur auf die allgemeine Tendenz einer Zeitung zu stützen, vielmehr muß die betreffende Veröffentlichung selbst ihrem Inhalt nach hochverräterischen Charakter tragen, d. h. sie muß selbst der Vorbereitung des hochverräterischen Unternehmens unmittelbar zu dienen bestimmt sein (vgl. hierüber RG. — XII. V. 10/1931, RG. — VII. V. 18/1931). Auch eine vorsichtige Ausdrucksweise schließt die Annahme, daß der Artikel zur Vorbereitung eines hochverräterischen Unternehmens bestimmt ist, nicht aus, wenn der ganze Ton eines Artikels auf den gewaltsamen Umsturz der Verfassung abgestimmt ist (RG. in JW. 1931 S. 1925).

b) Landesverrat (§ 92 Nr. 1 StGB.), d. i. die öffentliche Bekanntmachung von Staatsgeheimnissen, Urkunden oder Nachrichten, von denen der Täter weiß, daß ihre Geheimhaltung einer anderen Regierung gegenüber für das Wohl des Deutschen Reichs oder eines deutschen Landes erforderlich ist. Zum Zeitungsverbot genügt das Vorliegen des objektiven Tatbestandes (vgl. oben Anm. 3), so daß es nicht darauf ankommt, ob der oder die Täter die Notwendigkeit der Geheimhaltung der Nachricht gewußt haben oder nicht.

c) Verrat militärischer Geheimnisse (§§ 1—4 des Gesetzes gegen den Verrat militärischer Geheimnisse vom 3. Juni 1914, RGBl. S. 195). Diese Bestimmungen lauten:

§ 1.

„Wer vorsätzlich Schriften, Zeichnungen oder andere Gegenstände, deren Geheimhaltung im Interesse der Landesverteidigung erforderlich ist, in den Besitz oder zur Kenntnis eines anderen gelangen läßt und dadurch die Sicherheit des Reiches gefährdet, wird mit Zuchthaus nicht unter zwei Jahren, bei mildernden Umständen mit Gefängnis nicht unter einem Jahre bestraft.

Ebenso wird bestraft, wer vorsätzlich Nachrichten, deren Geheimhaltung im Interesse der Landesverteidigung erforderlich ist, an eine ausländische Regierung oder an eine Person, die im Interesse einer ausländischen Regierung tätig ist, gelangen läßt und dadurch die Sicherheit des Reichs gefährdet.

Hat der Verrat einen schweren Schaden für die Sicherheit des Reichs zur Folge gehabt, so kann, wenn der Täter dies vorausgesehen und gegen Entgelt gehandelt hat, auf lebenslanges Zuchthaus erkannt werden.

§ 2.

Wer ohne den Vorsatz, die Sicherheit des Reichs zu gefährden, vorsätzlich und rechtswidrig Gegenstände der im § 1 Abs. I bezeichneten Art in den Besitz oder zur Kenntnis eines anderen gelangen läßt, wird mit Gefängnis oder mit Festungshaft bis zu fünf Jahren bestraft.

Der Versuch ist strafbar.

§ 3.

Wer sich den Besitz oder die Kenntnis von Gegenständen der im § 1 Abs. 1 bezeichneten Art in der Absicht verschafft, sie zu einer die Sicherheit des Reichs gefährdenden Mitteilung zu gebrauchen, wird mit Zuchthaus bis zu zehn Jahren, bei mildernden Umständen mit Gefängnis nicht unter sechs Monaten bestraft.

Ebenso wird bestraft, wer sich Nachrichten der im § 1 Abs. 2 bezeichneten Art in der Absicht verschafft, sie zu einer die Sicherheit des Reichs gefährdenden Mitteilung an eine ausländische Regierung oder an eine im Interesse einer ausländischen Regierung tätige Person zu gebrauchen.

Waren die Gegenstände oder Nachrichten dem Täter in seiner Eigenschaft als deutscher Beamter oder deutsche Militärperson zugänglich, so kann auf Zuchthaus bis zu fünfzehn Jahren erkannt werden.

§ 4.

Wer sich vorsätzlich und rechtswidrig den Besitz oder die Kenntnis von Gegenständen der im § 1 Abs. 1 bezeichneten Art ohne die Absicht verschafft, sie zu einer die Sicherheit des Reichs gefährdenden Mitteilung zu gebrauchen, wird mit Gefängnis oder

Festungshaft bis zu drei Jahren bestraft. Bei mildernden Umständen kann auf Geldstrafe bis zu fünftausend Mark erkannt werden.

Der Versuch ist strafbar."

Die §§ 3, 4 sind nur vorsorglich aufgenommen worden. Ein Preßdelikt, das durch bloßes Sichverschaffen von Gegenständen begangen werden könnte, ist undenkbar. Im übrigen ist auch hier wieder zu beachten, daß es bei den Tatbeständen der §§ 1, 2 für das Zeitungsverbot nicht darauf ankommt, welchen Vorsatz der Täter hatte, oder ob er wußte, daß die Nachricht im Interesse der Landesverteidigung geheimzuhalten sei; wenn eine im Interesse der Landesverteidigung geheimzuhaltende Schrift, Zeichnung oder Nachricht veröffentlicht worden ist, kann die Zeitung verboten werden, ohne daß die Schuldfrage in dem Zeitungsverbotsverfahren geprüft zu werden braucht (vgl. oben Anm. 3 über das Erfordernis lediglich des objektiven, nicht auch des subjektiven Tatbestandes eines Hoch- oder Landesverrats).

Zu Nr. 2:

(5) Vgl. § 2 Anm. 7—10.

Zu Nr. 3:

(6) Vgl. § 2 Anm. 23—25. Verherrlichen heißt als etwas Rühmliches darstellen. Verherrlichung kann sowohl eine solche der Tat wie der Person des Täters sein. Sie muß sich auf eine bestimmte Straftat beziehen. Die Behauptung, die Täter hätten sich „aufgeopfert" und seien die „Richter Rathenaus" gewesen, ist Verherrlichung (RG. im „Recht" 1928 S. 239, 966).

Zu Nr. 4:

(7) Aufforderung zum Generalstreik setzt eine solche zu einer allgemeinen Arbeitsniederlegung voraus. Eine Aufforderung, die Arbeit in einzelnen Betrieben niederzulegen, genügt nicht. Anders ist es bei lebenswichtigen Betrieben. Hier genügt schon die Aufforderung oder Anreizung zur Arbeitsniederlegung in einem einzigen Betriebe. Lebenswichtige Betriebe sind vor allem die Gas-, Wasser- und Elektrizitätswerke, die durch VO. des Reichspräsidenten vom 10. November 1920 (RGBl. S. 1865) gegen Streiks besonders geschützt sind; aber auch andere Betriebe, die die Bevölkerung mit dem zum täglichen Lebensbedarf unbedingt Notwendigen versorgen und deren Stillegung infolgedessen einen öffentlichen Notstand zur Folge haben würde, müssen als lebenswichtige angesehen werden, insbesondere die

Landwirtschaft, die für den täglichen Bedarf arbeitenden Nahrungsmittelbetriebe und überhaupt alle Betriebe, die die Bevölkerung mit dem Notwendigsten versorgen, insbesondere also die Reichsbahn, Post, Telegraph, Krankenhäuser, Schlachthäuser, öffentliche Transportmittel usw. Ueber Auffordern und Anreizen vgl. § 2 Anm. 9, 10.

Zu Nr. 5:

(8) Vgl. § 2 Anm. 11—17. Sachliche Kritik fällt nicht unter diese Vorschrift (RG. v. 30. 9. 1932 — XII. V. 166/32).

Zu Nr. 6:

(9) Vgl. § 2 Anm. 18—22.

Zu Nr. 7:

(10) Nachricht ist jede Mitteilung tatsächlicher Natur, gleichviel, ob sie sich im redaktionellen oder Anzeigenteil befindet, ob sie als Mitteilung der Redaktion, als „Eingesandt", unter Vorbehalt, als Gerücht oder sogar mit dem Zusatz wiedergegeben wird, man halte ihre Richtigkeit für unwahrscheinlich. Keine Nachrichten sind Werturteile, Kritiken, logische Schlußfolgerungen, Tendenzberichte usw. Näheres über den Begriff tatsächlicher Mitteilung siehe Häntzschel, Kommentar z. ReichspreßG. S. 82 ff.

Diese Nachrichten müssen ferner unwahr — nicht nur wie im § 186 StGB. nicht erweislich wahr — sein. Ein hierauf gestütztes Verbot setzt also voraus, daß die verbietende Behörde in der Lage ist, dem zur Entscheidung berufenen Senat des Reichsgerichts erforderlichenfalls die Unwahrheit nachzuweisen (RG. vom 27. 7. 1932 — XII. V. 98/32). Aber auch die Unwahrheit als solche genügt noch nicht zum Verbot, vielmehr muß die Unwahrheit der Nachricht offensichtlich sein, d. h. sie muß für jeden objektiven Beurteiler ohne umständliche Prüfung erkennbar gewesen sein. Ob dies der Fall ist, ist nicht nach den besonderen persönlichen Verhältnissen der — vielfach gar nicht zu ermittelnden — Beteiligten, sondern nach objektiven Merkmalen, d. h. unter Berücksichtigung der Erkennbarkeit für jeden Durchschnittsbürger zu beurteilen. Die objektive, sorgfältig vorgenommene Berichterstattung soll durch diese Vorschrift auch dann nicht beschränkt werden, wenn dabei versehentlich eine nicht ohne weiteres erkennbare Unrichtigkeit unterläuft.

Der Begriff lebenswichtige Interessen des Staates ist an die Stelle des Begriffs „öffentliche Sicherheit und Ordnung" getreten. Er ist insofern enger wie dieser, als rein lokale Interessen nicht darunter fallen, so daß eine Schreibweise, die nur örtlich die Sicherheit und Ordnung gefährden könnte, keinen Verbotsgrund mehr abgibt. Lebenswichtige Interessen des Staates sind nur solche, die die Existenz und die Grundfesten des Staatswesens als Ganzes berühren. Dabei macht es keinen Unterschied, ob es sich um innen- oder außenpolitische, um wirtschaftliche, kulturelle, soziale oder sonstige Staatsinteressen handelt. Beispiel: Veröffentlichungen, die durch unwahre oder entstellte Tatsachen geeignet sind, die Gefahr revolutionärer Ereignisse oder eine — nicht nur lokale — wirtschaftliche Panik herbeizuführen. Auch unwahre oder entstellte Gerüchte, die geeignet sind, das Vertrauen zur Stabilität der Währung zu erschüttern, fallen darunter.

Es wird nur Gefährdung, nicht eine tatsächliche eingetretene Verletzung von Staatsinteressen verlangt.

Zu Nr 8:

(11) Verantwortlicher Schriftleiter ist der vom Verleger mit der Sonderaufgabe der laufenden Prüfung des eingehenden Stoffes auf seine Strafbarkeit betraute Redakteur (vgl. die Kommentare zum PreßG.).

Strafrechtlich nicht verfolgbar sind die sogenannten Exterritorialen; nur mit besonderer Zustimmung oder Genehmigung verfolgbar sind die Abgeordneten der Parlamente. Die Bestellung oder Benennung solcher Personen zum verantwortlichen Schriftleiter ist jetzt nach dem Reichsgesetz vom 4. 3. 1931 verboten und strafbar. Durch die vorliegende Vorschrift wird dieses Verbot verschärft, indem bei Zuwiderhandlungen als Sanktion auch noch das Zeitungsverbot zugelassen wird. Die Anwendung dieser Vorschrift wird sich insbesondere dann als notwendig erweisen, wenn außer dem verantwortlichen Redakteur auch der oberste Leiter des Druckerei- oder Verlagsbetriebes ein nichtverfolgbarer Abgeordneter ist, wie dies bei der kommunistischen Presse häufig der Fall war.

(12) Tageszeitung ist vorwiegend der Mitteilung und Erörterung von Tagesereignissen gewidmet und erscheint, wenn auch nicht täglich, so doch in nach Tagen zählenden Zeitabschnitten.

(13) D. h. wenn es sich um Wochenzeitungen oder Zeitschriften handelt.

(14) Die Druckschrift muß also innerhalb von drei Monaten zum dritten Male verboten werden, wobei Verbote auf Grund früherer Verordnungen sowie aufgehobene Verbote nicht mitrechnen. Wird die Druckschrift innerhalb von drei

Monaten zum dritten Male verboten, so kann dieses dritte Verbot bei Tageszeitungen bis zur Dauer von sechs Monaten, bei anderen Druckschriften bis zur Dauer eines Jahres erlassen werden.

(15) Bei der Anwendung des § 13 RepSchutzGes. war es zweifelhaft, ob ein auf Grund dieser Vorschrift erlassenes Zeitungsverbot auch die im gleichen Verlage erscheinenden Kopfblätter mitumfaßt. Diese Frage wird durch die Verordnung — allerdings nur für deren Geltungsdauer — bejahend entschieden. Wenn die verschiedenen Kopfblätter im gleichen Verlag erscheinen, ist es gleichgültig, ob nur eins oder alle die beanstandete Mitteilung gebracht haben. Das Verbot ist also eine Maßregel gegen den Verlag, nicht gegen die einzelne Zeitung. Es umfaßt die sämtlichen Kopfblätter ohne weiteres, doch empfiehlt es sich, die Ausdehnung des Verbots auf die Kopfblätter auch in der Verbotsverfügung zum Ausdruck zu bringen. Das Verbot einer Zeitung hat das Verbot sämtlicher Kopfblätter derselben Zeitung kraft Gesetzes zur Folge. Es steht also nicht etwa im Ermessen der betreffenden Behörde, alle oder einzelne Kopfblätter auszunehmen (RG. v. 4. 7. 1931 — XIII V 52/31). Andererseits zieht Verbot eines Kopfblatts nicht Verbot des Stammblatts oder anderer Kopfblätter nach sich.

(16) Das Wesen des Kopfblatts besteht darin, daß ein großer und wesentlicher Teil des Inhalts unverändert der gleiche ist wie der des Stammblatts, wobei in der Regel nur für die besonderen Verhältnisse eines Personenkreises oder eines räumlichen Bezirks ein Teil des Blattes zur Aufnahme der hierauf bezüglichen Nachrichten (Lokalnotizen) und Inserate vorbehalten wird (StGH. v. 6. 10. 1924 — StRB. 523/24).

(17) Ob eine Druckschrift sich in Wirklichkeit als Fortsetzung einer alten Druckschrift darstellt und nur den Schein einer neuen hervorruft, wird wesentlich davon abhängen, wieweit Tendenz und Inhalt übereinstimmen und wieweit sich die neue Druckschrift an denselben Leserkreis wendet wie die alte. Unerheblich ist, ob der Inhalt der angeblich neuen Druckschrift in einigen Beziehungen weiter ausgestaltet wird oder ob die Namen der an dem Unternehmen Beteiligten gewechselt haben (StGH. v. 16. 2. 1925 — StRB. 7/25).

(18) Diese Vorschrift geht außerordentlich weit und umfaßt jede neue Druckschrift, die den Umständen nach, also z. B. weil sie den Abonnenten der verbotenen Zeitung zugestellt wird, als Ersatzblatt anzusehen ist. „Neu" kann auch eine schon bestehende Zeitung oder Zeitschrift sein, aber nur dann, wenn ihr nach Erlaß

des Verbots etwas Neues hinzugefügt ist, oder wenn sie eine nicht unwesentliche Abänderung erfahren hat, um sie auf diese Weise den Bedürfnissen des Leserkreises der verbotenen Zeitung anzupassen (vgl. RG. v. 11. 6. 1931 — XII V 41/31, vgl. auch Urteil RG. in Strafsachen v. 30. 9. 1930/1 D 653/30). Handelt es sich nicht um eine „neue" Zeitung oder Zeitschrift, sondern wird ein schon bestehendes Blatt ohne wesentliche Abänderung als Ersatz zugestellt, so wird diese Zeitung von dem Verbot nicht mit umfaßt; doch kann in diesem Fall, wenn Umgehung vorliegt, ein besonderes Verbot der als Ersatz zugestellten Zeitung erfolgen (vgl. unten § 11).

(19) Soweit eine Druckschrift, die als Ersatz zugestellt wird, von dem Verbot kraft Gesetzes mit umfaßt wird, bedarf es zur Verhinderung ihrer weiteren Herstellung und Zustellung keiner besonderen Verbotsverfügung auf Grund dieses Gesetzes. Vielmehr hat die Verwaltungsbehörde ihr Verbot nach den Vorschriften des Landesrechts mit den daselbst vorgesehenen Mitteln des polizeilichen Zwangs durchzusetzen, wobei sie jedoch auch an die im Art. 48 aufgeführten Grundrechtsschranken gebunden ist. Gegen die polizeilichen Zwangsmaßnahmen sind die Rechtsmittel des Landesrechts gegeben. Erläßt aber die Verwaltungsbehörde in Verkennung der Rechtslage trotzdem eine weitere Verbotsverfügung auch hinsichtlich des Ersatzblattes, so ist dagegen die Beschwerde an das Reichsgericht gemäß den Vorschriften dieser VO. zulässig (RG. v. 11. 6. 1931 — XII V 41/31; vgl. auch RG. v. 14. 8. 1931 — XII V 90/31).

Weitergehend StGH. vom 18. November 1926 — StRV. 23/1926, der auch gegen die polizeilichen Maßnahmen zur Durchführung des Zeitungsverbots Beschwerde an den Staatsgerichtshof für zulässig erklärt hat.

§ 10

(1) Zuständig für das Verbot einer periodischen Druckschrift sind die obersten Landesbehörden oder die von ihnen bestimmten Stellen[1]). Gegen das Verbot ist binnen zwei Wochen vom Tage der Zustellung oder Veröffentlichung ab die Beschwerde an einen vom Präsidium zu bestimmenden Senat des Reichsgerichts gegeben[2]). Die Beschwerde hat keine aufschiebende Wirkung[3]).

(2) Die Beschwerde ist bei der Stelle einzureichen, gegen deren Anordnung sie gerichtet ist[4]). Diese hat sie unverzüglich der obersten Landesbehörde vorzulegen. Hilft diese der

Beschwerde nicht ab, so hat sie sie unverzüglich an den Reichsminister des Innern weiterzuleiten[5]). Der Reichsminister des Innern kann der Beschwerde abhelfen[6]), andernfalls hat er sie unverzüglich[7]) dem Senat des Reichsgerichts zur Entscheidung vorzulegen. Gegen eine Entscheidung des Reichsministers des Innern, die der Beschwerde abhilft, kann die oberste Landesbehörde die Entscheidung des Senats des Reichsgerichts anrufen[8]).

(3) Der Reichsminister des Innern kann die oberste Landesbehörde um das Verbot einer periodischen Druckschrift ersuchen. Glaubt die oberste Landesbehörde, einem solchen Ersuchen nicht entsprechen zu können, so teilt sie dies unverzüglich, spätestens aber am zweiten Tage nach Empfang des Ersuchens, dem Reichsminister des Innern mit und ruft innerhalb derselben Frist die Entscheidung des Senats des Reichsgerichts an. Erklärt dieser das Verbot für zulässig[9]), so hat die oberste Landesbehörde dem Ersuchen sofort[10]) zu entsprechen. Einer Beschwerde gegen ein auf Ersuchen des Reichsministers des Innern angeordnetes Verbot kann die oberste Landesbehörde nicht abhelfen[11]).

---

(1) Die obersten Landesbehörden sind die Ministerien, in den Hansestädten die Senate. Welcher Minister oder Senator zuständig ist, richtet sich nach Landesrecht und Geschäftsverteilung. Regelmäßig ist es der Minister des Innern bzw. der Polizeisenator. Auch in der Bestimmung darüber, welche sonstigen Stellen für zuständig erklärt werden, sind die Länder frei. In Preußen sind für Zeitungsverbote neben dem Minister des Innern die Oberpräsidenten, der Regierungspräsident von Sigmaringen und der Polizeipräsident von Berlin für ihre Amtsbezirke zuständig. (Vgl. Anhang II.)

(2) Zuständig zur Entscheidung über die Beschwerde ist der vierte Strafsenat des Reichsgerichts. Entsteht ein Streit darüber, ob eine eingelegte Beschwerde vom Verlag rechtswirksam zurückgenommen ist oder nicht, so ist der Senat auch zur Entscheidung darüber berufen, ob noch eine rechtswirksame Beschwerde vorliegt (RG. v. 24. 11. 1931 — XII V 195/31). Ist statt Verbot nur Verwarnung ausgesprochen, so ist dagegen keine Beschwerde an Reichsgericht zulässig (RG. v. 5. 12. 1931 — XII V 208/31).

Beschwerdeberechtigt ist der Verleger, nicht auch der Schriftleiter oder die Parteiorganisation, in deren Namen die Druckschrift herausgegeben wird (RG. vom 22. 5. 1931 — XII V 37/31). Wenn der Schriftleiter ein Angestellter oder ein Dritter für die Zeitung Beschwerde einlegt, so muß er Vollmacht des Verlegers haben und dartun (RG. vom 22. 7. 1931 — XII V 66/31 und RG. vom 14. 8. 1931 — XII V 84/31). Die Beschwerde des Verlags oder die Vollmacht hierzu muß von den Personen ausgehen, die zur Vertretung des Verlages berechtigt sind; bei juristischen Personen des Handelsrechts also von denen, die auf Grund handelsgerichtlicher Eintragung als vertretungsberechtigt anzusehen sind. Doch braucht die Vollmacht nicht beglaubigt zu sein, auch vorschriftswidrige Nichtverstempelung berührt ihre Gültigkeit nicht (RG. vom 4. 11. 1931 — VII V 177/31). Unter Umständen hat das Reichsgericht auch mündlich erteilte Vollmacht anerkannt, z. B. dann, wenn der Schriftleiter auf Geschäftspapier des Verlages Beschwerde einlegt und aus der Wortfassung („Gegen das Verbot erheben wir Beschwerde") hervorgeht, daß die Beschwerde mit Wissen und Willen des Verlegers auch für ihn eingelegt ist (RG. v. 19. 10. 1931 — XII V 170/31); doch waren dem Reichsgericht, wie aus der Entscheidung hervorgeht, in diesem Fall die Verhältnisse der Zeitung aus früheren Beschwerdeverfahren bekannt, so daß es sich nicht empfiehlt, im Vertrauen auf diesen Sonderfall Beschwerden ohne schriftliche Vollmacht durch den Schriftleiter einlegen zu lassen.

Die Beschwerde kann nur binnen zwei Wochen nach Zustellung oder Veröffentlichung der Verbotsverfügung eingelegt werden. Verspätete Beschwerden sind wirkungslos, müssen aber ebenfalls dem Reichsgericht zur Entscheidung darüber vorgelegt werden, ob sie verspätet sind. Eine fristgerecht, aber fälschlicherweise unmittelbar beim Reichsgericht eingelegte Beschwerde wahrt die Frist (StGH. in JW. 1923 S. 300). Bei der Berechnung der Frist wird der Zustellungs- oder Veröffentlichungstag nicht mitgerechnet.

Die Beschwerde bedarf der Schriftform; telegraphische Einlegung genügt (vgl. RRspr. Bd. 5 S. 481 und RGSt. 8 S. 92). Der Verleger kann auch einen anderen mit seinem (des Verlages) Namen unterzeichnen lassen (Vgl. RGSt. 45 S. 328). Bei Fehlen der Unterschrift vgl. RGSt. 17 S. 256, 38 S. 283 und StGH. v. 26. Januar 1923 — StRB. 58 — 22; hiernach kann die Unterschrift fehlen, wenn außer Zweifel steht, daß es sich nicht nur um einen versehentlich abgegangenen Entwurf, sondern um eine rechtsgültige Erklärung handelt, bei der nur versehentlich die Unterschrift fortgelassen ist.

Die Beschwerde an das Reichsgericht kann sich nur gegen die Rechtmäßigkeit des Verbots und die Angemessenheit seiner Dauer, nicht auch gegen die politische Zweckmäßigkeit des Zeitungsverbots richten; doch kann von den Verwaltungsbehörden, die die Beschwerde dem RG. zuzuleiten haben, auch Nachprüfung in politischer Hinsicht verlangt werden. Bei der Prüfung der Dauer sind die strafrechtlichen Grundsätze für die Strafzumessung unanwendbar, da es sich nicht um eine Straf- sondern um eine Verwaltungsmaßnahme handelt. Wenn also eine Verwaltungsbehörde in der Begründung für ein Zeitungsverbot mehrere Stellen der Druckschrift beanstandet, so ist eine Herabsetzung der Verbotsdauer nicht schon deshalb geboten, weil einzelne Beanstandungen zu Unrecht erfolgt sind, da auch die Bemessung der Verbotsdauer durch die Verwaltungsbehörden richtigerweise nicht unter dem Gesichtswinkel der Summierung von Einzelfällen, sondern lediglich unter Berücksichtigung der Notwendigkeit wirksamer Unterdrückung von Wiederholungen solcher Schreibweise zu erfolgen hat. Ob ein Verbot den Richtlinien des Reichsministers des Innern über die Handhabung der Verordnung zuwiderläuft, ob insbesondere statt eines Verbots nicht eine Verwarnung am Platze gewesen wäre, unterliegt nicht der gerichtlichen Nachprüfung (RG. v. 15. 9. 1931 — XII V 135/31). Die Beschwerde an das Reichsgericht ist nur gegen die auf Grund dieser VO. angeordnete Maßnahme selbst, nicht auch gegen polizeiliche Anordnungen zulässig, die der Durchführung, insbesondere der Erzwingung der Maßnahme dienen sollen (RG. v. 14. 8. 1931 — XII. V. 90/31); vgl. jedoch § 9 Anm. 19. Durch die Aufhebung der angefochtenen Anordnung vor der Entscheidung der Rechtsmittelinstanz wird die Beschwerde, sofern sie nicht zurückgenommen wird, nicht hinfällig; vielmehr muß jedenfalls dann, wenn der Beschwerdeführer ein rechtliches Interesse an einer ausdrücklichen Aufhebung der angefochtenen Anordnung hat (z. B. mit Rücksicht auf etwa schwebende Straf- oder Zivilklagen in gleicher Sache) auch nachträglich noch über die Berechtigung der Beschwerde entschieden werden (RG. v. 7. 8. 1931 — XII. V. 62/31).

Ueber Verfahrenskosten s. u. S. 163.

Eine Wiederaufnahme des Verfahrens gegen eine rechtskräftige Entscheidung in Verwaltungssachen hat der Staatsgerichtshof in einer Entscheidung vom 14. September 1922 (StRV. 26/22) für zulässig erklärt, obwohl auch die damals geltenden Verfahrensvorschriften darüber nichts enthielten.

(3) Das heißt: bis zur endgültigen Entscheidung verbleibt es bei der getroffenen Maßnahme der Behörde. Wird die Maßnahme

nachträglich durch das Reichsgericht als unrechtmäßig aufgehoben, so haftet der Staat für falsche Handhabung der VO. durch seine Beamten nur dann, wenn ein Beamter vorsätzlich oder fahrlässig gehandelt hat. Keine Fahrlässigkeit: unrichtige Anwendung von Gesetzesbestimmungen, deren Auslegung zweifelhaft und die erst seit kurzem bestehen (vgl. Kommentar der Reichsgerichtsräte zu BGB. § 839 Anm. 4). Keine Fahrlässigkeit des Beamten, wenn gleiche Rechtsansicht wie in der aufgehobenen Verfügung von ihm übergeordneten Stellen oder Gerichten vertreten worden ist (RGZ. Bd. 106 S. 410; JW. 1929 S. 2038). Zweckwidriges Handeln des Beamten im Bereich des freien Ermessens begründet keine Schadensersatzpflicht des Staates, wohl aber Ermessensmißbrauch (OVG. Bd. 55 S. 459).

(4) Die Beschwerde muß bei der Behörde eingelegt werden, die das Verbot erlassen hat. Eine an anderer Stelle, z. B. beim vierten Strafsenat eingelegte Beschwerde kann erst berücksichtigt werden, wenn sie den vorgeschriebenen Instanzenweg durchlaufen hat. Die verbietende Behörde kann das Verbot jederzeit aufheben.

(5) Die Pflicht zur Innehaltung des Instanzenzuges über die oberste Landesbehörde ist zwingendes Recht. Vor der Weiterleitung an den Reichsminister des Innern soll zunächst der Landesminister darüber befinden, ob er eine Abhilfe der Beschwerde für angezeigt hält. Die Abhilfe durch die oberste Landesbehörde kann sowohl aus rechtlichen wie aus Zweckmäßigkeitsgründen erfolgen. Wird das Verbot von der obersten Landesbehörde vollständig aufgehoben, so kommt eine Weiterleitung an den Reichsminister des Innern nur in Frage, wenn Beschwerdeführer ein rechtlich beachtenswertes Interesse an der Entscheidung geltend macht (vgl. oben Anm. 2 a. Ende). Wird aber der Beschwerde nur teilweise entsprochen, z. B. durch Abkürzung statt Aufhebung des Zeitungsverbots, so muß Weiterleitung in jedem Falle erfolgen.

Es ist den Landesbehörden nicht verwehrt, zugleich mit der Weiterleitung die Begründung des Verbots durch Hinzufügung neuer Gesichtspunkte zu ergänzen. Nicht zulässig ist es aber, das auf Grund eines Tatbestandes erlassene Verbot nachträglich noch auf andere Tatsachen zu stützen. Eine solche weitere, einen anderen Tatbestand betreffende nachträgliche Begründung für ein vorausgegangenes Verbot kann nicht in Betracht gezogen werden, denn die einzelne Verbotsverfügung umfaßt nur die von ihr ausdrücklich hervorgehobene Kundgebung. Andere vorher oder gleichzeitig erfolgte Verstöße können noch Grundlage eines neuen Verbots sein, aber sie können nicht als Stütze für ein vorangegangenes Verbot herangezogen werden (RG. v. 24. 8. 1931 — XII V 103/31 und RG. v. 27. 10. 1931 — XII V 175/31).

Ist die Beschwerde nicht spätestens am fünften Tage nach der Einlegung beim Reichsminister des Innern eingegangen, so muß nach § 12 das Verbot ohne sachliche Nachprüfung aufgehoben werden. Bei der Berechnung der Frist wird der Tag des Eingangs der Beschwerde bei der Behörde nicht mitgerechnet (s. u. S. 92 f.).

(6) Der Reichsminister des Innern kann sowohl aus rechtlichen wie aus Zweckmäßigkeits- insbesondere Billigkeitsgründen die Maßnahme aufheben oder mildern. Hilft der Reichsminister des Innern der Beschwerde ab, so tritt das Verbot unmittelbar außer Kraft (RG. v. 4. 11. 1931 — XII. V. 177/31). Doch kann die oberste Landesbehörde die Entscheidung des Reichsgerichts dagegen anrufen. Entscheidet dieses, daß die Abhilfe zu Unrecht erfolgt ist, so tritt die ursprüngliche Maßnahme mit der Zustellung des Beschlusses wieder in Kraft. Bei einem im Wege der Abhilfe durch den Reichsminister des Innern abgekürzten Zeitungsverbot hat dies die Bedeutung, daß die Zeitung von der Zustellung des Beschlusses ab noch solange verboten bleibt, bis die gesamte Verbotsdauer erreicht ist. Die ursprünglich verhängte Verbotsfrist verlängert sich also um die Zahl der Tage, die die Zeitung in der Zwischenzeit infolge der Abhilfe tatsächlich wieder erschienen ist. Hilft der Reichsminister des Innern der Beschwerde teilweise ab, so hat das Reichsgericht auf Grund der Beschwerde des Betroffenen regelmäßig nur nachzuprüfen, ob der verbleibende Rest der Maßregel gerechtfertigt ist; vgl. jedoch oben Anm. 2 am Ende.

(7) d. h. ohne schuldhaftes Zögern. Eine Frist ist für diese Vorlegung nicht gesetzt.

(8) Vgl. oben Anm. 6. Das Recht auf Anrufung des Reichsgerichts ist nicht befristet.

(9) d. h. rechtlich und hinsichtlich der Angemessenheit der Dauer für zulässig (RG. v. 28. 1. 1932 — XII V 6/32); die Entscheidung über die Zweckmäßigkeit des erlassenen Verbots hat allein der Reichsminister des Innern.

(10) Sofort ist mehr als unverzüglich, so daß die oberste Landesbehörde nicht das Recht hat, nunmehr noch Zeit für weitere Erwägungen, Rückfragen oder Vorstellungen verstreichen zu lassen.

(11) Während sonst die Landesbehörden stets als berechtigt anzusehen sind, ein erlassenes Verbot jederzeit wieder aufzuheben oder abzukürzen, und zwar selbst dann, wenn die Beschwerde schon

dem Reichsminister des Innern oder dem Reichsgericht vorliegt, ist ein auf Ersuchen des Reichsministers des Innern erlassenes Zeitungsverbot der Verfügungsgewalt der Landesbehörden entzogen.

§ 11

(1) Eine periodische Druckschrift[1]), die unter Duldung des Verlegers[2]) den Beziehern[3]) einer verbotenen[4]) Druckschrift als deren Ersatz[5]) zur Abwendung der Folgen des Verbots[6]) zugestellt wird, kann für die im § 9 Abs. 2 bestimmte Dauer[7]) verboten werden[8]).

(2) Zuständig für das Verbot ist die Stelle, die das erste Verbot[9]) angeordnet hat. Erscheint[10]) die als Ersatz zugestellte periodische Druckschrift in einem anderen Lande[11]) als die verbotene, so ist die zuständige Landesbehörde[12]) von der Stelle, die das erste Verbot angeordnet hat[13]), um Anordnung des Verbots der als Ersatz zugestellten, periodischen Druckschrift zu ersuchen. Will die ersuchte Behörde das Verbot nicht anordnen[14]), so hat sie die Entscheidung des Reichsministers des Innern anzurufen; die Vorschriften des § 10 Abs. 3 finden entsprechende Anwendung[15]).

(3) Gegen das Verbot ist die Beschwerde[16]) gemäß den Vorschriften des § 10 Abs. 1, 2 zulässig[17]).

---

(1) Eine periodische Druckschrift ist jede Zeitung oder Zeitschrift, die monatlich oder in kürzeren, wenn auch unregelmäßigen Fristen erscheint (§ 7 PreßG., Näheres Häntzschel, Kommentar ReichspreßG.). Siehe auch S. 70 Anm. 1.

(2) Der Verleger des Ersatzblattes muß mit dessen Zustellung als Ersatz für die verbotene Druckschrift ausdrücklich oder stillschweigend einverstanden sein. In der Regel wird für dieses Einverständnis eine faktische Vermutung sprechen, da die Uebernahme der Belieferung der Bezieher auch der verbotenen Druckschrift eine Erhöhung der Auflage erforderlich macht, die ohne Wissen des Verlegers kaum möglich ist. Als Verleger im Sinne dieser Vorschrift ist die Persönlichkeit anzusehen, die in dem fraglichen Zeitraum die oberste Leitung des Verlagsbetriebes innehat. Das kann also auch ein Direktor oder leitender Angestellter sein.

(3) Daraus, daß den Beziehern die Ersatzzeitschrift „zugestellt" werden muß, ergibt sich, daß nur die Zustellung in die Wohnungen und Geschäftsräume, nicht auch der Straßenverkauf unter die Vorschrift fällt (RG. v. 24. 10. 1931 —

XII. V. 173/31). Zustellung auf Grund besonderer Bestellung des Abonnenten ist keine Ersatzzustellung; vgl. Anm. 5.

(4) Die Vorschrift umfaßt jede Ersatzzustellung, gleichviel auf Grund welcher gesetzlichen Vorschrift die erste Druckschrift verboten worden ist. Das Verbot kann sowohl auf Grund der Notverordnung, wie auf Grund von § 14 PreßG. erfolgt sein.

(5) Die Zustellung muß als Ersatz für die verbotene Druckschrift erfolgt sein, also den Zweck haben, die entstandene Lücke auszufüllen. Die Zustellung einer ganz anders gearteten Druckschrift, die weder in politischer, noch in wirtschaftlicher, kultureller oder sozialer Beziehung gleiches oder ähnliches bietet wie die verbotene Druckschrift ist keine Ersatzdruckschrift. Auch ist es den Beziehern der verbotenen Zeitung nicht verwehrt, sich ihrerseits als Ersatz eine andere, bestehende Zeitung zu bestellen.

(6) Die Zustellung muß nicht nur als Ersatz, sondern auch zur Abwendung der Folgen des Verbots geschehen. Die Folgen des Verbots sind mannigfacher Art, insbesondere politischer und wirtschaftlicher Natur. Es wird nicht gefordert, daß die Ersatzzustellung zur Abwendung aller Folgen des Verbots erfolgt, vielmehr genügt es, wenn auch nur eine dieser Folgen abgewendet werden soll.

(7) Verbotsdauer bei Tageszeitungen bis zu vier Wochen, bei anderen (z. B. Zeitschriften, Wochenzeitungen) bis zu sechs Monaten. Bei dreimaligem Verbot innerhalb von 3 Monaten ist die zugelassene Höchstdauer sechs Monate bzw. ein Jahr (vgl. § 9 Anm. 14).

(8) Das Verbot richtet sich an den Verleger, der die Druckschrift zum Erscheinen bringt, und ist diesem zuzustellen. Die Form der Zustellung richtet sich mangels gesetzlicher Vorschriften nach den für die einzelnen Behörden geltenden Dienstvorschriften. Gegen die Zustellung einer beglaubigten Abschrift unter Verwendung eines Faksimilestempels des beglaubigenden Kanzleisekretärs bestehen rechtlich keine Bedenken (RG. v. 12. 10. 1931 — XII. V. 165/31). Das Verbot ist zu begründen. Nachträgliche Ergänzung der Begründung nicht ausgeschlossen. Aber die nachträgliche Begründung für ein vorausgegangenes Verbot darf keinen anderen Tatbestand betreffen. Andere, vorher oder gleichzeitig erfolgte Verstöße können noch Grundlage eines neuen Verbots sein — vgl. Beschl. des 4. Straffenats v. 24. 8. 1931 — XII V. 103/31, aber sie können nicht nachträglich als Stütze für ein vorausgegangenes Verbot herangezogen werden (RG. v. 27. 10. 1931 —

XII V, 175/31). Das Verbot umfaßt die periodische Druckschrift als Ganzes, und zwar das künftige Erscheinen dieser Druckschrift, während die bereits erschienenen Nummern einschließlich der, die zu dem Verbot Anlaß gegeben hat, vom Verbot nicht erfaßt werden (OLG. Kassel v. 28. 5. 1931 — S. 57/31; a. A. RG. in JW. 1928 S. 1458). Näheres über Zuständigkeit, Form, Wirkung und Dauer des Verbots siehe oben Seite 70 ff. Anm. 2 zu § 9 der VO.

(9) D. h. die Behörde, die das Verbot der Zeitung verfügt hat, und zwar auch dann, wenn Erscheinungsort des Ersatzblatts außerhalb ihres Amtsbereichs, aber innerhalb desselben Landes liegt.

(10) Erscheinungsort ist der Ort der ersten Ausgabe, d. h. der, wo die Druckschrift durch den ersten Verbreitungsakt dessen, der die tatsächliche Verfügungsmacht über die Auflage besitzt, aus dem engeren Kreise der an der Herstellung beteiligten Personen heraustritt. Das ist oft, aber keineswegs immer, der Verlagsort. Hat eine Druckschrift mehrere selbständige Ausgabeorte, d. h. wird sie an mehreren Orten von verschiedenen Niederlassungen des Verlages selbständig und (ungefähr) gleichzeitig zum Erscheinen gebracht, so hat sie auch mehrere Erscheinungsorte. Liegt nur einer von mehreren Erscheinungsorten in einem anderen Land, so ist das Ersuchen um Erlaß eines Verbots auch für dieses Land nicht erforderlich, weil jedes von einer zuständigen Behörde ausgesprochene Verbot für das ganze Reichsgebiet gilt, also auch die weitere Herausgabe in dem anderen Lande unmöglich macht.

(11) D. h. in einem anderen deutschen Lande im Sinne von Art. 2 RV.

(12) Zuständig sind die obersten Landesbehörden (Minister des Innern). Ob daneben noch weitere Landesbehörden zuständig sind, richtet sich nach den Ausführungsanweisungen der Länder.

(13) Zuständig für das Ersuchen ist nur die Behörde, die das erste Verbot angeordnet hat, nicht auch eine ihr übergeordnete Behörde. Ob das Ersuchen aber unmittelbar oder noch auf dem Umweg über die vorgesetzte oberste Landesbehörde an die Behörde des anderen Landes zu richten ist, bestimmt sich nach den Ausführungsanweisungen des Landes, dem die ersuchende Behörde angehört.

(14) Eine unmittelbare Verpflichtung, dem Ersuchen zu entsprechen, wird durch die Verordnung nicht begründet, so daß das Ersuchen sowohl aus rechtlichen wie aus Zweckmäßigkeitsgründen abgelehnt werden kann, über deren Stichhaltigkeit in beiden Fällen der Reichsminister des Innern zu entscheiden hat.

(15) Hält der Reichsminister des Innern das Ersuchen ganz oder teilweise (z. B. nur für kürzere Frist) für begründet, so ersucht er nun seinerseits die oberste Landesbehörde, das Verbot auszusprechen. Die oberste Landesbehörde darf nun nur noch aus Rechtsgründen ablehnen, da das Reichsgericht, das in diesen Fällen unverzüglich, spätestens aber am zweiten Tage nach Empfang des Ersuchens, telegraphisch oder telephonisch um Entscheidung anzugehen ist, auch seinerseits nur noch über die rechtliche Zulässigkeit zu entscheiden hat. Beschwerdeberechtigt ist nur der, dem das Verbot zugestellt ist, d. h. der Verleger. Eine von anderen Personen, insbesondere dem Herausgeber oder verantwortlichen Redakteur eingelegte Beschwerde ist, sofern sie nicht auf Grund einer Vollmacht des Verlegers geschieht, nicht zulässig. Als Verleger ist, wenn der Verlag eine juristische Person ist, nur der anzusehen, der zur gesetzlichen Vertretung des Verlags berechtigt ist.

(16) Die Beschwerde muß binnen 2 Wochen eingelegt werden. Vgl. im übrigen Erl. zu § 10 Anm. 2 ff. der VO.

(17) Die Einlegung des Rechtsmittels hat hiernach keine aufschiebende Wirkung. Die Beschwerde ist bei der Stelle einzureichen, gegen deren Anordnung sie gerichtet ist. Diese hat sie unverzüglich der obersten Landesbehörde vorzulegen, die sie ihrerseits so rechtzeitig dem Reichsminister des Innern vorzulegen hat, daß sie spätestens am fünften Tage nach Einlegung der Beschwerde bei diesem eingeht. Der Reichsminister des Innern kann der Beschwerde abhelfen, andernfalls hat er sie unverzüglich dem Reichsgericht zur Entscheidung vorzulegen.

§ 12

Ein Verbot einer periodischen Druckschrift muß ohne sachliche Nachprüfung[1]) sofort aufgehoben werden[2]), wenn die Beschwerde nicht spätestens am fünften Tage nach ihrer Einlegung[3]) dem Reichsminister des Innern zugeleitet ist.

---

(1) Das Verbot muß also auch dann aufgehoben werden, wenn es sachlich berechtigt und die Beschwerde unberechtigt ist.

(2) Zuständig für die Aufhebung ist in erster Linie die Behörde, die im Zeitpunkt des Ablaufs der Frist mit der Beschwerde befaßt ist. Aber auch jede später damit befaßte Instanz

(Reichsminister des Innern, Reichsgericht) muß die Aufhebung verfügen, wenn sie noch nicht erfolgt sein sollte.

(3) Die Frist beginnt mit dem Eingang der Beschwerde bei der für ihre Entgegennahme zuständigen Stelle auch dann, wenn die Vollmacht des Beschwerdeführers erst später nachgereicht wird. Unbeschadet des Rechts der Behörde, schriftliche Vollmacht nachzufordern, hat sie also dafür zu sorgen, daß die Beschwerdeschrift spätestens am fünften Tage nach Eingang der Stelle zugestellt wird, die sie dem Reichsgericht vorzulegen hat, widrigenfalls Aufhebung des Verbots erfolgen muß (RG. 15. 9. 1931 — XII V 138/31). Bei Fristberechnung wird Eingangstag nicht mitgerechnet.

§ 13

Ist in einer periodischen Druckschrift[1]), die nicht im Inland erscheint[2]), eine Veröffentlichung der im § 9 Abs. 1 Nr. 1—7 bezeichneten Art enthalten, so kann der Reichsminister des Innern[3]) ihre Verbreitung im Inland bis zur Dauer von sechs Monaten verbieten[4]). Gegen das Verbot ist kein Rechtsmittel zulässig[5]).

---

(1) Ueber den Begriff periodische Druckschrift vgl. S. 70 Anm. 1.

(2) Erscheinungsort ist der Ort der ersten Ausgabe, d. h. der, wo die Druckschrift normalerweise zuerst verbreitet wird. Erscheinungsort ist also in der Regel der Verlagsort; wird die Druckschrift aber nicht am Verlagsort, sondern an einem anderen Orte zuerst verbreitet, so ist dieser Ort der Erscheinungsort (KGJ. Bd. 47 C 393). Eine Druckschrift kann mehrere Erscheinungsorte haben. Liegt auch nur einer davon im Inland, so sind die Voraussetzungen dieser Vorschrift nicht gegeben. Saargebiet, Memel, Danzig sind zur Zeit noch Ausland.

(3) Bei ausländischen Druckschriften war bisher zum Verbot jede Behörde zuständig, in deren Bereich die Druckschrift verbreitet wurde. Um die Mißstände zu beseitigen, die durch die Zuständigkeit einer Vielheit örtlicher Behörden begründet wurden, wird durch diese Vorschrift eine ausschließliche Zuständigkeit des Reichsministers des Innern zum Verbot begründet.

(4) Die zulässige Höchstdauer des Verbots beträgt sechs Monate ohne Unterschied, ob es sich um eine Tageszeitung oder um eine andere periodische Druckschrift handelt.

(5) Der Ausschluß von Rechtsmitteln bedeutet die Unzulässigkeit der Beschwerde an das Reichsgericht.

Abschnitt III.

Sammlung zu politischen Zwecken

§ 14

(1) Die obersten Landesbehörden oder die von ihnen bestimmten Stellen[1]) können verbieten[2]), daß Geld- oder Sachspenden zu politischen Zwecken[3]) oder zur Verwendung durch politische Organisationen[4]) von Haus zu Haus, auf Straßen oder Plätzen, in Gast- oder Vergnügungsstätten oder an anderen öffentlichen Orten eingesammelt werden[5]); das Verbot kann auf einzelne Sammlungen oder die Sammlungen bestimmter Vereinigungen beschränkt werden[6]). Sammlungen, die in Versammlungen[7]) oder im Zusammenhang mit ihnen am Versammlungsort[8]) stattfinden, sowie Sammlungen von Haus zu Haus, die sich auf Mitglieder der sammelnden Organisation beschränken[9]), sind zulässig[10]).

(2) Hat der Reichsminister des Innern gegen ein Verbot nach Abs. 1 Satz 2 Bedenken, so kann er die oberste Landesbehörde um Aenderung oder Aufhebung ersuchen[11]). Entspricht die oberste Landesbehörde dem Ersuchen nicht, so kann er das Verbot aufheben[12]).

---

(1) Ueber oberste Landesbehörden vgl. § 10 Anm. 1 und die Ausführungsbestimmungen der Länder.

(2) Bisher waren Sammlungen für politische Zwecke unbeschränkt zulässig, während Sammlungen für Wohlfahrtsunternehmungen nach der noch heute gültigen Bundesratsbekanntmachung über Wohlfahrtspflege vom 15. 2. 1917 (RGBl. S. 143) genehmigungspflichtig sind. Die vorstehende Verordnung sieht von einer vorherigen Genehmigungspflicht für politische Sammlungen ab, gibt aber den Verwaltungsbehörden die Möglichkeit, sie zu verbieten. Dadurch soll die Möglichkeit gegeben werden, die insbesondere mit Straßensammlungen oft verbundenen Unzuträglichkeiten und die bei allen Sammlungen bestehende Betrugsgefahr zu beseitigen. Das Verbot kann sowohl allgemein (durch Polizeiverordnung) wie im Einzelfall (durch polizeiliche Verfügung) ergehen.

(3) Ueber politische Zwecke vgl. § 1 Anm. 2. Der Verwendungszweck der Spenden muß ein politischer sein.

(4) Ist die Spende zur Verwendung durch eine politische Organisation bestimmt, so ist es gleichgültig, ob diese Verwendung zu politischen oder zu anderen, z. B. charitativen Zwecken erfolgen soll. Erforderlich und ausreichend ist hier, daß die Organisation, der das Geld zugeführt werden soll, politischer Natur ist.

(5) Verboten werden kann nicht das Sammeln schlechthin, sondern nur das Einsammeln. Zum Einsammeln gehört, daß der Sammler Geld oder Sachen gleich an sich nimmt (z. B. Büchsensammlungen auf der Straße oder von Haus zu Haus), zum Unterschied von Sammlungen, bei denen der Spender sich zunächst nur in eine Zeichnungsliste einträgt. Oeffentliche Orte sind alle Orte, die dem Publikum unbeschränkt oder gegen Erfüllung gewisser Bedingungen, z. B. eines Eintrittsgeldes, zugänglich sind (Bayer. ObLG. in JW. 1931 S. 748). Die besonders aufgeführten Orte (Straßen, Plätze, Gast- und Vergnügungsstätten) sind nur Beispiele. Durch die Erstreckung auf Haussammlungen geht das Verbot insofern noch weiter, als auch die Sammlung in Privatwohnungen selbst verboten werden kann. Auf Sammlungen innerhalb des eigenen Bekanntenkreises erstreckt sich das Verbot nicht. Vgl. auch unten Anm. 9.

(6) Die Beschränkung des Verbots auf einzelne Sammlungen, d. h. auf bestimmte Sammlungsveranstaltungen oder auf die Sammlungen bestimmter Vereinigungen ist selbstverständlich nur in den Schranken des Artikels 109 RV. (Gleichheit des einzelnen vor dem Gesetz) zulässig. Unterscheidungen zwischen den Sammlungen verschiedener Parteien oder Richtungen sind also nur insoweit zulässig, als nicht politische, sondern sachliche Gründe im Einzelfall diese Unterscheidung rechtfertigen.

(7) Ueber Versammlungen vgl. § 1 Anm. 3.

(8) Gemeint sind Sammlungen, die anläßlich einer Versammlung in den Nebenräumen, Vorräumen oder an sonstigen mit dem Versammlungslokal zusammenhängenden Orten vorgenommen werden.

(9) Das sind Haussammlungen, die nur bei den Mitgliedern der Organisation, für die die Gelder bestimmt sind, nicht auch bei außenstehenden Personen vorgenommen werden.

(10) D. h. solche Sammlungen können nicht verboten werden.

(11) Ein eigenes Verbotsrecht hat der Reichsminister des Innern nicht, sondern nur das negative Recht, einzugreifen, wenn

die oberste Landesbehörde von den Befugnissen dieser Vorschrift einen ihm bedenklich erscheinenden Gebrauch macht.

(12) Die oberste Landesbehörde ist nicht verpflichtet, dem Ersuchen des Reichsministers des Innern nachzukommen, doch kann in diesem Falle der Reichsminister das Verbot mit unmittelbarer Wirkung aufheben. Mit der Veröffentlichung oder Zustellung dieser Aufhebungsverfügung tritt derselbe Rechtszustand ein, wie wenn die zuständige Landesbehörde selbst ihr Verbot zurückgezogen hätte.

§ 15

(1) Wer öffentlich[1]) zu einer Gewalttat[2]) gegen eine bestimmte Person oder allgemein zu Gewalttätigkeiten gegen Personen oder Sachen auffordert[3]) oder anreizt[4]), wird, sofern nicht die Tat nach anderen Vorschriften mit einer höheren Strafe bedroht ist, mit Gefängnis nicht unter drei Monaten bestraft[5]).

(2) Sind mildernde Umstände vorhanden, so ist auf Gefängnis nicht unter einem Monat zu erkennen[6]).

---

(1) Oeffentlich ist die Aeußerung dann, wenn sie von einem größeren, nicht geschlossenen Personenkreis wahrgenommen werden konnte. Ueber die persönlichen Beziehungen, die einen Personenkreis miteinander verbinden müssen, damit er als geschlossen gelten kann, vgl. oben S. 40/41.

(2) Das ist jeder Angriff auf Leib oder Leben, angefangen von der tätlichen Beleidigung (z. B. Ohrfeige) bis zu Mord und Totschlag. Die Aufforderung zu nicht rechtswidriger Handlungsweise, wie Notwehr (§ 53 StGB.) oder zu einer Notstandshandlung (§ 54 StGB.) kann nach dieser Vorschrift nicht bestraft werden. Ebensowenig die Aufforderung zum Zweikampf, die lediglich nach den Sondervorschriften der §§ 205 ff. StGB. zu beurteilen ist.

(3) Nur vorsätzliches Handeln ist strafbar. Sowohl die Aufforderung bzw. das Anreizen zu Gewalttaten gegen eine bestimmte Einzelperson, wie die allgemeine Aufforderung zu Gewalttätigkeiten gegen Personen, z. B. die Juden, die Mitglieder bestimmter Verbände oder Parteirichtungen („Schlagt die Faschisten, wo ihr sie trefft!") und ebenso auch die Aufforderung zu Gewalttätigkeiten gegen Sachen, z. B. Plündern, zum Herunterreißen von Fahnen oder Abzeichen bestimmter Art fällt unter diese Vorschrift.

(4) Ueber Anreizen vgl. § 2 Anm. 10.

(5) Die Mindeststrafe von drei Monaten schließt Umwandlung in Geldstrafe aus; vgl. jedoch Abs. 2 (mildernde Umstände).

(6) Umwandlung in Geldstrafe ist zulässig.

§ 16

(1) Mit Gefängnis, neben dem auf Geldstrafe erkannt werden kann, wird bestraft:

1. wer ohne die nach § 1 erforderliche Anmeldung oder in absichtlicher Abweichung von den in der Anmeldung gemachten Angaben[1]) oder unter Zuwiderhandlung gegen ein Verbot oder eine Auflage eine Versammlung oder einen Aufzug veranstaltet[2]) oder leitet[3]) oder dabei als Redner auftritt[4]);

2. wer für eine Versammlung, die entgegen der Vorschrift des § 1 nicht angemeldet oder die verboten ist[5]), den Raum zur Verfügung stellt.

(2) Die Vorschriften des Abs. 1 sind nicht anzuwenden, wenn ein politischer Zweck mit der Tat nicht verbunden war und eine Störung oder Gefährdung der öffentlichen Sicherheit und Ordnung nicht eingetreten ist[6]).

---

(1) Ueber absichtliche Abweichung von den gemachten Angaben vgl. § 2 Anm. 28.

(2) Ueber den Begriff des Veranstalters siehe Anm. 5 zu § 3.

(3) Ueber den Begriff des Leiters siehe Anm. 4 zu § 3.

(4) Auftreten als Diskussionsredner genügt.

(5) D. h. die auf Grund dieser Verordnung verboten ist. Nur vorsätzliches Handeln ist strafbar.

(6) Die Vorschrift soll gewisse Härten beseitigen, die insbesondere dadurch entstanden sind, daß nach der Rechtsprechung der preußischen Oberlandesgerichte ein Aufzug schon dann vorliegt, wenn eine zu einem bestimmten Zweck vereinigte Menschenmenge sich in einer die öffentliche Aufmerksamkeit erregenden Weise über öffentliche Straßen oder Plätze bewegt (vgl. § 1 Anm. 4). Da es hiernach nicht darauf ankäme, ob beabsichtigt ist, die öffentliche Aufmerksamkeit zu erregen, so wurden schon singende Wandervögel, wenn sie in geordnetem Zug marschieren, ferner marschierende Turnvereine, Jugendvereine usw. wegen Abhaltung eines verbotenen Aufzugs strafrechtlich verfolgt. Auch nichtpolitische Versammlungen unter freiem Himmel, die sich oft spontan bilden können, fallen unter diese Milderungsvorschrift.

Die Vorschrift gilt nur dann, wenn keinerlei politischer Zweck mit der Tat verbunden war. Versammlungen und Aufzüge, die politischen Zwecken dienen, fallen nach wie vor auch dann unter die Strafvorschrift, wenn dieser Zweck an sich harmloser

Natur ist. Die neue Vorschrift wird also bei Versammlungen und Aufzügen politischer Verbände auch dann keine Anwendung finden können, wenn ihr unmittelbarer Zweck sportlicher, geselliger usw. Natur ist, aber mittelbar auch politische Zwecke (Propaganda usw.) verfolgt werden. Für die Anwendung der Vorschrift ist nicht nur das Fehlen jedes politischen Zwecks notwendig, vielmehr ist ein weiteres Erfordernis für ihre Anwendbarkeit, daß auch tatsächlich weder eine Störung noch eine Gefährdung der öffentlichen Sicherheit und Ordnung eingetreten ist.

§ 17

Mit Geldstrafe bis zu einhundertfünfzig Reichsmark wird bestraft[1]),

1. **wer an einer Versammlung oder einem Aufzuge teilnimmt, die entgegen der Vorschrift des § 1 nicht angemeldet oder die verboten sind[2]),**
2. **wer als Veranstalter[3]) oder Leiter[4]) einer Versammlung den Beauftragten der Polizeibehörde[5]) die Einräumung eines angemessenen Platzes[6]) verweigert (§ 3);**
3. **wer sich nach Erklärung der Auflösung einer Versammlung (§§ 2, 3 Abs. 4) nicht sofort entfernt[7])[8]).**

---

(1) Sowohl vorsätzliches wie fahrlässiges Handeln ist strafbar, da es sich um eine Uebertretung handelt.

(2) Siehe die Erläuterungen zu § 1.

(3) Ueber den Begriff Veranstalter siehe Anm. 5 zu § 3.

(4) Ueber den Begriff Leiter siehe Anm. 4 zu § 3.

(5) Ueber die Polizeibeauftragten siehe § 3.

(6) Vgl. § 3 Anm. 7.

(7) Der auflösende Beamte muß sich als Polizeibeauftragter zu erkennen gegeben haben oder als solcher erkenntlich gewesen sein (vgl. Anm. 6 zu § 3), sonst kann Bestrafung nicht erfolgen. Strafbar ist auch fahrlässiges Verweilen.

(8) Eine Strafbefreiungsvorschrift für geringfügige Uebertretungen nichtpolitischer Natur, wie sie § 16 Abs. 2 vorsieht, fehlt hier. Jedoch ist zu beachten, daß nach Kapitel I § 2 der Verordnung vom 6. 10. 1931 (RGBl. I S. 563) Uebertretungen nicht mehr verfolgt werden, wenn das öffentliche Interesse es nicht erfordert.

§ 18

Wer eine auf Grund der §§ 9 oder 11 verbotene periodische Druckschrift herausgibt, verlegt, druckt oder verbreitet[1]) wird mit Gefängnis nicht unter drei Monaten bestraft, neben dem auf Geldstrafe erkannt werden kann[2])[3]). Ebenso wird bestraft, wer im Inland eine periodische Druckschrift verbreitet, deren Verbreitung gemäß § 13 verboten ist[4]).

---

(1) Strafbar ist die vorsätzliche — nicht nur fahrlässige — Mitwirkung am Weitererscheinen einer verbotenen Zeitung oder Zeitschrift oder am Weitererscheinen eines kraft Gesetzes mitverbotenen Kopfblattes (vgl. § 6 Anm. 9); gleichfalls strafbar ist die Mitwirkung am Erscheinen einer angeblich neuen Druckschrift, die sich sachlich als die alte darstellt, oder die als Ersatz der verbotenen Druckschrift anzusehen ist (vgl. hierüber § 9 Abs. 3). Mitwirkung am einmaligen Weitererscheinen bzw. der einmaligen Herausgabe eines Ersatzblattes genügt zur Strafbarkeit auch dann, wenn Ausgabe weiterer Nummern während der Verbotszeit nicht beabsichtigt ist (RGSt. 57 S. 253). Doch ist gewohnheitsrechtlich die Ausgabe einer Sondernummer, die im unmittelbaren Anschluß an das Verbot erscheint und nichts weiter enthält als den Wortlaut der Verbotsverfügung als zulässig anzusehen. Wird neben der Verbotsverfügung auch die Verbotsbegründung mit abgedruckt und damit der Abdruck der beanstandeten Stelle wiederholt, so kann sich die Zeitung demgegenüber nicht auf ein Gewohnheitsrecht berufen, da dies Verfahren von den Verwaltungsbehörden wiederholt und formell zu Recht beanstandet worden ist (vgl. z. B. die in der „Berliner Volkszeitung“ vom 1. 12. 1932 wiedergegebene Auffassung des Preußischen Ministeriums des Innern). Strafbar sind nicht nur die Personen, die als Herausgeber, Verleger, Drucker usw. im technischen Sinne anzusehen sind, sondern jeder, der „herausgibt“, „verlegt“, „druckt“, „verbreitet“, d. h. jeder, der — sei es als Unternehmer, sei es in anderer Eigenschaft (Redakteur, Angestellter, Arbeiter) — eine solche Tätigkeit entwickelt. Ob bei den nur in mechanischer Weise Beteiligten, z. B. den Druckern, Setzern, Verbreitern, Täterschaft oder Beihilfe zu fremder Tat anzunehmen ist, entscheidet sich nach allgemeinen strafrechtlichen Grundsätzen. Die Strafbarkeit wird nicht dadurch beseitigt, daß das Zeitungsverbot später vom Minister oder Reichsgericht als unzweckmäßig oder rechtlich unbegründet wieder aufgehoben wird, sofern das Verbot

nur von einer sachlich und örtlich zuständigen Behörde formell rechtswirksam erlassen worden ist (RGSt. 57 S. 137 und 254).

(2) Das **Strafmaß** ist drei Monate bis zu fünf Jahren. Durch die Mindeststrafe von drei Monaten wird Umwandlung in Geldstrafe ausgeschlossen. Geldstrafe ist nur **neben** Gefängnisstrafe zulässig.

(3) Die strafbare Handlung der Mitwirkung am Weitererscheinen einer verbotenen Druckschrift ist kein Preß**inhalts**delikt, sondern ein Preß**ordnungs**delikt; denn die Strafbarkeit der Zuwiderhandlung wird nicht durch den geistigen Inhalt und die von ihm ausgehende strafbare geistige Wirkung der Druckschrift, sondern dadurch begründet, daß einem gesetzlichen Verbot preßpolizeilicher Natur zuwider gehandelt wird. Für Einziehung und Unbrauchbarmachung und demgemäß auch für die Beschlagnahme gilt also § 40 StGB., nicht § 41 StGB. Beschlagnahme und Einziehung erstrecken sich infolgedessen nicht auf die ganze Auflage der Druckschrift, sondern nur auf die Stücke, die den Tätern oder Teilnehmern der Tat gehören. Für die Verjährung gilt nicht die kurze Verjährung des § 22 PreßG., sondern die allgemeine Verjährungsvorschrift des § 67 StGB.

(4) Hier handelt es sich um ausländische (nicht im Inland erscheinende) Druckschriften, deren Inlandsverbreitung vom Reichsinnenminister verboten wurde. Näheres siehe Anm. zu § 13.

§ 19

Mit Gefängnis bis zu sechs Monaten oder mit Geldstrafe[1]) wird bestraft, wer einem auf Grund des § 14 Abs. 1 Satz 1 erlassenen Verbot über Sammlungen vorsätzlich zuwiderhandelt[2]).

---

(1) Höchstbetrag 10 000 RM.

(2) Die Zuwiderhandlung muß **vorsätzlich** begangen sein. **Eventualvorsatz** genügt. Der Täter muß also gewußt haben, daß die Sammlung verboten ist, oder doch mindestens mit der Möglichkeit gerechnet haben, daß sie verboten sein könnte und auch auf diese Gefahr hin die Sammlung vorgenommen haben. Strafbar ist nur der Sammler sowie jeder, der zu einer verbotenen Sammlung verleitet oder selbst durch Rat oder Tat dabei Hilfe leistet. Die Spender fallen nicht unter die Strafvorschrift.

§ 20 [1])

(1) Wer vorsätzlich oder fahrlässig Druckschriften politischen Inhalts[2]) herstellt[3]), verbreitet[4]) oder zum Zwecke der Verbreitung vorrätig hält[5]), auf denen zur Verheimlichung des Ursprungs[6]) die in den §§ 6 und 7 des Reichsgesetzes über die Presse vom 7. Mai 1874 (Reichsgesetzbl. S. 65) vorgeschriebenen Angaben über Drucker, Verleger, Verfasser, Herausgeber oder verantwortlichen Redakteur[7]) nicht enthalten oder unrichtig, unvollständig oder unleserlich sind, wird, soweit nicht die Tat nach anderen Vorschriften mit einer schwereren Strafe bedroht ist[8]), mit Gefängnis bis zu einem Jahr bestraft[9]), wenn durch die Schrift[10])

1. das Verbrechen des Hochverrats (§§ 81 bis 86 des Strafgesetzbuchs)[11]) oder
2. ein Vergehen gegen die Vorschriften über verbotene Vereine (§ 5 der Verordnung des Reichspräsidenten zur Erhaltung des inneren Friedens vom 19. Dezember 1932 (Reichsgesetzbl. I S. 548)[12]) oder über verbotene Druckschriften (§ 18 dieser Verordnung)[13]) oder
3. eine nach den §§ 110 bis 112 des Strafgesetzbuchs[14]) oder nach § 15 dieser Verordnung[15]) strafbare Aufforderung oder Anreizung[16]) begründet wird.

(2) Wer wegen einer vorsätzlichen Zuwiderhandlung nach Abs. 1 bestraft worden ist, wird, wenn er abermals der Vorschrift des Abs. 1 vorsätzlich zuwiderhandelt, mit Gefängnis nicht unter drei Monaten bestraft[17]). § 245 des Strafgesetzbuchs findet entsprechende Anwendung[18]).

(3) Auf Gegenstände, die zur Begehung eines nach diesen Vorschriften strafbaren Vergehens gebraucht oder bestimmt sind, findet § 86a des Strafgesetzbuchs entsprechende Anwendung[19]).

---

(1) Die Vorschriften der §§ 20, 21 sind eine Abwehrmaßnahme gegenüber der immer mehr überhandnehmenden kommunistischen Propaganda durch Schriften, deren Ursprung absichtlich nicht oder falsch angegeben ist, und die man gemeinhin als illegale Schriften bezeichnet.

(2) Druckschriften politischen Inhalts sind solche, die öffentliche Angelegenheiten in der Absicht behandeln, Einwirkung auf sie zu nehmen. Gleichgültig ist, ob es sich um Angelegenheiten der inneren oder äußeren Politik, um Kommunalangelegenheiten oder um sonstige in die Hände der Behörden oder öffentlichen

Körperschaften gelegte Dinge handelt. Der Begriff der Druckschrift ist hier derselbe wie im § 2 PreßG. Handschriftlich oder mit Schreibmaschine hergestellte Schriften fallen nicht darunter, wohl aber jede Schrift, die mittels eines Vervielfältigungsverfahrens wie Hektographie, Rotaprint usw. hergestellt wird, auch wenn die Urschrift, von der die Abzüge gemacht werden, mit Schreibmaschine geschrieben ist. Auch besprochene oder besungene Grammophonplatten sind Druckschriften.

(3) Hersteller ist jeder, der an der technischen Entstehung der Druckschrift, sei es als Unternehmer oder Angestellter, sei es als Drucker, Setzer, Metteur, Umbruchsredakteur oder in sonstiger Eigenschaft teilnimmt.

(4) Verbreitung ist die Tätigkeit, durch welche die Druckschrift aus dem engeren Kreise der Herstellungsbeteiligten (Verfasser, Verleger, Drucker) heraus in einen größeren Personenkreis gebracht wird, um diesem den Inhalt zugänglich zu machen. Auch vertrauliche Verbreitung im geschlossenen Kreise fällt unter die Vorschrift, wenn dieser Kreis nur so groß ist, daß man von Verbreitung sprechen kann. Nach der Rechtsprechung ist unter Umständen schon die vertrauliche Zugänglichmachung an eine oder zwei Personen Verbreitung (RGSt. 9 292 (295), 36 330). Auch die Weitergabe eines einzigen Exemplars ist dann Verbreitung, wenn sie mit dem Bewußtsein geschieht, daß der Empfänger die Schrift einer Mehrheit von anderen Personen weitergeben oder den Inhalt weiterzeigen wird (Verbreitung von Hand zu Hand). Die Verbreitung kann auch durch Anschlagen, Ausstellen oder Auslegen erfolgen. Die Einschränkung des § 3 PreßG. gilt hier nicht.

(5) Ebenso wie bei § 184 StGB. genügt auch hier zur Strafbarkeit das Vorrätighalten eines einzigen Exemplars der Schrift, wenn es zum Zwecke der Verbreitung geschieht (vgl. RGSt. 42, 209).

(6) Die Nichtangabe oder der falsche bzw. unleserliche Aufdruck der preßgesetzlich vorgeschriebenen Ursprungsangaben muß in der Absicht erfolgt sein, den Ursprung der Schrift geheim zu halten. Das bedeutet, daß wegen vorsätzlicher Begehung der Tat nur der bestraft werden kann, der wußte oder doch mit der Möglichkeit rechnete und sie in Kauf nahm, daß die Ursprungsangaben zum Zweck der Verheimlichung des Ursprungs, nicht etwa nur aus Fahrlässigkeit, mangelhaft angegeben sind. Eine Bestrafung hat auch schon dann stattzufinden, wenn auch nur ein Teil der Angaben fehlerhaft ist und dies auf die Absicht zurückzuführen ist, die Ermittlung des

Ursprungs der Schrift, die Verfolgung der Täter oder die Beschlagnahme der Auflage zu erschweren. Wenn z. B. bei einer Druckschrift verantwortlicher Redakteur oder Verleger richtig angegeben sind, die Druckerei, in der sie gedruckt ist, aber nicht oder falsch bezeichnet ist, so kann dies schon die Annahme begründen, daß es zu dem Zweck geschah, um durch die Verheimlichung des Ursprungsbetriebs die alsbaldige Beschlagnahme der Auflage zu vereiteln.

(7) Nach den genannten Vorschriften des Reichspreßgesetzes muß jede Druckschrift im Augenblick ihres Erscheinens Namen und Wohnort des Druckers und des Verlegers und, wenn es sich um eine periodische Druckschrift handelt, auch des verantwortlichen Redakteurs enthalten. Als Drucker und Verleger sind nicht Angestellte, sondern die Einzelperson oder die eingetragene Firma zu nennen, die Unternehmer der Druckerei oder des Verlags ist. Ist ein Verleger nicht vorhanden, sondern erscheint die Druckschrift im Selbstvertrieb des Verfassers oder Herausgebers, so ist Name und Wohnort des Verfassers oder Herausgebers zu nennen. Als Verfasser oder Herausgeber darf keine juristische, sondern nur eine natürliche Person genannt werden. Die vorgeschriebenen Angaben müssen richtig und so beschaffen sein, daß sie die Eigenschaft der Genannten (als Drucker, Verleger) klar erkennen lassen (RGSt. 39, 202). „Verantwortlich E. P. Rahndorf-Berlin“ als Angabe des Verlegers eines Flugblatts genügt nicht, da diese Angabe nicht erkennen läßt, ob er als Drucker, Verleger, Verfasser oder Herausgeber verantwortlich sein will (RGSt. 39, 202). Näheres über die Angabepflichten siehe Häntzschel, Kommentar zu §§ 6, 7 ReichsPreßG.

(8) Das ist in den meisten hier in Frage kommenden Fällen dann der Fall, wenn der Täter nicht nur den politischen Charakter der Schrift erkannt, sondern auch den Inhalt gekannt oder doch jedenfalls mit der Möglichkeit gerechnet und sie bewußt in Kauf genommen hat, daß er eine bestimmte strafbare Handlung (Hochverrat, strafbare Aufforderungen usw.) der in Nr. 1 bis 3 dieser Vorschrift bezeichneten Art enthalten werde.

(9) Im ersten Rückfall Gefängnis nicht unter drei Monaten (vgl. Abs. 2).

(10) Regelmäßig wird die Strafbarkeit durch den Inhalt der Schrift begründet, doch ist die Vorschrift absichtlich nicht auf diesen Fall beschränkt. Auch solche Druckschriften, deren Inhalt für sich betrachtet straflos ist, die aber zu einer eine strafbare Handlung darstellenden Art der Verbreitung bestimmt sind (z. B. zur Fortsetzung einer verbotenen Druckschrift oder zur Aufrechterhaltung des Zusammenhalts einer aufgelösten Vereinigung), fallen hierunter.

(11) Die praktisch häufigsten Fälle sind Aufforderung zum Hochverrat (§ 85 StGB.) und Vorbereitung eines hochverräterischen Unternehmens (§ 86 StGB.). Letztere kann sowohl geistige Vorbereitung sein wie auch darin bestehen, daß ein Vorrat von Plakaten, Flugblättern oder Schriften hergestellt wird, um bei einem kommenden hochverräterischen Unternehmen verbreitet zu werden.

(12) Näheres siehe Erläuterungen zu § 5 VO. v. 19. 12. 1932 unten S. 132. Es wird sich in aller Regel nur um die Fälle handeln, in denen ein auf Grund der VO. vom 19. 12. 1932 aufgelöster Verein durch Inhalt, Charakter oder Art der Verbreitung der Druckschrift (vgl. oben Anm. 10) unterstützt oder der Versuch gemacht wird, den durch den aufgelösten Verein geschaffenen organisatorischen Zusammenhalt durch die Schrift aufrechtzuerhalten.

(13) Hier handelt es sich um die Fälle des Weitererscheinens einer nach § 18 der vorliegenden VO. verbotenen (periodischen) Druckschrift.

(14) Das sind Druckschriften, in denen zum Ungehorsam gegen Gesetze oder rechtsgültige Verordnungen oder gegen von einer Behörde innerhalb ihrer Zuständigkeit getroffene Anordnungen (z. B. Erlasse einer Schulbehörde, die den Schülern die Teilnahme an polit. Versammlungen oder Vereinigungen verbieten) aufgefordert wird (§ 110 StGB.), ferner die Fälle, in denen eine Druckschrift eine Aufforderung zu einer bestimmten strafbaren Handlung enthält (§ 111), schließlich die Fälle, in denen Soldaten durch sog. Zersetzungsschriften zum Ungehorsam aufgefordert oder auch nur angereizt werden. Ueber den Begriff der Anreizung vgl. S. 48, Anm. 10.

(15) Schriften, in denen öffentlich zu einer Gewalttat gegen eine bestimmte Person oder allgemein zu Gewalttätigkeiten gegen Personen oder Sachen aufgefordert oder angereizt wird.

(16) Vgl. S. 48 Anm. 10.

(17) Die Mindeststrafe von drei Monaten Gefängnis, die nach dem Geldstrafengesetz in Geldstrafe nicht umgewandelt werden darf, muß verhängt werden, wenn der Täter wegen einer vorsätzlichen — nicht fahrlässigen — Zuwiderhandlung gegen diese Vorschrift bereits einmal bestraft worden ist und nunmehr abermals eine vorsätzliche Zuwiderhandlung sich hat zuschulden kommen lassen. Bestrafung wegen Täterschaft ist nicht erforderlich, auch Bestrafung wegen vorsätzlicher Teilnahme (Anstiftung, Beihilfe) genügt.

(18) Voraussetzung für die scharfe Rückfallsbestrafung ist, daß die frühere Strafe ganz oder teilweise verbüßt oder ganz oder teilweise erlassen ist. Ist die erste Strafe noch ganz zu verbüßen, d. h. überhaupt noch nicht angetreten, so ist Bestrafung wegen Rückfalls nicht zulässig.

(19) Ueber Bedeutung und Inhalt dieser Einziehungsvorschrift vgl. unten S. 154 § 1 Anm. 2, 3 der VO. vom 6. 10. 1931. Die Vorschrift findet dadurch, daß sie auch hier für anwendbar erklärt wird, insofern eine Erweiterung, als bei der Herstellung der illegalen Druckschriften, deren Ursprung absichtlich verheimlicht wird, die Einziehung oder Unbrauchbarmachung der Druckmaschinen auch außer dem Fall eines hochverräterischen Inhalts dann zugelassen wird, wenn die Druckschrift eine der in den Nrn. 2 und 3 dieses Paragraphen genannten strafbaren Handlungen (vgl. oben Anm. 12 bis 15) begründet.

§ 21

(1) Wer von dem Vorhandensein[1]) eines Vorrats von Druckschriften[2]), deren Inhalt den Tatbestand einer der im § 20 Abs. 1 Nr. 1 bis 3 bezeichneten strafbaren Handlungen begründet[3]), zu einem Zeitpunkt glaubhafte Kenntnis[4]) erhält[5]), zu dem das Vorhandensein dieses Druckschriftenvorrats[6]) der Behörde[7]) noch nicht bekannt ist[8]), ist verpflichtet, unverzüglich[9]) der Polizeibehörde[10]) Anzeige zu erstatten[11]). Die in seinen Besitz oder Gewahrsam[12]) gelangten Stücke[13]) der Druckschrift hat er unverzüglich[14]) der Polizeibehörde[15]) abzuliefern[16]).

(2) Wer es unterläßt[17]), die Anzeige oder Ablieferung rechtzeitig[18]) zu bewirken, wird mit Gefängnis bis zu einem Jahre bestraft.

(3) Straffrei[19]) ist, wer eine Anzeige unterläßt, die er gegen Verwandte auf- und absteigender Linie[20]), Ehegatten[21]) oder Geschwister[22]) erstatten müßte. Ein Geistlicher[23]) ist nicht verpflichtet[24]), anzuzeigen, was ihm bei Ausübung der Seelsorge[25]) anvertraut[26]) worden ist.

---

(1) Es genügt Kenntnis von dem Vorhandensein; ob der Druckschriftenvorrat zur Verbreitung bestimmt ist, ist unerheblich.

(2) Ein Vorrat von Druckschriften setzt eine Mehrzahl von Exemplaren voraus, die zu irgendeinem Zweck, in erster Linie Verbreitung, bereitgehalten werden. Kein Vorrat sind eine oder

einige wenige Druckschriften, die im Wege der gewöhnlichen Verbreitung in die Hände der Leserschaft gelangt sind und zur Weiterverbreitung nicht mehr bestimmt sind.

(3) Vgl. § 20 Anm. 10 bis 16. Zum Unterschied vom § 20 muß es hier, wo es sich um eine Anzeigepflicht handelt, die auch außenstehende, an Herstellung und Verbreitung unbeteiligte Personen trifft, der Inhalt der Schrift sein, der die Strafbarkeit begründet. Das ist der Fall, wenn der Inhalt die Strafbarkeit der Verbreitung für jedermann erkennen läßt. Daß sie für aus dem Inhalt nicht erkennbare strafbare Zwecke, z. B. als Ersatz für eine verbotene Druckschrift, Verwendung finden soll, genügt hier nicht, um die Pflicht zu begründen.

(4) Es genügt glaubhafte Kenntnis, bestimmte Kenntnis oder Ueberzeugung ist nicht erforderlich; die Anzeigepflicht ist also schon dann begründet, wenn jemand das Vorhandensein eines solchen Druckschriftenvorrats auch nur für wahrscheinlich hält.

(5) Ob die Druckschriften die preßgesetzlich vorgeschriebenen Angaben enthalten oder nicht, ist hier unerheblich.

(6) Die Anzeigepflicht ist auch dann begründet, wenn wohl die Druckschrift als solche, nicht aber gerade das Vorhandensein dieses Druckschriftenvorrats der Behörde bekannt ist.

(7) Behörde ist jede örtlich und sachlich zuständige Gerichts- oder Verwaltungsbehörde, insbesondere Staatsanwaltschaft und Polizei. Behörden, die mit der Bekämpfung strafbarer Handlungen überhaupt nichts zu tun haben (z. B. Bau- oder Kassenbehörden, Post usw.), fallen nicht darunter (vgl. den Wortlaut: „der Behörde", nicht einer beliebigen Behörde).

(8) Zur Strafbarkeit gehört, daß der Täter die Anzeige unterläßt, obwohl er weiß oder mit der Möglichkeit rechnet, daß der betreffende Vorrat den zuständigen Behörden noch nicht bekannt ist, und daß er auch auf diese Gefahr hin die Anzeige vorsätzlich — nicht nur fahrlässig — nicht macht.

(9) Unverzüglich ist nicht sofort, sondern ohne schuldhaftes Zögern.

(10) Der Polizeibehörde heißt nicht irgendeiner, sondern der örtlich zuständigen Polizeibehörde. Welche von mehreren örtlich zuständigen Polizeibehörden er wählt, bleibt dem Anzeigenden überlassen.

(11) Der Umfang der Anzeigepflicht ist nicht vorgeschrieben, weil man es für zweckmäßiger hielt, ihn von den

Umständen des Einzelfalles abhängig zu machen. Zweck der Vorschriften ist, den betreffenden Druckschriftenvorrat zu beschlagnahmen und die für seine Vorrätighaltung verantwortlichen Personen zu ermitteln. Der Anzeigende muß also in den Grenzen dessen, was er glaubhaft weiß, so viel angeben, daß dieser Zweck erreicht werden kann.

(12) Durch die Nebeneinanderstellung von Besitz und Gewahrsam soll klargestellt werden, daß die rein tatsächliche Innehabung genügt, um die Ablieferungspflicht zu begründen. Auch der Besitzdiener, z. B. der Angestellte oder Arbeiter eines Druckerei- oder Verlagsbetriebes, der Druckschriften unter seinen Händen hat, mit denen er an und für sich nach den Weisungen des Geschäftsherrn umzugehen verpflichtet ist, wird durch diese Vorschrift gesetzlich verpflichtet, die in seine Hände gelangten Stücke der Druckschrift strafbaren Inhalts der Weisung zuwider an die Polizeibehörde abzuliefern. Da diese Vorschrift öffentlich-rechtlicher Natur ist und öffentliches Recht dem Privatrecht vorgeht, so sind entgegengesetzte Weisungen, die der Arbeitgeber auf Grund des bürgerlichen Rechts zu treffen befugt ist, als nichtig anzusehen, m. a. W., es kann sich in solchen Fällen niemand durch den Einwand von Strafe befreien, daß er durch seinen Arbeitsvertrag verpflichtet gewesen sei, die einmal in seine Hände gelangten Druckschriften dieser Art dem Arbeitgeber bzw. dessen Vertreter zurückzugeben.

(13) Und zwar alle Stücke, soweit ihm das möglich ist.

(14) Vgl. oben Anm. 9.

(15) Vgl. oben Anm. 10.

(16) Ohne Entschädigung und ohne Rücksicht auf anderweitige privatrechtliche Verpflichtungen; vgl. oben Anm. 12.

(17) Nur vorsätzliche Unterlassung ist strafbar, doch genügt bedingter Vorsatz, vgl. oben Anm. 8.

(18) D. h. unverzüglich, vgl. oben Anm. 9.

(19) Die Angehörigen sind nicht von der Anzeigepflicht befreit, sondern werden nur für straffrei erklärt.

(20) Das sind alle im Verhältnis von Vorfahren und Nachkommen (Eltern, Voreltern, Kindern und Kindeskindern) stehenden Personen, Blutsverwandtschaft genügt. Uneheliche Kinder sind im Sinne dieser Vorschrift auch mit dem Vater verwandt.

(21) Die Ehe muß, wenn auch nur der Form nach, bestehen. Die Nichtigkeit der Ehe ist unerheblich, solange sie nicht rechtskräftig

festgestellt ist. Bei Aufhebung der ehelichen Gemeinschaft (§ 1575 BGB.) besteht die Ehe fort. Verlobte fallen nicht unter die Ausnahmevorschrift.

(22) Sowohl Voll- wie Halbgeschwister (Stiefbruder, Stiefschwester), doch muß mindestens ein Elternteil gemeinsam sein.

(23) Geistliche sind nur die ordinierten Religionsdiener der christlichen Kirchen sowie alle Seelsorger der Religionsgesellschaften des öffentlichen Rechts (Verzeichnis siehe Anhang III).

(24) Der Geistliche wird nicht nur für straffrei erklärt, sondern ist von der Anzeigepflicht überhaupt befreit. Diese Befreiung bedeutet aber kein Verbot der Anzeige. Welche Pflicht die sittlich höhere ist, die Geheimhaltung des Anvertrauten oder die Bewahrung des Staates vor einem verbrecherischen Anschlag, hat der Geistliche nach den ihm für die Wahrung von Amtsgeheimnissen vorgeschriebenen Regeln und nach seinem Gewissen zu prüfen.

(25) Die Ausnahme gilt nur für in Ausübung ihres Berufes, insbesondere also in der Beichte anvertraute Dinge, nicht für private Mitteilungen.

(26) Nur was anvertraut ist, d. h. was ausdrücklich oder den Umständen nach als vertrauliche Mitteilung zu betrachten ist, braucht nicht angezeigt zu werden.

§ 22

(1) Wer in dem dringenden Verdacht[1]) einer nach den §§ 81 bis 86 Nr. 1 des Strafgesetzbuches[2]) oder den §§ 1 bis 4 des Gesetzes gegen den Verrat militärischer Geheimnisse strafbaren Handlung[3]) oder eines Verbrechens oder Vergehens[4]) steht, das mittels einer Waffe[5]) begangen ist[6]) oder dessen Strafbarkeit durch unbefugtes Führen[7]) einer Waffe oder unbefugtes Erscheinen mit einer Waffe[8]) begründet wird, kann im Interesse der öffentlichen Sicherheit in polizeiliche Haft genommen werden[9]).

(2) Die polizeiliche Haft ist aufzuheben, wenn und solange gegen den Verhafteten die gerichtliche Untersuchungshaft verhängt ist[10]) oder wenn drei Monate seit der Inhaftnahme vergangen sind[11]).

(3) Gegen die Anordnung der polizeilichen Haft ist die Beschwerde im Dienstaufsichtswege zulässig[12]).

(4) Bestreitet der Verhaftete die Begehung der ihm zur Last gelegten Tat, so hat auf seinen Antrag über die Frage, ob dringender Tatverdacht vorliegt, der Amtsrichter des

Bezirks zu entscheiden, in dem die Haft vollstreckt wird[13]). Verneint der Amtsrichter einen dringenden Tatverdacht, so ist die polizeiliche Haft aufzuheben[14]). Das gleiche gilt, wenn eine einen dringenden Tatverdacht verneinende gerichtliche Entscheidung[15]) in dem Strafverfahren ergeht, das wegen der Tat eingeleitet worden ist. Bejaht der Amtsrichter den dringenden Tatverdacht, so kann der Verhaftete eine neue Entscheidung des Amtsrichters nur auf Grund neuer Tatsachen oder Beweismittel[16]) beantragen.

---

(1) Es genügt dringender Tatverdacht. Daß der Täter auf frischer Tat betroffen wird, ist — zum Unterschied von früheren Verordnungen — nicht mehr erforderlich.

(2) Vgl. § 9 Anm. 4.

(3) Vgl. § 9 Anm. 4c.

(4) Bei Uebertretungen findet die Vorschrift keine Anwendung, doch werden die einschlägigen Uebertretungstatbestände, wie z. B. unbefugtes bewaffnetes Erscheinen in einer Versammlung (§ 11 VereinsG.), heute regelmäßig zugleich den Tatbestand eines Vergehens gegen das Schußwaffengesetz oder das Gesetz zur Bekämpfung des Waffenmißbrauchs erfüllen.

(5) Nicht im technischen Sinne. Vielmehr umfaßt der Begriff ebenso wie im § 223a StGB. jedes zur Zufügung von Verletzungen auf mechanischem Wege geeignete Werkzeug, das nach dem Willen des Täters dazu bestimmt ist, im Angriff oder in der Verteidigung Verletzungen zuzufügen.

(6) Das sind die mittels einer Waffe verübten strafbaren Gewalttätigkeiten, Bedrohungen und Nötigungen.

(7) Unbefugtes Führen ist nur bei Waffen im technischen Sinne strafbar, d. h. nur bei solchen Schuß-, Hieb- oder Stoßwaffen, die ihrer wirtschaftlichen Zweckbestimmung nach dazu bestimmt sind, im Angriff oder in der Verteidigung Verletzungen zuzufügen. Ein Führen der Waffe liegt nur dann vor, wenn die Waffe zu dem Zweck getragen wird, sie nötigenfalls als solche zu gebrauchen (vgl. Anm. 2 zu § 13). Unbefugt ist das Führen, wenn es den gesetzlichen Bestimmungen, in erster Linie dem SchußwaffG. und dem WaffenmißbrauchG. zuwiderläuft. Nach dem SchußwaffG. ist das Führen von Schußwaffen außerhalb der eigenen Wohnung, der Geschäftsräume oder des eigenen befriedeten Besitztums unbefugt, sofern es ohne Waffen-

schein geschieht (Ausnahmen: die zum Waffenführen befugten Soldaten und Beamten und Inhaber eines Jagdscheins auf dem Weg zur und von der Jagd). Nach dem WaffenmißbrauchG. ist unter den gleichen Voraussetzungen das Führen von Hieb- und Stoßwaffen unbefugt. Der Transport einer Waffe von einem Ort zum anderen, z. B. zu Umzugs-, Verkaufs- oder Reparaturzwecken, ist kein Führen (im einzelnen vgl. § 15 in Verbindung mit § 25 Abs. 1 Nr. 2 SchußwaffenG. und § 1 WaffenmißbrauchG.).

(8) Ueber den Begriff der Waffe vgl. Anm. 5. Unbefugtes Erscheinen mit Waffen ist ein Vergehen nach § 3 WaffenmißbrauchG., sofern der Bewaffnete gemeinsam mit anderen zu politischen Zwecken erscheint. Erscheinen ist hier gleichbedeutend mit in Erscheinung treten, d. h. der Betreffende braucht nicht von Anfang an bewaffnet gekommen zu sein, vielmehr genügt zur Strafbarkeit, wenn er während einer Versammlung oder sonstigen gemeinsamen politischen Aktion irgendwelche gefährlichen Werkzeuge (z. B. auch Stuhlbeine, Biergläser, Koppel) in die Hand nimmt, um sie als Waffe zu gebrauchen.

(9) Die Haft ist als polizeiliche bezeichnet, zum Unterschied von der auf Grund der Strafprozeßordnung verhängten gerichtlichen Untersuchungshaft. Zuständig zur Verhängung und Aufhebung der Haft ist also allein die Polizeibehörde. Welche PolBehörde zuständig sein soll, bestimmen die Durchf.-Vorschriften der Länder. In Preußen sind die Ortspolizeibehörden zuständig. Ueber die Aufhebung der Polizeihaft im Falle der Verhängung richterlicher Untersuchungshaft siehe Abs. 2; über die Zuständigkeit des Amtsrichters zur Prüfung der Frage, ob gegen den Verhafteten dringender Tatverdacht besteht, vgl. Abs. 4. Da es sich nicht um gerichtliche Untersuchungshaft handelt, so ist eine Anrechnung der Haft auf eine im Urteil erkannte Freiheitsstrafe (§ 60 StGB.) nicht zulässig. Das Interesse der öffentlichen Sicherheit wird die Verhaftung vor allem dann erfordern, wenn von dem Verhafteten mit Rücksicht auf sein Vorleben oder seine Zugehörigkeit zu einem Verbande, dessen Mitglieder wiederholt Gewalttätigkeiten begangen haben, die Wiederholung solcher Taten zu erwarten ist; desgl. dann, wenn im Falle der Freilassung die Gefahr besteht, daß er durch Vernichtung der Spuren der Tat oder durch Beeinflussung von Zeugen die Ahndung des Delikts vereiteln und somit durch Verhinderung der Bestrafung solcher Delikte die Geneigtheit anderer zur Begehung solcher die öffentliche Sicherheit bedrohender

Delikte erhöht. Insofern liegt hier eine bewußte Konkurrenz zu § 112 StPO. vor und die Polizei kann unabhängig von der Entscheidung des Richters wegen Kollusionsgefahr auch dann in Haft nehmen, wenn der Richter seinerseits von der Verhaftung absieht.

(10) Die gerichtliche Untersuchungshaft geht der Polizeihaft vor. Verhängt das Gericht Untersuchungshaft, so hat die Polizei — nicht der Richter — die Polizeihaft ganz oder für die Dauer der Untersuchungshaft aufzuheben. Hebt das Gericht die Untersuchungshaft vor der Hauptverhandlung wieder auf, so wird die Polizeihaft, sofern sie nur für die Dauer der Untersuchungshaft aufgehoben ist, wieder wirksam und der Beschuldigte ist vom Gericht der Polizei wieder zur Verfügung zu stellen. Abweichendes gilt nur für den Fall, daß die Untersuchungshaft durch eine gerichtliche Entscheidung mit der Begründung aufgehoben wird, daß kein dringender Tatverdacht mehr vorliege (vgl. Abs. 4 Satz 3). In diesem Fall muß auch der polizeiliche Haftbefehl unverzüglich aufgehoben werden.

(11) Die Vorschrift ist in erster Linie für die Fälle berechnet, in denen eine schnelle Aburteilung erfolgen kann. Ihr Sinn ist nicht der, den Betroffenen außer der Strafe noch monatelang in Haft zu halten, vielmehr entspricht es sinngemäßer Anwendung, wenn durch Beschleunigung des gerichtlichen Verfahrens auch die Polizeihaft möglichst abgekürzt wird. Um eine übermäßige Ausdehnung der Haft in jedem Fall zu vermeiden, wird die Höchstdauer der Polizeihaft auf drei Monate begrenzt. Gerichtliche Untersuchungshaft ist auf die drei Monate anzurechnen. Die Möglichkeit, den Beschuldigten nach Ablauf dieser Zeit in gerichtliche Untersuchungshaft zu überführen, wird aber hierdurch nicht beschränkt.

(12) Durch die Zulassung der Beschwerde im Dienstaufsichtswege, die in letzter Instanz bis zum Minister des Innern des betreffenden Landes geht, ist zugleich der sonst gegen polizeiliche Verfügungen in den Ländern gegebene Verwaltungsrechtsweg ausgeschlossen.

(13) Voraussetzung für eine Entscheidung des Amtsrichters ist ein vom Verhafteten mit der Begründung gestellter Antrag, daß er die ihm zur Last gelegte strafbare Handlung nicht begangen habe. Da die Prüfung des Amtsrichters auf die Frage, ob dringender Tatverdacht vorliegt, beschränkt ist, so ist Anträgen, in denen der Verhaftete zwar die

Tat nicht bestreitet, aber die Entscheidung des Amtsrichters auf Grund anderer Behauptungen fordert — z. B. der, daß seine Festhaltung im Interesse der öffentlichen Sicherheit nicht erforderlich sei —, keine Folge zu geben. Die Prüfungspflicht des Amtsrichters umfaßt die Tat in allen ihren tatsächlichen und rechtlichen Beziehungen, also außer der Frage, ob der Verhaftete die Tat begangen hat, auch die, ob die Tat ein Verbrechen oder Vergehen im Sinne des Abs. 1 darstellt und ob der Täter subjektiv dafür zur Verantwortung gezogen werden kann.

(14) Die Entscheidung des Amtsrichters erfolgt in Form des Beschlusses und ist den Beteiligten — wozu auch die Polizeibehörde gehört —, sofern sie nicht bei der Verkündung anwesend sind, zuzustellen. Ein Beschluß, der dringenden Tatverdacht verneint, verpflichtet die Polizeibehörde zu unverzüglicher Aufhebung der Haft; Rechtsmittel gegen den Beschluß hat sie nicht. Die Tätigkeit des Richters ist auf die Feststellung beschränkt; ein selbständiges Recht zur Freilassung des Verhafteten hat er nicht.

(15) Z. B. Ablehnung des Antrags auf Erhebung der öffentlichen Klage (§§ 174, 204 StPO.) oder Aufhebung des Haftbefehls im Haftprüfungsverfahren (§ 115a ff. StPO.) mangels dringenden Tatverdachts. Ist der Beschuldigte in Polizeihaft, so sind diese Entscheidungen auch der Polizeibehörde zuzustellen.

(16) Hat der Amtsrichter dringenden Tatverdacht bejaht, so kann der Verhaftete eine erneute Entscheidung von ihm nur verlangen, wenn er Tatsachen oder Beweismittel beibringt, die neu sind, d. h. die bei der ersten Entscheidung noch nicht berücksichtigt werden konnten. Sinngemäße Anwendung erfordert, daß die neuen Tatsachen oder Beweismittel von irgendwelcher Erheblichkeit für die Entscheidung sein müssen, so daß ein Antrag, der zwar neue, aber offenbar nebensächliche Dinge enthält, als unzulässig zu verwerfen ist.

§ 23

(1) Räumlichkeiten[1]),

1. von denen aus[2]) eine Mehrheit von Personen[3]) aus politischen Beweggründen oder zu politischen Zwecken[4]) gemeinsam oder zusammen mit anderen[5]) Gewalttätigkeiten gegen Personen oder Sachen[6]) begangen hat oder von denen nach den Umständen zu besorgen[7]) ist, daß sie von einer Mehrheit von Personen[8]) als Sammelstätten oder Stützpunkte[9]) für Gewalttätigkeiten dieser Art[10]) benutzt werden oder

2. in denen Schriften hergestellt oder zum Zwecke der Verbreitung vorrätig gehalten werden, deren Inhalt den Tatbestand einer der im § 20 Abs. 1 Nr. 1 bis 3 bezeichneten strafbaren Handlungen[11]) begründet[12]) oder

3. in denen einer Mehrheit von Personen[13]) Aufenthalt oder Unterkunft gewährt wird[14]), die in diesen Räumen eine nach § 5 der Verordnung des Reichspräsidenten zur Erhaltung des inneren Friedens vom 19. Dezember 1932 (RGBl. I S. 548) verbotene Tätigkeit ausüben[15]),

können polizeilich geschlossen werden[16]), wenn dies für die Aufrechterhaltung der öffentlichen Sicherheit und Ordnung, insbesondere zur Beseitigung der Gefahr der Wiederholung solcher Taten erforderlich ist[17]). Die in solchen Räumlichkeiten befindlichen Waffen können polizeilich[18]) beschlagnahmt und eingezogen werden[19]).

(2) Das Verbot kann auf Räume erstreckt werden, die mit den in Abs. 2 bezeichneten Räumlichkeiten zusammenhängen[20]).

(3) Handelt es sich um eine Gast- oder Schankwirtschaft, so kann die Erlaubnis zum Betriebe von der Ortspolizeibehörde bis zur Dauer von einem Jahr entzogen werden[21]).

(4) Gegen eine polizeiliche Maßnahme nach Abs. 1 bis 3 ist nur die Beschwerde im Dienstaufsichtswege zulässig[22]). Der Reichsminister des Innern ist jederzeit[23]) berechtigt, die Aufhebung der Maßnahme anzuordnen[24]).

(5) Wer eine nach Abs. 1 bis 3 polizeilich geschlossene Räumlichkeit vor Aufhebung der Schließung benutzt oder anderen zur Benutzung überläßt[25]), wird mit Gefängnis nicht unter drei Monaten bestraft[26]). Bei Gast- oder Schankwirten, die wegen Zuwiderhandlung gegen diese Vorschrift rechtskräftig verurteilt worden sind, kann die höhere Verwaltungsbehörde mit Wirkung für das Reichsgebiet aussprechen, daß sie für eine bestimmte Zeit oder für die Dauer nicht die Zuverlässigkeit im Sinne des § 2 Abs. 1 Nr. 1 des Gaststättengesetzes vom 28. April 1930 (Reichsgesetzbl. I S. 146) besitzen[27]).

---

(1) Sowohl geschlossene wie nicht geschlossene Räume; doch gehört zum Begriff der nicht geschlossenen Räumlichkeit, daß sie durch Einfriedung, Bedachung oder in ähnlicher

Weise räumlich von der Außenwelt abgegrenzt ist. Wegen zusammenhängender Räume vgl. Abs. 2.

(2) Diese erste Verbotsmöglichkeit (über die zweite vgl. Anm. 7) umfaßt nur Räume, von denen aus Gewalttätigkeiten bereits vorgekommen sind. Die Räume müssen also entweder als Sammelstätten oder Stützpunkte für Gewalttätigkeiten oder als solche festgestellt sein, in denen die Verabredung, die Vorbereitung oder die Leitung einer Gewalttätigkeit tatsächlich erfolgt ist.

(3) Zwei Personen genügen; a. A. Hoche, SchutzVO. S. 68, der mindestens 3 Personen für erforderlich hält. Vgl. auch Anm. 8.

(4) Beweggrund oder Zweck müssen politischer Natur sein, d. h. durch die politische Einstellung des Angreifers oder des Angegriffenen beeinflußt sein.

(5) Die anderen sind die, für welche die betreffende Räumlichkeit nicht Sammelplatz, Stützpunkt o. dgl. war.

(6) Gewalttätigkeit gegen Personen ist jeder Angriff auf Leib oder Leben, angefangen von der tätlichen Beleidigung (z. B. Ohrfeige) bis zu Mord und Totschlag. Drohung mit einer Gewalttätigkeit ist keine Gewalttätigkeit, wohl aber der fehlgeschlagene Versuch einer solchen, z. B. ein fehlgegangener oder nur durch Dazwischentreten eines Dritten abgehaltener Schuß oder Schlag.

(7) Während der erste Halbsatz eine Schließung nur für den Fall einer von den betreffenden Räumen aus bereits begangenen Gewalttätigkeit gestattet, gewährt der zweite Halbsatz die Möglichkeit zur Schließung auch dann, wenn allgemein nach den Umständen zu besorgen ist, daß die betreffenden Räume als Sammelstätten oder Stützpunkte für Gewalttätigkeiten dienen könnten, doch gilt auch hier die Einschränkung des Nachsatzes, wonach die polizeiliche Schließung nur zulässig ist, wenn — und solange — sie für die Erhaltung der öffentlichen Sicherheit und Ordnung erforderlich ist. Zum Verbot genügt die subjektive Besorgnis einer solchen Gefährdung, die aber durch bestimmte, tatsächliche Anhaltspunkte gestützt werden muß.

(8) Vgl. oben Anm. 3, doch wird praktisch stets eine größere Personenzahl erforderlich sein, da sonst die Notwendigkeit, zur Aufrechterhaltung der öffentlichen Sicherheit und Ordnung das Lokal zu schließen, kaum vorliegen dürfte.

(9) Vgl. oben Anm. 2. Praktisch kommen als solche Sammelstätten und Stützpunkte vor allem die sog. Verkehrslokale von erfahrungsmäßig Gewalttätigkeiten begehenden Organisationen

und die Wohnräume in Betracht, in denen Personenmehrheiten in geschlossenen Trupps, oft sogar kasernenmäßig, untergebracht und alarmbereit für Ueberfälle auf Andersdenkende gehalten werden.

(10) D. h. politischer Art, vgl. oben Anm. 4.

(11) Vgl. oben § 20 Anm. 11 bis 16.

(12) Die Strafbarkeit muß durch den Inhalt begründet werden, so daß Druckschriften, deren Strafbarkeit nicht durch den geistigen Inhalt, sondern nur dadurch begründet wird, daß sie die Fortsetzung einer verbotenen Druckschrift darstellen oder daß sie nach der Art ihres Verbreitungskreises die Fortsetzung einer verbotenen Vereinigung begünstigen sollen, nicht hierunter fallen. (Vgl. oben § 21 Anm. 3). Zum Inhalt gehört auch der Titel einer Druckschrift, so daß eine Druckschrift mit der Titelangabe „Organ des pp. Bundes" auch durch den Inhalt strafbar ist, wenn der Bund behördlich aufgelöst ist.

(13) Vgl. oben Anm. 3 u. 8.

(14) Es genügt, daß einer Mehrheit von Personen, die eine verbotene Vereinstätigkeit fortsetzen, Aufenthalt oder Unterkunft gewährt wird und daß diese dort die verbotene Bundestätigkeit fortsetzen; nicht erforderlich ist der Nachweis, daß der Besitzer der Räume die Ueberlassung zum Zweck verbotener Vereinstätigkeit vorgenommen hat oder von der Ausübung dieser Tätigkeit weiß.

(15) Die Ausübung der Tätigkeit muß in diesen Räumen erfolgen. Es genügt nicht die Feststellung, daß einige Leute, die anderwärts eine verbotene Vereinstätigkeit fortsetzen, in diesen Räumen nur wohnen.

(16) Die Schließung erfolgt durch polizeiliche Verfügung. Die Zuwiderhandlung dagegen wird nach Abs. 5 mit Gefängnis nicht unter drei Monaten bestraft. Zuständig zur Schließung ist die Ortspolizeibehörde, soweit nicht die oberste Landesbehörde Abweichendes bestimmt hat. In Preußen sind die Ortspolizeibehörden zuständig (Anhang II). Rechtsmittel siehe Abs. 4.

(17) Vorbedingung für alle Maßnahmen, und zwar sowohl für ihren Erlaß wie für die Dauer ihrer Aufrechterhaltung, ist Gefahr für die öffentliche Sicherheit und Ordnung. Der praktische Hauptfall, nämlich die Gefahr der Wiederholung solcher Taten, ist als Beispiel besonders genannt.

(18) Die Beschlagnahme ist eine polizeiliche, d. h. sie bedarf weder richterlicher Anordnung noch Bestätigung.

(19) Der Waffenbesitz in geschlossenen Räumen und insbesondere in der eigenen Wohnung ist gesetzlich nicht verboten. Mit Rücksicht auf die Gefährlichkeit des Waffenbesitzes in Räumlichkeiten, die zu strafbaren Handlungen der vorbezeichneten Art dienen, wird hier der Polizei das Recht zur Beschlagnahme und Einziehung der Waffen auch in geschlossenen Räumlichkeiten gegeben, und zwar ohne Rücksicht darauf, wem die Waffen gehören und ob sie rechtmäßig oder unbefugt (z. B. ohne Waffenerwerbschein) erworben sind. Die Beschlagnahme der Waffen ist von der Schließung der Räume nicht abhängig. Rechtsmittel siehe Abs. 4.

(20) Wenn die Polizei nur bezüglich eines Teils einer Wohnung oder eines Geschäftsraums das Vorliegen der Schließungsvoraussetzung feststellen kann, so wird durch diese Vorschrift doch die Möglichkeit gegeben, den ganzen zusammenhängenden Komplex, d. h. die ganze Wohnung oder das ganze, den gleichen Personen oder dem gleichen Zweck dienende Geschäftslokal oder -gebäude zu schließen, wenn dies zur Durchführung des Zweckes der Maßnahme, nämlich zur Beseitigung der Gefahr für die öffentliche Sicherheit erforderlich ist.

(21) Die zeitliche Begrenzung von einem Jahr gilt für die einzelne Schließungsanordnung. Sie beseitigt nicht das Recht der Polizei, durch neue Verfügung die Erlaubnis zum Betriebe abermals bis zur Dauer von einem Jahre zu entziehen, wenn die gesetzlichen Voraussetzungen wiederum vorliegen.

(22) Durch diese Bestimmung ist der sonst gegen polizeiliche Verfügungen nach Landesrecht etwa gegebene Verwaltungsrechtsweg ausgeschlossen und durch die Dienstaufsichtsbeschwerde ersetzt.

(23) D. h. in jedem Zeitpunkt des Verfahrens, ohne Rücksicht darauf, ob Beschwerde eingelegt ist und ob die eingelegte Beschwerde im Dienstaufsichtswege schon entschieden ist. Es handelt sich um ein dem Reichsminister des Innern eingeräumtes Recht, mit dem Ziel, eine einheitliche Anwendung der VO. herbeizuführen und offenbare Fehlgriffe abzustellen. Eine Verpflichtung gegenüber dem Beschwerten, sich neben oder gar an Stelle des vorgesehenen Beschwerdeweges seiner Sache anzunehmen, wird durch diese Vorschrift nicht begründet. Für die Interessen des Betroffenen ist in erster Linie die Dienstaufsichtsbeschwerde an die Landesbehörden da.

(24) Die Aufhebung hat unmittelbare Wirkung, so daß die Wiederbenutzung der Räume nicht mehr strafbar und die Polizeibehörde auch nicht mehr berechtigt ist, den Besitzer der Räume an der Wiederbenutzung zu verhindern.

(25) Durch das Verbot der Ueberlassung der Benutzung an andere wird insbesondere auch der Vermieter betroffen. Er kann sich, wenn er durch Herausgabe von Schlüsseln oder in sonstiger Weise die Weiterbenutzung begünstigt oder zugelassen hat, nicht darauf berufen, daß der Mietvertrag ihn hierzu verpflichte, da die zivilrechtlichen Vorschriften und Verpflichtungen des Mietrechts insoweit durch die öffentlich-rechtlichen Vorschriften dieser Verordnung außer Kraft gesetzt sind.

(26) Die Strafe ist drei Monate bis zu fünf Jahren Gefängnis. Umwandlung in Geldstrafe ist ausgeschlossen.

(27) Voraussetzung für die Unzuverlässigkeitserklärung ist ein rechtskräftiges Urteil gegen den Gastwirt wegen Zuwiderhandlung gegen das Schließungsgebot. Die Unzuverlässigkeit kann ausgesprochen werden, muß es aber nicht. Zuständig sind die höheren Verwaltungsbehörden, in Preußen die Oberpräsidenten, der Reg.-Präsident v. Sigmaringen und der Polizeipräsident v. Berlin. Eine Frist für den Ausspruch ist nicht festgesetzt, so daß die Behörde auch das weitere Verhalten des Gastwirts abwarten und davon die Verhängung oder Nichtverhängung dieser Maßregel abhängig machen kann. Die Erklärung der Unzuverlässigkeit kann sowohl für die Dauer wie für eine bestimmte Zeit erfolgen. Die Verwaltungsbehörde hat auch das Recht, eine schon ausgesprochene Unzuverlässigkeitserklärung nachträglich zu mildern oder wieder aufzuheben. Die Wirkung ist durch die Verordnung selbst auf das ganze Reichsgebiet ausgedehnt und kann durch Verwaltungsvorschrift nicht beschränkt werden. Sie bedeutet praktisch, daß der betreffende Gast- oder Schankwirt im ganzen Reich während ihrer Dauer keine Konzession erhalten kann.

§ 24

(1) Zur Aburteilung der in dieser Verordnung mit Strafe bedrohten Handlungen ist das Verfahren nach § 212 der Strafprozeßordnung[1]) auch dann zulässig, wenn der Beschuldigte sich weder freiwillig stellt noch infolge einer vorläufigen Festnahme dem Gericht vorgeführt wird[2]).

(2) Dasselbe gilt für alle übrigen zur Zuständigkeit der Amtsgerichte gehörenden strafbaren Handlungen, die an öffentlichen Orten, in Versammlungen oder durch Verbreitung oder Anschlag von Schriften, Abbildungen oder Darstellungen begangen worden sind[3])[4]).

(1) § 212 StPO., der das sog. Verfahren vor dem Schnellrichter regelt, hat folgenden Wortlaut:

„Vor dem Amtsrichter oder dem Schöffengerichte kann ohne schriftlich erhobene Anklage und ohne eine Entscheidung über die Eröffnung des Hauptverfahrens zur Hauptverhandlung geschritten werden, wenn der Beschuldigte entweder sich freiwillig stellt oder infolge einer vorläufigen Festnahme dem Gerichte vorgeführt oder nur wegen Uebertretung verfolgt wird. Der wesentliche Inhalt der Anklage ist in den Fällen der freiwilligen Stellung oder der Vorführung in das Sitzungsprotokoll, anderenfalls in die Ladung des Beschuldigten aufzunehmen."

(2) Bei der praktischen Handhabung des § 212 StPO. haben sich die verschiedenen Beschränkungen seines Anwendungsgebiets oft als sehr hinderlich erwiesen. Dem wird durch diese Verordnung abgeholfen. Das Schnellverfahren ist also für die Verfolgung der in dieser Verordnung mit Strafe bedrohten Handlungen stets zulässig.

(3) Durch diese Vorschrift wird, auch wenn die besonderen Voraussetzungen des § 212 StPO. nicht vorliegen (s. o. Anm. 1, 2), das Verfahren vor dem Schnellrichter dann für zulässig erklärt, wenn es sich um zur Zuständigkeit der Amtsgerichte gehörende strafbare Handlungen handelt und wenn diese Handlungen an öffentlichen Orten, in Versammlungen oder durch Verbreitung oder Anschlag von Schriften usw. begangen worden sind. Dabei ist es gleichgültig, ob eine nach dieser Verordnung oder eine auf Grund sonstiger gesetzlicher Vorschriften strafbare Handlung vorliegt, so daß diese Bestimmung über den Rahmen dieser Verordnung hinaus allgemeine Bedeutung für das gesamte Strafrecht hat. Ladungsfrist: drei Tage. Sie kann auf 24 Stunden herabgesetzt werden (§ 4 Titel 6 VO. v. 6. 10. 1931, RGBl. I S. 563).

(4) Ergänzend greift hier folgende Vorschrift des § 4 Abs. 2, Kapitel I, 6. Teil der Verordnung vom 6. Oktober 1931 ein:

„Zeigt sich in einem beschleunigten Verfahren nach § 212 der Strafprozeßordnung, daß die Sache zur Verhandlung in diesem Verfahren nicht geeignet ist, so kann das Gericht, solange noch kein Urteil erlassen ist, die Sache an die Staatsanwaltschaft zurückverweisen. Geschieht dies, so gilt die öffentliche Klage als nicht erhoben. Der Beschluß ist nicht anfechtbar."

Abschnitt V

Schlußvorschriften

§ 25

(1) Die zur Durchführung dieser Verordnung erforderlichen Rechts- und Verwaltungsvorschriften[1]) erläßt der Reichsminister des Innern, und zwar, soweit es sich um Vorschriften über das Verfahren vor dem Senat des Reichsgerichts handelt, im Einvernehmen mit dem Reichsminister der Justiz[2]). Er kann, soweit er es für erforderlich hält, Richtlinien für die Handhabung der Vorschriften dieser Verordnung erlassen[3]).

(2) Der Kreis der leitenden Beamten im Sinne dieser Verordnung (§ 2 Nr. 2, § 9 Abs. 1 Nr. 5) wird, soweit es sich um Reichsbeamte[4]) handelt, von dem Reichsminister des Innern, soweit es sich um Landesbeamte[5]) handelt, von den Landesregierungen bestimmt.

---

(1) Zum Unterschied von älteren Verordnungen wird der Reichsminister des Innern nicht mehr allgemein zu Maßnahmen jeder Art, sondern nur zu Rechts- und Verwaltungsvorschriften ermächtigt, so daß er für Einzelmaßnahmen nicht mehr zuständig ist. Da solche auch vorher nicht erfolgt sind, ist der Unterschied ohne praktische Bedeutung.

(2) Zuständig ist grundsätzlich der Reichsminister des Innern allein, nur die Verfahrensordnung für den Senat des Reichsgerichts ist im Einvernehmen mit dem Reichsminister der Justiz zu erlassen (Wortlaut der Verordnung siehe Anhang I).

(3) Ob diese Richtlinien innegehalten werden, unterliegt nur der Nachprüfung durch die Dienstaufsichtsbehörde und den Reichsminister des Innern, nicht auch der der Gerichte (RG. v. 18. 8. 1931 — XII V 93/31). Die Richtlinien sind für die Landesregierungen und ihre Beamten verbindlich. Zuwiderhandlungen gegen diese Richtlinien, die der Reichsminister des Innern als Beauftragter des Reichspräsidenten erläßt, berechtigen den Reichsminister des Innern, soweit ihm ein unmittelbares Nachprüfungsrecht zusteht (z. B. bei Zeitungsverboten), zur Aufhebung der Maßnahme und stellen eine Verletzung der den Ländern gegenüber dem Reich obliegenden Pflichten im Sinne des Artikels 48 Abs. 1 dar. Die freie Auslegung der VO. durch die Gerichte wird durch die Richtlinien nicht beschränkt.

(4) Der Reichsminister des Innern hat durch Verordnung bestimmt, daß der Reichskanzler, die Reichsminister und die Staatssekretäre als leitende Beamte im Sinne dieser Vorschrift anzusehen sind; außerdem die Reichskommissare für Preußen (vgl. Anhang I).

(5) Vgl. die Ausführungsvorschriften der Länder Anhang II.

§ 26

(1) Diese Verordnung tritt mit dem Tage nach ihrer Verkündung in Kraft[1]).

(2) Während ihrer Geltungsdauer sind die Vorschriften der §§ 2[2]), 6 bis 8[3]) der Verordnung des Reichspräsidenten zur Erhaltung des inneren Friedens vom 19. Dezember 1932 (RGBl. I S. 548) nicht anzuwenden.

Berlin, den 4. Februar 1933.

Der Reichspräsident.

Der Reichskanzler.

Der Reichsminister des Innern.

Der Reichsminister der Justiz.

---

(1) Die VO. ist am 6. 2. 1933 verkündet und am 7. 2. 1933 in Kraft getreten.

(2) Das ist die Vorschrift über das Recht der Polizeibehörde, in jede öffentliche Versammlung Beauftragte zu entsenden. Da diese Bestimmung im § 3 dieser Verordnung wiederkehrt, so soll während der Dauer dieser Verordnung der entsprechende § 2 der Verordnung zur Erhaltung des inneren Friedens nicht angewendet werden.

(3) Das sind die Vorschriften über das Verbot periodischer Druckschriften. Da diese Vorschriften in der vorliegenden Verordnung neu geregelt sind (vgl. §§ 9, 12, 18), so sollen die entsprechenden und teilweise auch nicht so weitgehenden Vorschriften der Verordnung zur Erhaltung des inneren Friedens während der Dauer dieser strengeren Verordnung keine Anwendung finden. Die hiernach nicht anzuwendenden Vorschriften sind nicht aufgehoben, so daß sie im Falle einer Außerkraftsetzung der vorliegenden Verordnung ohne weiteres wieder in Kraft treten würden.

Verordnung des Reichspräsidenten zur Erhaltung des inneren Friedens

Vom 19. Dezember 1932 (RGBl. I S. 548).

Auf Grund des Artikels 48 Abs. 2 der Reichsverfassung wird folgendes verordnet:

Abschnitt I

Aufhebung von Vorschriften gegen politische Ausschreitungen

§ 1

Folgende Vorschriften treten außer Kraft:

1. Die Verordnung des Reichspräsidenten gegen politische Ausschreitungen vom 14. Juni 1932 (Reichsgesetzbl. I S. 297) mit Ausnahme der §§ 22 bis 26[1]),
2. die Zweite Verordnung des Reichspräsidenten gegen politische Ausschreitungen vom 28. Juni 1932 (Reichsgesetzbl. I S. 339)[2]),
3. die Verordnung des Reichspräsidenten gegen politischen Terror vom 9. August 1932 (Reichsgesetzbl. I S. 403)[3]),
4. § 2 der Verordnung des Reichspräsidenten zur Sicherung des inneren Friedens vom 2. November 1932 (Reichsgesetzbl. I S. 517)[4]).

---

(1) Nicht aufgehoben sind nur die Uebergangsvorschriften. Auch das Verbot der Vollstreckung schon erkannter Strafen, die nachträgliche Milderung von Strafen für Handlungen, die zwar strafbar geblieben, aber jetzt milder zu bestrafen sind, und die Löschung solcher Strafen im Strafregister bleibt aufrechterhalten. Diese Uebergangsbestimmungen dürften jedoch nur noch in wenigen Ausnahmefällen praktische Bedeutung haben. Sie stimmen fast wörtlich mit den Uebergangsvorschriften überein, die auch die vorliegende Verordnung in den §§ 14 bis 18 enthält. Näheres siehe unten zu §§ 14 bis 18.

Im übrigen wird durch die Aufhebung dieser Verordnung beseitigt:

a) Die erweiterte Möglichkeit zur Auflösung von öffentlichen politischen Versammlungen. Inzwischen ist diese Möglichkeit jedoch wieder eingeführt durch § 2 VO. v. 4. 2. 1933 (vgl. S. 46).

b) Die Möglichkeit, öffentliche politische Versammlungen anmeldepflichtig zu machen. Inzwischen ist diese Möglichkeit jedoch wieder eingeführt durch § 1 VO. v. 4. 2. 1933 (vgl. S. 39).

c) Die Verpflichtung der Presse zur Aufnahme amtlicher Kundgebungen und Entgegnungen. Auf diesem Gebiet gelten wieder ausschließlich die Vorschriften der §§ 10, 11 PreßG. über die Pflicht zur Aufnahme amtlicher Bekanntmachungen und Berichtigungen (näheres siehe Kommentar zu §§ 10, 11 PreßG.).

d) Die Zeitungsverbote mit alleiniger Ausnahme der Verbotsmöglichkeit wegen Hochverrats. Durch § 6 dieser VO. ist allerdings auch eine neue Verbotsmöglichkeit für die Fälle des Landesverrats und des Verrats militärischer Geheimnisse durch die Presse geschaffen worden; doch ist § 6 zur Zeit außer Anwendung, da § 9 VO. v. 4. 2. 1933 die Zeitungsverbote in noch weiterem Umfange wiedereingeführt hat (vgl. S. 69).

e) Die besondere Verpflichtung der politischen Verbände zur Vorlegung ihrer Satzungen und zur Vornahme jeder vom Reichsminister des Innern verlangten Satzungsänderung, sowie die Möglichkeit, diese Verbände aufzulösen, falls sie einem solchen Ersuchen des Reichsministers des Innern nicht entsprechen.

f) Die besonderen Strafvorschriften gegen Aufforderung oder Anreizung zu Gewalttaten, gegen Körperverletzungen aus politischen Beweggründen, gegen Gewalttaten mit unbefugt geführter Schußwaffe und Zuwiderhandlung gegen ein auf Grund von Artikel 123 Abs. 2 RV. erlassenes Versammlungs- oder Aufzugsverbot. Vgl. jedoch § 10 dieser VO. und § 15 VO. v. 4. 2. 1933 (S. 95), durch die auch diese Bestimmungen z. T. wieder in Kraft gesetzt sind.

g) Die Vorschriften über die Zulässigkeit der Verhängung von Polizeihaft gegen Personen, die auf frischer Tat bei einem Verbrechen oder Vergehen betroffen werden, das mit Waffen begangen ist oder dessen Strafbarkeit durch unbefugtes Führen oder Erscheinen mit einer Waffe begründet wird. Inzwischen durch § 22 VO. v. 4. 2. 1933 wieder in Kraft gesetzt (S. 107).

(2) Durch die Aufhebung dieser Verordnung ist beseitigt:

a) Die Beschränkung der Länder bei der Anwendung des Artikels 123 II RV. Inzwischen durch § 6 VO. v. 4. 2. 1933 wieder in Kraft gesetzt.

b) Die den Ländern auferlegte Beschränkung, das Tragen einheitlicher Kleidung nur im Einzelfall bei unmittelbarer Gefahr für die öffentliche Sicherheit, nicht aber allgemein, verbieten zu dürfen. Im Rahmen der Verfassung sind also allgemeine Uniformverbote der Länder wieder zulässig, doch hat sich in den einzelnen Ländern die Judikatur auf den Standpunkt gestellt, daß allgemeine, nicht auf besondere Gelegenheiten beschränkte Uniformverbote gegen das Polizeirecht verstoßen. Im Preußischen Polizeirecht hat die Rechtsprechung nämlich den Grundsatz aufgestellt und in ständiger Uebung fortentwickelt, daß zur Abwendung allgemeiner Gefahren für die Allgemeinheit Personen, die diese Gefahren nicht verursacht haben, nur ausnahmsweise und vorübergehend mitherangezogen werden dürfen, so daß ein dauerndes allgemeines Uniformverbot unzulässige Beschränkungen der staatsbürgerlichen Rechte des Teils der Bevölkerung darstellt, der den Gefahrenzustand nicht mitverursacht hat (KG. in HRSpr. 1931 Nr. 1423; a. A. die Rechtsprechung des Bayer. ObLG., wonach in Bayern auch allgemeine Uniformverbote rechtsgültig sind). Die Auffassung des OLG. Hamburg (JW. 1931 S. 2855), daß die Uniformverbote gegen Art. 118 RV. (Recht der freien Meinungsäußerung) verstoßen sollen, erscheint unhaltbar, da dieses Recht nur in den Schranken der allgemeinen Gesetze gewährleistet ist, wozu auch die Polizeigesetze gehören. Ueber das Recht des Reichsministers des Innern zum Erlaß von Uniformverboten vgl. § 5 VO. vom 4. 2. 1933 (S. 59).

c) Das Recht des Reichsministers des Innern, die Länder um Aufhebung eines von ihnen erlassenen Versammlungsverbots zu ersuchen. Wieder eingeführt durch § 6 VO. v. 4. 2. 1933 (S. 60).

d) Die Möglichkeit, Plakate, Flugblätter und Flugschriften gewalttätigen Inhalts polizeilich zu beschlagnahmen. Vgl. jedoch § 7 VO. v. 4. 2. 1933.

(3) Durch die Aufhebung dieser Verordnung ist beseitigt: Die Strafverschärfung (Todesstrafe, Zuchthaus) für eine große Reihe von Verbrechen und Vergehen. Es gelten wieder die allgemeinen Vorschriften des Strafgesetzbuchs. Die Sondergerichte sind durch besondere VO. vom 19. 12. 1932 aufgehoben worden.

(4) Durch die Aufhebung dieser Bestimmung sind alle vom Reich verordneten Beschränkungen für die Abhaltung politischer Versammlungen beseitigt worden. Inzwischen sind sie durch § 1 ff. VO. v. 4. 2. 1933 wieder eingeführt worden.

Abschnitt II

Vereine und Versammlungen

§ 2

Während der Geltungsdauer der VO. zum Schutze des Deutschen Volkes vom 4. 2. 1933 außer Anwendung (vgl. § 26 d. VO. v. 4. 2. 1933). Eine entsprechende Vorschrift über polizeiliche Ueberwachung von Versammlungen enthält § 3 der gen. VO., s. S. 55.

§ 3

(1)[1]) Sofern der Zweck[2]) eines Vereins[3]) den §§ 81 bis 86[4]), 127 bis 129[5]) des Strafgesetzbuchs zuwiderläuft[6]), sind für seine nach § 2 Abs. 1 des Reichsvereinsgesetzes zulässige Auflösung[7]) die obersten Landesbehörden oder die von ihnen bestimmten Stellen zuständig[8]).

(2) Gegen die Anordnung der Auflösung[9]) eines Vereins ist binnen zwei Wochen vom Tage der Zustellung oder Veröffentlichung ab die Beschwerde an einen vom Präsidium zu bestimmenden Senat des Reichsgerichts gegeben[10]). Die Einlegung der Beschwerde hat keine aufschiebende Wirkung[11]).

(3) Die Beschwerde ist bei der Stelle einzureichen, gegen deren Anordnung sie gerichtet ist[12]). Diese hat sie unverzüglich[13]) der obersten Landesbehörde vorzulegen. Hilft diese der Beschwerde nicht ab, so hat sie sie unverzüglich an den Reichsminister des Innern weiterzuleiten[14]). Der Reichsminister des Innern kann der Beschwerde abhelfen[15]); andernfalls hat er sie unverzüglich dem Senat des Reichsgerichts zur Entscheidung vorzulegen. Gegen eine Entscheidung des Reichsministers des Innern, die der Beschwerde

abhilft, kann die oberste Landesbehörde die Entscheidung des Senats des Reichsgerichts anrufen[16]).

(4) Der Reichsminister des Innern kann die oberste Landesbehörde um die Auflösung ersuchen. Glaubt die oberste Landesbehörde einem solchen Ersuchen nicht entsprechen zu können, so teilt sie dies unverzüglich, spätestens aber am zweiten Tage nach Empfang des Ersuchens, dem Reichsminister des Innern mit und ruft innerhalb derselben Frist die Entscheidung des Senats des Reichsgerichts an. Erklärt dieser das Verbot für zulässig[17]), so hat die oberste Landesbehörde dem Ersuchen sofort zu entsprechen[18]). Einer Beschwerde gegen eine auf Ersuchen des Reichsministers des Innern angeordnete Auflösung kann die oberste Landesbehörde nicht abhelfen[19]).

---

(1) Diese Vorschrift ist mit einigen Aenderungen aus dem Republikschutzgesetz (§ 9, 4) übernommen worden. Ihr Anwendungsgebiet ist durch Einbeziehung auch des § 127 StGB. (Bildung bewaffneter Haufen) als eines neuen Auflösungsgrundes erweitert worden.

Das Gesetz begründet ebenso wie das alte Republikschutzgesetz keine neuen Möglichkeiten zur Auflösung eines Vereins, sondern läßt es bei der Vorschrift des § 2 Abs. 1 RVereinsG. bewenden, wonach ein Verein nur dann aufgelöst werden kann, wenn sein Zweck den Strafgesetzen zuwiderläuft. Die Vorschrift enthält lediglich Sonderbestimmungen über die Zuständigkeit und das Beschwerdeverfahren bei Auflösung von Vereinen wegen hochverräterischer oder solcher Zwecke, die den in ihr genannten Strafvorschriften zuwiderlaufen.

(2) Zweck ist, was der Verein anstrebt (RGSt. **16** 294). Der Zweck braucht nicht der Hauptzweck, geschweige denn der ausschließliche Zweck zu sein. Er braucht auch nicht der Endzweck, sondern kann nur eine Etappe zur Erreichung des Endzwecks sein. Für die Ermittelung des Zwecks ist nicht nur die Satzung, sondern auch das tatsächliche Verhalten des Vereins und seiner Mitglieder maßgebend. Vorgänge vor Inkrafttreten dieser Verordnung können zur Beurteilung mit herangezogen werden (StGH. 2. 1. 1923 — StRV. 2/22). Bei Vereinen mit besonders straffer Zusammenfassung kann das Verhalten einer Lokalorganisation dem Gesamtverein zugerechnet werden (StGH. 19. 1. 1923 — StRV. 2/22 und 5. 3. 1923 — StRV. 14/22). Verstößt schon der Zusammenschluß als solcher gegen die Strafgesetze, wie dies bei der unbefugten Bildung bewaff-

neter Haufen (§ 127 StGB.) und bei geheimen Verbindungen (§ 128 StGB.) der Fall ist, so kommt es nicht darauf an, was der Verein anstrebt. Der strafgesetzwidrige Zweck ist hier der rechtswidrige Zusammenschluß zu einem solchen Verein und der Wille, diesen Zusammenschluß aufrechtzuerhalten.

(3) Verein ist ein auf Dauer berechneter Zusammenschluß mehrerer — im allgemeinen physischer — Personen zur Verfolgung eines gemeinsamen Zweckes bei Unterordnung des einzelnen unter den irgendwie zum Ausdruck gebrachten Willen der Gesamtheit. Die Teilnehmer müssen sich zu diesem Zweck aus freiem Entschluß unter gemeinsamer Leitung zu einer Organisation verbunden haben und auch untereinander dergestalt in Beziehungen stehen, daß sie sich untereinanden als ein einziger großer Verband fühlen (RGSt. 13, 372, RG. v. 2. 12. 1927 — 1 D. 642, 644/27). Oertliche Gruppen großer Vereine mit selbständigem Vereinsleben sind selbständige Vereine, die in ihrem Zusammenschluß den Gesamtverein bilden. Hilfs- und Nebenorganisationen eines Vereins, die wegen ihrer engen organischen Verbindung mit ihm als wesentliche Bestandteile des Vereins anzusehen sind, teilen trotz äußerlicher Selbständigkeit sein rechtliches Schicksal. Auch politische Parteien können aufgelöst werden, wenn sie vereinsähnliche Gebilde sind; vgl. unten Anm. 5 am Ende.

(4) Das sind die Vorschriften über Hochverrat, einschließlich der über die Vorbereitung eines hochverräterischen Unternehmens. Nach der Rechtsprechung genügt es, wenn der Zweck des Vereins auch nur auf die ideelle Vorbereitung der Geister für ein geplantes hochverräterisches Unternehmen gerichtet ist mit dem Ziel, die Mitglieder oder die Bevölkerung an den Gedanken eines in absehbarer Zeit geplanten hochverräterischen Unternehmens zu gewöhnen und die dagegen bestehenden moralischen Hemmungen zu beseitigen. Ferner unterliegt natürlich ein Verein der Auflösung, der den Zweck verfolgt, die praktische Durchführung des Umsturzes (z. B. durch Aufstellung von Kampfplänen, Bildung von revolutionären Kampforganisationen, Erteilung von Anweisungen für den Straßenkampf usw.) vorzubereiten.

(5) Diese Vorschriften lauten:

§ 127

Bewaffneter Haufen.

Wer unbefugterweise einen bewaffneten Haufen bildet oder befehligt, oder eine Mannschaft, von der er weiß, daß sie ohne gesetzliche Befugnis gesammelt ist, mit Waffen oder Kriegsbedürfnissen versieht, wird mit Gefängnis bis zu zwei Jahren bestraft.

§ 128

Geheimbündelei.

Die Teilnahme an einer Verbindung, deren Dasein, Verfassung oder Zweck vor der Staatsregierung geheimgehalten werden soll, oder in welcher gegen unbekannte Obere Gehorsam oder gegen bekannte Obere unbedingter Gehorsam versprochen wird, ist an den Mitgliedern mit Gefängnis bis zu sechs Monaten, an den Stiftern und Vorstehern der Verbindung mit Gefängnis von einem Monat bis zu einem Jahre zu bestrafen.

Gegen Beamte kann auf Verlust der Fähigkeit zur Bekleidung öffentlicher Aemter auf die Dauer von einem bis zu fünf Jahren erkannt werden.

§ 129

Teilnahme an staatsfeindlichen Verbindungen.

Die Teilnahme an einer Verbindung, zu deren Zwecken oder Beschäftigungen gehört, Maßregeln der Verwaltung oder die Vollziehung von Gesetzen durch ungesetzliche Mittel zu verhindern oder zu entkräften, ist an den Mitgliedern mit Gefängnis bis zu einem Jahre, an den Stiftern und Vorstehern der Verbindung mit Gefängnis von drei Monaten bis zu zwei Jahren zu bestrafen.

Gegen Beamte kann auf Verlust der Fähigkeit zur Bekleidung öffentlicher Aemter auf die Dauer von einem bis zu fünf Jahren erkannt werden.

Zu § 127:

Der Zweck der Vereinigung muß gerichtet sein entweder:

a) auf Bildung oder Befehligung eines bewaffneten Haufens. Hinsichtlich der Bewaffnung muß das Ziel dahin gehen, die Mitglieder des Haufens mit Waffen im technischen Sinne, d. h. mit Gegenständen auszurüsten, die — wie z. B. Schuß-, Hieb- oder Stoßwaffen (auch Knüppel) — ihrer Natur nach dazu bestimmt sind, im Kampfe von Mensch zu Mensch Verletzungen hervorzurufen. Die Bildung und insbesondere die Bewaffnung des Haufens muß unbefugt, d. h. einem gesetzlichen oder behördlichen Verbot zuwider geplant sein. Mit Rücksicht auf die Vereins- und Versammlungsfreiheit wird die Bildung des Haufens an sich regelmäßig noch keine unbefugte sein; vielmehr wird in aller Regel ein gesetzwidriger Zweck hinzukommen müssen, so daß der Zweck der Haufenbildung gesetzlichen Bestimmungen oder behördlichen Verfügungen zuwiderläuft (vgl.

RGSt. 53, S. 65 (67), wonach der Haufe, der gegen den Staat oder die Regierung kämpfen soll, immer unbefugt gebildet ist). Dagegen wird das Bewaffnen einer Mehrheit von Menschen regelmäßig schon für sich allein gegen die Gesetze (z. B. das Schußwaffengesetz, Hieb- und Stoßwaffengesetz) verstoßen und nur dann befugt sein, wenn eine ausdrückliche Erlaubnis der zuständigen Behörde vorliegt, wie sie z. B. Schützen- und Kriegervereine für bestimmte Anlässe zugestanden ist;

oder

b) Auf Bewaffnung oder Ausrüstung mit Kriegsbedürfnissen einer schon bestehenden, aber ohne gesetzliche Befugnis gesammelten Mannschaft. Mannschaft setzt eine gewisse militärische Zucht oder Ordnung, d. h. eine vereinsähnliche Organisation voraus, im Gegensatz zu einer zufälligen Ansammlung. Unter Waffen sind auch hier nur solche in technischem Sinne zu verstehen (siehe oben zu a). Die Mannschaft muß ohne gesetzliche Befugnis gesammelt oder zu sammeln beabsichtigt sein. Das bloße Sammeln einer unbewaffneten, keinen gesetzwidrigen Zweck verfolgenden Mannschaft ist nicht unbefugt (siehe oben zu a). Die Sammlung wird aber auch, ohne daß ein ausdrückliches Verbot ausgesprochen wird, unbefugt, sobald Bewaffnung erfolgen soll, da dann der Zweck des Versammelns gesetzlichen Bestimmungen zuwiderläuft;

oder

c) sich einem solchen bewaffneten Haufen anzuschließen.

Zu § 128 StGB.:

Eine Verbindung ist auch dann geheim, wenn ihr Dasein den Behörden bekannt ist, aber ihre nähere Verfassung oder ihr wirklicher Zweck oder auch nur ein Teilzweck, eine Etappe zur Erreichung des Endzwecks oder die zur Erreichung des Endzwecks geschaffenen Einrichtungen oder die Art, wie dieser Endzweck verwirklicht werden soll, vor den Behörden geheimgehalten werden soll (StGH. vom 18. 6. 24, StRSt. 22/24; StGH. vom 13. 9. 1924, StRSt. 53/1924).

Zu § 129 StGB.:

Diese Vorschrift geht nicht so weit, eine Verbindung schon dann unter Strafe zu stellen, wenn sie durch ungesetzliche Mittel gesetzlich verbotene Zwecke verfolgt, vielmehr muß ihr Bestreben speziell auf Verhinderung oder Entkräftung von Maßregeln der

Verwaltung oder der Vollziehung von Gesetzen gerichtet sein. Nur vollziehbare Gesetze sind Gesetze im Sinne des § 129 StGB., d. h. solche Gebote oder Verbote, zu deren Durchsetzung Vollzugsakte der Staatsgewalt erforderlich sind, und deren Verhinderung oder Entkräftung eine Art Widerstand gegen die Staatsgewalt darstellen würde; hierzu gehören die Vorschriften der Verfassung über die Staatsform nicht, da die bloße Erhaltung eines verfassungsmäßigen Zustandes keine Vollziehung eines gesetzlichen Gebots oder Verbots darstellt (RGSt. **40** 383). Für die Strafbarkeit der Teilnahme genügt es, daß sich die Teilnehmer bewußt sind, bei der Verfolgung ihrer Pläne — die hier, wenn sie hochverräterischer Natur sind, zum Unterschied von § 86 StGB., nicht auf Vorbereitung eines bestimmten hochverräterischen Unternehmens zu gehen brauchen (RG. vom 25. 7. 1928 — 13 J. 38/1928) —, auf den Widerstand der Regierung zu stoßen, und daß sie den Willen haben, die sich ihnen in den Weg stellenden Gegenmaßregeln der Behörden mit ungesetzlichen Mitteln zu überwinden. Gleichgültig ist, ob derartige Maßnahmen von den Behörden bisher schon getroffen sind oder ob sie im Hinblick auf die von der Verbindung drohenden Gefahren erst noch bevorstehen. Es braucht sich also nicht um die Verhinderung oder Entkräftung bestimmter Maßregeln der Verwaltung oder bestimmter Gesetze zu handeln (RGSt. **19** 100, **40** 383, **54** 102).

Politische Parteien sind so lange noch keine Verbindungen, als sie nur durch die Einheitlichkeit der Gesinnung, die Zahlung von Beiträgen usw. zusammengehalten werden und ihre Mitglieder nur als einzelne ohne Kenntnis voneinander bei den Wahlen durch Abgabe ihrer Stimme für denselben Kandidaten die gleichen Ziele verfolgen; denn solange fehlt es an dem für den Begriff der Verbindung erforderlichen Zusammenschluß, der erst die Beziehungen der einzelnen Mitglieder zueinander herstellt. Ist aber die Partei oder sind einzelne Gruppen innerhalb der Partei dergestalt organisiert, daß diese Beziehungen der einzelnen Mitglieder zueinander bestehen, daß alle mit bewußt und absichtlich vereinten Kräften die Erreichung eines gemeinsamen Zwecks anstreben, so liegt eine Verbindung vor (RGSt. 13 273, 280, 282; RG. im „Recht" 1928 S. 236 und HRSpr. 1928 Nr. 7, RGSt. **58** 224). Vorliegen einer Verbindung ist bejaht bezüglich des Funktionärkörpers der KPD., weil er einen persönlichen Zusammenschluß von Parteimitgliedern zur Verwirklichung des gewaltsamen Umsturzes und seiner Vorbereitung insbesondere durch aufreizende oder zersetzende Pressepropaganda und durch Zersetzung von Reichswehr und Schutzpolizei darstellt (RGSt. aaO., RG. vom 17. 2. 1928 — 14 a/13 J. 327/26, RG. im „Recht" 1928 S. 559 Nr. 2206).

(6) Zweck und Betätigung des Vereins brauchen noch nicht strafbare Formen angenommen zu haben; es genügt, wenn sie auf ein bestimmtes Ziel hinauslaufen, dessen Verwirklichung eine strafbare Handlung darstellen würde.

(7) RVereinsG. § 2 Abs. 1:

Ein Verein, dessen Zweck den Strafgesetzen zuwiderläuft, kann aufgelöst werden.

(8) Zuständigkeit für Auflösung:

a) sachlich: die obersten Landesbehörden oder die von ihnen bestimmten Stellen, in Preußen neben dem Minister des Innern (vgl. PrAusfV.) die Regierungspräsidenten für den Bereich ihrer Bezirke und der Polizeipräsident in Berlin für den Bezirk der Stadt Berlin (PrAusfV.). Bezüglich der in den übrigen Ländern für die Auflösung zuständigen Stellen vgl. die betreffenden Ausführungs-Anweisungen;

b) örtlich zuständig sind nicht nur die Behörden des Landes, in denen der Verein seinen Sitz hat, sondern die jedes Landes, wo eine Vereinstätigkeit stattfindet (RGSt. 58 242). Hat der Verein seinen Sitz im Bereich der einschreitenden Behörde, so wird der gesamte Verein von der Auflösung betroffen, hat er seinen Sitz außerhalb dieses Bereichs, so ergreift die Auflösung den Verein nur für diesen Bereich (RGSt. 58 242, StGH. 15. 3. 1923 — StRV. 14/22; Goltd.Arch. 24 S. 628).

(9) Aus dem Erfordernis der Zustellung oder Veröffentlichung folgt, daß die Anordnung grundsätzlich der Schriftform bedarf (vgl. Kiesow-Zweigert S. 213). Telegraphische Form der Bekanntgabe genügt. Schriftliche Begründung ist im Gesetz nicht vorgeschrieben, s. aber PrAusfV. Anhang II. Zustellung hat an eines der satzungsmäßig zur Vertretung des Vereins berufenen Organe, regelmäßig also an ein Vorstandsmitglied zu erfolgen. Ist der Vorstand nicht bekannt oder Zustellung an ihn nicht ausführbar, so ist nur Auflösung durch öffentliche Bekanntmachung möglich. Die Zustellung ist nicht an die Form der Prozeßgesetze gebunden; es reicht jede Art der Zuleitung der Auflösungsverfügung aus, die den Zeitpunkt des Zugehens erkennen läßt (Behändigungsschein, Einschreiben mit Rückschein u. ä.). In Preußen ist, auch wenn Zustellung an Vereinsvorstand erfolgt, Bekanntmachung im Reichs- und Staatsanzeiger — ohne Gründe — vorgeschrieben (PrAusfV.

Anhang II). Belehrung über Beschwerderecht ist im Gesetz nicht vorgeschrieben; für Preußen vgl. PrAusfV. ebenda.

(10)—(19) siehe S. 83—87 Anm. 2—11.

§ 4

(1) Wird ein Verein, weil sein Zweck den §§ 81 bis 86, 127 bis 129 des Strafgesetzbuchs zuwiderläuft[1]), aufgelöst, so kann sein Vermögen[2]) zugunsten des Landes[3]) beschlagnahmt und eingezogen werden[4])[5])[6])[7]).

(2) Zur Vermeidung von Härten kann das Land aus dem eingezogenen Vereinsvermögen Gläubiger des Vereins befriedigen[8]).

---

(1) Vgl. oben § 3 Anm. 4—6.

(2) Gegenstand der Beschlagnahme und Einziehung ist das gesamte Vermögen des Vereins. Unter Vermögen im Sinne dieser Vorschrift sind nur die Vermögensstücke (Aktiva), nicht auch die Schulden (Passiva) zu verstehen (vgl. Absatz 2 der Vorschrift und unten Anm. 3). Da nicht nur rechtsfähige Vereine der Vorschrift unterliegen, wird nicht nur das Vermögen ergriffen, das, wie beim rechtsfähigen Verein, privatrechtlich im Eigentum des Vereins steht, sondern alle Vermögensstücke, die, den Vereinsmitgliedern zur gesamten Hand gehörig, dem Vereinszweck dienen, auch wenn die Vermögensstücke äußerlich als Eigentum eines einzelnen Mitgliedes erscheinen (Treuhandverhältnis). Die Maßnahme erstreckt sich auch auf Vereinsvermögen außerhalb des Landes, dessen Behörde die Maßnahme verfügt hat, vorausgesetzt, daß der Verein seinen Sitz im Bereich der einschreitenden Behörde hat.

(3) Durch die Einziehung wird das Land nicht Rechtsnachfolger des aufgelösten Vereins, haftet also auch nicht für seine Schulden (vgl. oben Anm. 2). § 46 BGB. findet keine Anwendung. Ebensowenig findet eine Liquidation statt (vgl. Erkl. d. Staatssekretärs Zweigert zur entsprechenden Vorschrift des Rep.-SchutzGes. in der Sitzung des 21. Ausschusses vom 13. 1. 1930 S. 1). Zur Vermeidung der sich aus dieser Rechtslage möglicherweise ergebenden Härten ist die Vorschrift des Absatzes 2 geschaffen. Sie ist lediglich Kannvorschrift, ihre Anwendung liegt im freien Ermessen der Behörde.

(4) Beschlagnahme und Einziehung des Vereinsvermögens ist keine Nebenstrafe, sondern eine polizeiliche Sicherungsmaßregel; sie setzt die Auflösung des Vereins voraus und muß in sachlichem und zeitlichem Zusammenhang, wenn auch nicht am gleichen Tage oder in derselben Verfügung

wie die Auflösung, angeordnet werden. Beschlagnahme und Einziehung brauchen auch nicht in einem Akt zu erfolgen. Wird zunächst nur Beschlagnahme ausgesprochen, Einziehung aber vorbehalten, so kann zur Sicherung und Abwicklung des Vereinsvermögens ein Güterpfleger durch das zuständige Amtsgericht bestellt werden — § 1911 Abs. 2 BGB., vgl. auch § 292 Abs. 2 StPO. — (s. Pr. M. d. J. Erl. v. 1. 4. 1930 zur entspr. Vorschrift des RepSchutzGes. — MBliV. S. 269 Ziff. 6, Abs. 2).

Zuständig für Anordnung von Beschlagnahme und Einziehung ist die Behörde, die die Auflösung des Vereins anordnet (vgl. § 3 Anm. 8). Die Maßnahme tritt mit Zustellung oder amtlicher Veröffentlichung in Kraft.

(5) Beschlagnahme hat bei Sachen die Wirkung eines gesetzlichen Veräußerungsverbots im Sinne des § 134 BGB., bei Forderungen die eines Leistungsverbots an den Schuldner und eines Verfügungsverbots an den Gläubiger. Bei Grundstücken und eingetragenen Rechten an einem Grundstück ist die Wirkung der Beschlagnahme nicht von der Eintragung im Grundbuch abhängig. Vorsätzliche Beiseiteschaffung oder Zerstörung wie überhaupt jede Handlung, die auf Entziehung der Vermögensstücke aus der gesetzlichen Verstrickung gerichtet ist, ist nach § 137 StGB. als Arrestbruch strafbar.

Die Einziehung ist keine Enteignung, sondern eine polizeilichen Zwecken dienende Maßregel, um die Fortsetzung der strafbaren Tätigkeit zu verhindern (vgl. Erkl. des Staatssekretärs Zweigert zum RepSchutzGes. in der Sitzung des 21. Ausschusses vom 13. 1. 1930 S. 1).

Die Einziehung überträgt das Eigentums- bzw. Gläubigerrecht auf das Land, zu dessen Gunsten sie erfolgt.

(6) Vollstreckung der Beschlagnahme und der Einziehung ist keine strafprozessuale Maßregel, auch keine polizeiliche Maßregel des Landesrechts, sondern eine reichsrechtliche Hoheitsmaßnahme eigener Art. Gegen die Art der Durchführung der Beschlagnahme und Einziehung kann, auch wenn die Polizei damit beauftragt wird, nicht mit den für die Anfechtung polizeilicher Verfügungen nach Landesrecht gegebenen Rechtsmitteln, sondern lediglich mit Beschwerde im Dienstaufsichtswege angegangen werden.

Die Vollstreckung richtet sich gegen jeden, der Vermögensgegenstände des Vereins in Gewahrsam hat.

(7) Gegen Beschlagnahme und Einziehung ist, ebenso wie gegen die Vereinsauflösung selbst, Beschwerde an den vierten

Strafsenat des Reichsgerichts gegeben (vgl. § 3); doch ist zu beachten, daß nur die Rechtmäßigkeit, nicht auch die Zweckmäßigkeit der Maßregel der richterlichen Nachprüfung unterliegt. Auch für das Verfahren gelten die gleichen Vorschriften wie im Falle des § 3 (vgl. dort Anm. 8, 9). Gegen die Zweckmäßigkeit der Maßregel sowie gegen die Ablehnung der Befriedigung von Gläubigern des aufgelösten Vereins ist nur Dienstaufsichtsbeschwerde zulässig.

(8) Siehe oben Anm. 3.

§ 5

Wer sich an einem Verein, der wegen eines den §§ 81 bis 86, 127 bis 129 des Strafgesetzbuchs zuwiderlaufenden Zweckes aufgelöst worden ist[1]), als Mitglied beteiligt[2]) oder ihn auf andere Weise unterstützt[3]) oder den organisatorischen Zusammenhalt weiter aufrechterhält[4]), wird mit Gefängnis, neben dem auf Geldstrafe erkannt werden kann, bestraft[5])[6]).

---

(1) Rechtskraft der Auflösungsanordnung ist nicht erforderlich. Die Strafbarkeit tritt vielmehr schon ein, sobald und solange die Verfügung in Kraft ist; sie fällt bei einer Zuwiderhandlung, die nach Erlaß, aber vor Entscheidung der Beschwerdeinstanz begangen wird, auch dadurch nicht wieder weg, daß die Verfügung später auf Beschwerde aufgehoben wird.

(2) Beteiligung als Mitglied an dem aufgelösten Verein setzt voraus, daß der Verein, wenn auch nicht gerade in seiner Gesamtheit, so doch wenigstens in örtlichen Gruppen verbotswidrig offen oder insgeheim fortbesteht; bei geheimem Fortbestand liegt zugleich Verstoß gegen § 128 StGB. vor. Ob Mitgliedschaft vorliegt, beurteilt sich in erster Linie nicht nach rechtlichen, sondern nach tatsächlichen Gesichtspunkten. Wenn ein früheres Mitglied sich dem Gesamtwillen des verbotswidrig fortbestehenden Vereins weiterhin unterordnet, und sein Wirken für den Verein auf eine gewisse Dauer berechnet ist, liegt Beteiligung als Mitglied vor (RGSt. **24** 328). Auf die wirkliche Dauer der Mitgliedschaft kommt es nicht an. Teilnehmer ist jeder, der in Kenntnis der erfolgten Auflösung sich als Mitglied beteiligt, gleichviel, als ob er den Zweck des Vereins kennt oder nicht. Bedingter Vorsatz genügt, so daß auch der strafbar ist, der auch nur mit der Möglichkeit rechnet, daß es sich um Fortsetzung eines aufgelösten Vereins handelt, wenn er diese Möglichkeit bewußt in Kauf nimmt.

(3) Unterstützung einer Verbindung ist jede Tätigkeit, durch welche ihr Zweck gefördert werden soll. Dies kann durch Rat oder Tat geschehen, z. B. Hergabe von Geld, Waffen oder anderen Mitteln, Eintreten für die Verbindung durch Wort oder Schrift (vgl. StGH., Urteil v. 24. 7. 1924, 13 J. 282/24). Auch eine Unterstützung einzelner Mitglieder der Verbindung ist dann Unterstützung der Verbindung selbst, wenn sie der Förderung ihrer Bestrebungen gilt; Beispiel: Zusage der Unterstützung des Täters durch Geld oder Hilfe zur Flucht für den Fall des Begehens der Tat. Ob die Tätigkeit letzten Endes tatsächlich der Verbindung zugute kommt, ist nicht entscheidend.

(4) Die weitere Aufrechterhaltung des durch den Verein geschaffenen organisatorischen Zusammenhaltes ist strafbar, auch wenn sich der Fortbestand des aufgelösten Vereins nicht nachweisen läßt. Es genügt, daß Mitglieder des Vereins ungeachtet seiner Auflösung den Zusammenhalt, den sie durch den Eintritt in den Verein zueinander erhalten haben, in irgendeiner Form zu dem Zweck aufrechterhalten, um sich dadurch für sofort oder später die Möglichkeit der Fortsetzung der Vereinstätigkeit zu bewahren. Eine auf gewisse Dauer berechnete Tätigkeit ist nicht erforderlich. Ein nur zu rein gesellschaftlichen Zwecken aufrechterhaltener Zusammenhalt fällt nicht unter die Strafbestimmung (Begr. zu § 12 des RepSchutzGes.).

Der organisatorische Zusammenhalt kann unter Umständen auch durch Eintritt in einen bisher ganz unbeanstandet gebliebenen Verein oder durch Neugründung eines äußerlich harmlos anmutenden Vereins aufrechterhalten werden.

Die Versammlung der Leser eines Blattes, das Organ eines aufgelösten Vereins war, ist in Wirklichkeit nichts anderes als eine nur unter einer anderen Bezeichnung sich fortsetzende Versammlung des aufgelösten Vereins (StGH. 20. 1. 1923 — StGV. 7/23 —).

Das Tragen von Abzeichen oder Abzeichen ähnlichen Kennzeichen des aufgelösten Vereins wird, wenn es von einer größeren Anzahl ehemaliger Mitglieder geschieht, regelmäßig als Beweismittel für die Aufrechterhaltung des organisatorischen Zusammenhalts dienen können. Geschieht es lediglich seitens einzelner ehemaliger Mitglieder oder seitens einer Mehrheit von Personen, die dem aufgelösten Verein nicht angehörten, so kann es unter Umständen als Beweismitel für die Unterstützung des aufgelösten Vereins durch diese Personen gelten (vgl. oben Anm. 3 sowie die Regierungserklärung zum RepSchutzGes. in der 119. Sitzung des 21. Ausschusses vom 5. 2. 1930 S. 1).

(5) Zur Erfüllung des subjektiven Tatbestandes ist Vorsatz oder Eventualvorsatz erforderlich; der Vorsatz erfordert auch das Bewußtsein, daß der Verein aufgelöst ist oder sein könnte (vgl. oben Anm. 2). Absicht der Unterstützung ist nicht erforderlich.

(6) Diese Vorschrift gilt nicht nur für Vereinsauflösungen auf Grund dieser Verordnung, sondern für alle Auflösungen, die auf Grund der darin genannten Strafvorschriften — wenn auch gemäß den Bestimmungen früherer Gesetze oder Verordnungen — erfolgt sind (z. B. auch für den Roten Frontkämpferbund, der auf Grund des Gesetzes zum Schutze der Republik und auf Grund des § 2 Reichsvereinsgesetz in Verbindung mit § 129 StGB. aufgelöst wurde). Auf die Beteiligung oder Unterstützung bei Vereinen, die auf Grund anderer gesetzlicher Vorschriften aufgelöst worden sind (z. B. auf Grund des Gesetzes zur Durchführung des Versailler Vertrages) findet diese Vorschrift keine Anwendung.

Abschnitt III

Periodische Druckschriften

§§ 6—8

Während der Geltungsdauer der VO. zum Schutze des Deutschen Volkes vom 4. 2. 1933 außer Anwendung (vgl. § 26 VO. v. 4. 2. 1933). Anstatt dessen gelten jetzt die strengeren Vorschriften der §§ 7—13, 18 der VO. v. 4. 2. 1933.

Abschnitt IV

Aenderungen des Strafgesetzbuchs

§ 9

Das Strafgesetzbuch ist in folgender Fassung anzuwenden:

1. Als § 49 b wird folgende Vorschrift eingefügt:

„§ 49 b

Wer an einer Verbindung[1]) oder Verabredung[2]) teilnimmt, die Verbrechen wider das Leben[3]) bezweckt oder als Mittel für andere Zwecke in Aussicht

nimmt[4]), oder wer eine solche Verbindung unterstützt[5]), wird mit Gefängnis nicht unter drei Monaten bestraft.

In besonders schweren Fällen ist die Strafe Zuchthaus bis zu fünf Jahren.

Nach diesen Vorschriften wird nicht bestraft[6]), wer der Behörde oder dem Bedrohten[7]) so rechtzeitig Nachricht gibt[8]), daß ein in Verfolgung der Bestrebungen der Verbindung oder Verabredung beabsichtigtes Verbrechen wider das Leben verhindert werden kann."

2. Hinter dem Ersten Abschnitt des Zweiten Teils wird folgender neuer Abschnitt eingefügt:

„Zweiter Abschnitt

Angriffe gegen den Reichspräsidenten

§ 94

Wer gegen den Reichspräsidenten[9]) einen Angriff auf Leib oder Leben (Gewalttätigkeit)[10]) begeht[11]), wird, soweit nicht andere Vorschriften eine schwerere Strafe androhen[12]), mit Gefängnis nicht unter drei Monaten bestraft[13]).

Ebenso wird bestraft, wer den Reichspräsidenten öffentlich[14]) beschimpft[15] oder verleumdet[16])[17]). Die Tat wird nur mit der Ermächtigung des Reichspräsidenten verfolgt[18]). Für die Befugnis zur öffentlichen Bekanntmachung gilt § 200 entsprechend[19]).

Sind im Falle des Abs. 2 mildernde Umstände[20]) vorhanden, so ist die Strafe Gefängnis, neben dem auf Geldstrafe erkannt werden kann."

3. Als § 134a wird folgende Vorschrift eingefügt:

„§ 134a

Wer öffentlich[21]) das Reich oder eines der Länder[22]), ihre Verfassung[23]), ihre Farben oder Flaggen[24]) oder die deutsche Wehrmacht[25]) beschimpft[26]) oder böswillig[27]) und mit Ueberlegung[28]) verächtlich macht[29]), wird mit Gefängnis bestraft[30])."

Zu § 49b:

(1) Verbindung (gleich: Verein, Vereinigung, Gesellschaft) ist die auf eine gewisse Dauer berechnete Vereinigung einer Anzahl von Personen, die bei Unterordnung des einzelnen unter den irgendwie zum Ausdruck gebrachten Willen der Gesamtheit gemeinsame Zwecke verfolgen. Die Teilnehmer müssen sich zu diesem Zweck aus freiem Entschluß verbunden haben und auch unter sich dergestalt in Beziehungen stehen, daß sie sich untereinander als einziger großer Verband fühlen (RGSt. 13 273, RG. vom 2. 12. 1927 — 1 D 642 — 644/27). Von der Verabredung unterscheidet sich die Verbindung dadurch, daß der Zusammenschluß nicht nur zur Begehung einer bestimmten Einzeltat, sondern zur gemeinsamen Verfolgung eines gemeinsamen Zwecks während einer gewissen Dauer geschieht, und daß ihr eine, wenn auch noch so lose, innere Organisation wesentlich ist. Der Ausdruck „Verbindung" ist gewählt, um besonders zum Ausdruck zu bringen, daß diese Organisation eine ganz lose sein kann, daß insbesondere keinesfalls geschriebene Statuten oder formelle Aufnahme in die Verbindung erforderlich sind, sondern daß einfaches Mitmachen genügt, wenn es mit dem Willen geschieht, als Teil der Gesamtheit mit vereinten Kräften an der Verwirklichung des gemeinsam erstrebten Zieles während einer gewissen Dauer mitzuwirken.

(2) Verabredung erfordert eine Mehrheit von Personen. Nicht erforderlich ist Verabredung zu gemeinsamer Ausführung der Tat, es genügt, daß der eine solche Taten ausführen und der andere ihm dabei behilflich sein will. Die Verabredung braucht nicht auf ein bestimmtes Verbrechen wider das Leben einer bestimmten Person, sondern nur allgemein darauf gerichtet zu sein, Verbrechen wider das Leben zur Erreichung des erstrebten Erfolges — sei es in jedem Falle, sei es auch nur erforderlichenfalls — zu begehen. Keine Verabredung ist das Eingehen auf die Anstiftung zu solchen Taten durch einen anderen, der sich selbst nicht beteiligen will.

(3) Das ist eine der in den §§ 211, 212 des Strafgesetzbuches mit Strafe bedrohten Handlungen (Mord, Totschlag). Strafbar ist auch Verbindung oder Verabredung mit dem Ziel, andere zu solchen Taten anzustiften oder ihnen Beihilfe zu leisten (ebenso Cohn-Schäfer S. 12).

(4) Zweck ist, was die Verbindung oder Verabredung anstrebt (RGSt. 16 294). Der Zweck braucht nicht der Hauptzweck, geschweige denn der ausschließliche Zweck zu sein. Er braucht auch

nicht der Endzweck, sondern kann nur eine Etappe zur Erreichung des Endzwecks sein. Die Vorschrift gilt sowohl für Verabredungen und Verbindungen, die — sei es ausschließlich, sei es auch nur neben anderen Zwecken — unmittelbar auf die Begehung von Verbrechen wider das Leben gerichtet sind, als auch für solche, die etwas an sich Erlaubtes anstreben, die sich aber zur Erreichung dieses erlaubten Zwecks des unerlaubten Mittels der Tötung bedienen oder die Anwendung dieses Mittels — sei es von vornherein, sei es später — in Aussicht nehmen. Dies ist insbesondere dann ohne weiteres anzunehmen, wenn die Verwirklichung des erlaubten Vereinszwecks ohne Anwendung dieses unerlaubten Gewaltmittels nicht möglich ist.

(5) Unterstützung einer Verbindung ist jede Tätigkeit, durch welche ihr Zweck gefördert werden soll. Dies kann durch Rat oder Tat geschehen, z. B. Hergabe von Geld, Waffen oder anderen Mitteln, Eintreten für die Verbindung durch Wort oder Schrift (vgl. StGH., Urteil v. 24. 7. 1924, 13 J. 282/24). Auch eine Unterstützung einzelner Mitglieder der Verbindung ist dann Unterstützung der Verbindung selbst, wenn sie der Förderung ihrer Bestrebungen gilt; Beispiel: Zusage der Unterstützung des Täters durch Geld oder Hilfe zur Flucht für den Fall des Begehens der Tat. Ob die Tätigkeit letzten Endes tatsächlich der Verbindung zugute kommt, ist nicht entscheidend.

(6) Nur nach diesen Vorschriften ist Bestrafung ausgeschlossen. Erfüllt die Tat gleichzeitig den Tatbestand einer anderen strafbaren Handlung (z. B. Vorbereitung eines Hochverrats), so bleibt dieserhalb Bestrafung zulässig. Die Vorschrift schafft nur einen persönlichen Strafbefreiungsgrund für den Anzeigenden, die Handlung und mit ihr alle sonstigen Beteiligten, die nicht rechtzeitig Anzeige erstattet haben, bleiben strafbar.

(7) Der Anzeigende hat die Wahl, ob er der Behörde oder dem Bedrohten selbst Anzeige erstatten will. Behörde ist nicht jede beliebige Behörde (es heißt mit Absicht nicht einer Behörde, sondern der Behörde), sondern die zur Abwendung strafbarer Handlungen sachlich zuständige Behörde, in erster Linie also Polizei und Staatsanwaltschaft. Welche örtlich zuständige Behörde er wählt, bleibt dem Anzeigenden frei. Anzeige bei einer örtlich nicht zuständigen Behörde wird jedoch dann nicht als rechtzeitige Anzeige anzusehen sein, wenn dadurch eine Verspätung des behördlichen Eingreifens bedingt wird, welches die rechtzeitige Verhinderung des Verbrechens unmöglich macht.

(8) Die Nachricht muß nicht nur rechtzeitig, sondern auch inhaltlich so vollständig sein, daß sie die Verhinderung des beabsichtigten Verbrechens ermöglicht. Verschweigt der Anzeigende wichtige Umstände, deren Angabe eine rechtzeitige Verhinderung der Tat ermöglicht hätte, und wird infolgedessen die Tat nicht verhindert, so wird er der Straffreiheit nicht teilhaftig. Der Inhalt der Anzeige selbst ist zum Unterschied vom alten Republik-Schutzgesetz nicht mehr vorgeschrieben, weil der Gesetzgeber es für zweckmäßiger hielt, den Umfang der Anzeigepflicht von den Umständen des Einzelfalles abhängig zu machen. Der Anzeigende muß soviel angeben, daß die Tat verhindert werden kann; gibt er weniger an, als er weiß, so wird er nur dann straffrei, wenn die Tat trotzdem infolge seiner Anzeige verhindert worden ist.

Zu § 94:

(9) Nur der amtierende Reichspräsident selbst wird besonders geschützt. Die Minister des Reichs und der Länder stehen nicht mehr unter besonderem Strafschutz. Die Vorschrift gilt auch für Angriffe gegen den gesetzlichen Vertreter des Reichspräsidenten, der im Behinderungsfalle gemäß dem Reichsgesetz vom 17. 12. 1932 (RGBl. I S. 547) bestellt wird.

(10) Das ist jeder tatsächlich unternommene Angriff auf die Unversehrtheit von Leib oder Leben, angefangen von der tätlichen Beleidigung (z. B. Ohrfeige) bis zu Mord und Totschlag. Drohung mit einer Gewalttätigkeit ist kein Angriff. Dagegen ist der fehlgeschlagene Versuch einer Gewalttätigkeit als Angriff anzusehen (z. B. ein fehlgegangener oder nur durch Dazwischentreten eines Dritten abgehaltener Schuß oder Schlag). Zum Begriff der Gewalttätigkeit gehört also nicht ein verletzender Erfolg, auch nicht Schmerzempfindung, wohl aber die Entfaltung physischer Kraft.

(11) Nur vorsätzliche Begehung wird bestraft. Auch wer an der Tat eines anderen teilnimmt, indem er ihm Beihilfe leistet, begeht eine Gewalttätigkeit (bestritten!, ebenso Lehmann in JW. 1930 S. 1148; a. A. Cohn-Schäfer S. 46, wonach unter diese Vorschrift nur der eigentliche Träger des Angriffs, nicht auch seine Gehilfen fallen sollen). Das Motiv des Angriffs braucht nicht in der amtlichen Tätigkeit des Angegriffenen zu liegen (vgl. Erklärung des Staatssekretärs Zweigert zur entsprechenden Vorschrift des Republikschutzgesetzes in der Sitzung des 21. Reichstagsausschusses vom 9. 1. 1930, S. 3).

(12) Es ist grundsätzlich gleichgültig, welche Art von strafbarer Handlung die Gewalttätigkeit darstellt. Erfüllt sie jedoch den Tat-

bestand eines mit schwererer Strafe als drei Monaten Gefängnis bedrohten Vergehens, z. B. den des Totschlags unter mildernden Umständen (§ 213 StGB.) oder etwa den Tatbestand eines Verbrechens, wie schwere Körperverletzung (§ 224 StGB.), Raub (§ 249 StGB.), räuberische Erpressung (§ 255 StGB.), Mord (§ 211 StGB.) oder Totschlag (§ 212 StGB.), so findet Bestrafung nur wegen dieses schwereren Delikts statt.

(13) Die Strafverfolgung tritt ohne Strafantrag und von Amts wegen ein, auch wenn es sich um eine Tat handelt, die sonst nur auf Antrag oder im Wege der Privatklage zu verfolgen wäre (z. B. tätliche Beleidigung, leichte Körperverletzung). Da die Gefängnisstrafe mindestens drei Monate beträgt, so ist die Umwandlung in Geldstrafe nach dem Geldstrafengesetz ausgeschlossen.

(14) Der Begriff der Oeffentlichkeit ist hier derselbe wie im allgemeinen Strafrecht (RGSt. 57 344). Oeffentlich ist eine Aeußerung dann, wenn sie von einem größeren, nicht geschlossenen Personenkreise wahrgenommen werden konnte. Die Oeffentlichkeit wird noch nicht dadurch beseitigt, daß der Kreis durch Beruf oder bestimmte Interessen begrenzt ist, es müssen persönliche Beziehungen der Anwesenden miteinander hinzukommen (RGSt. 21 254, 22 241). Gleichgültig ist, ob die Aeußerung von einem größeren Personenkreise tatsächlich wahrgenommen worden ist. Ebensowenig kommt es darauf an, ob der Ort, wo sie erfolgte, öffentlich oder nicht öffentlich war (RG. 35 159, 38 207). Aeußerungen im abgeschlossenen Eisenbahnabteil während der Fahrt sind öffentlich, wenn die Mitreisenden, für welche sie berechnet waren, nicht durch persönliche Beziehungen miteinander verbunden sind (RG. in JW. 1924 S. 1751 10). Doch muß der Ort der Handlung nicht nur die Gefahr der Wahrnehmbarkeit durch größeren Kreis Fremder begründen, vielmehr muß im Einzelfall Wahrnehmbarkeit durch anwesenden größeren Kreis tatsächlich gegeben sein; bei Anwesenheit nur eines Fremden im geschlossenen Eisenbahnabteil liegt dies nicht vor (RG. i. „Recht" 1931 S. 250).

(15) Beschimpfung ist — zum Unterschied von der sachlichen Kritik — jede durch Form oder Inhalt besonders verletzende rohe Aeußerung der Mißachtung (RGSt. 57, 201). Die besondere Roheit kann sowohl in der Ausdrucksform (Schimpfworte) wie auch darin bestehen, daß der Vorwurf nur inhaltlich besonders ehrenrührig erscheint (RG. in „Recht" 1929 S. 287; RGSt. 61, 308; StGH. in JW. 1922 S. 1728). Der Begriff der Beschimpfung verlangt nicht „ganz

besonders" rohe Form, auch nicht daß sie „dazu angetan ist, den Geist der Auflehnung und die Neigung zu Gewalttätigkeiten hervorzurufen" (RG. v. 21. 3. 1929 — 2 D 1186/28).

Für die Prüfung, ob Beschimpfung vorliegt, hat Tatrichter nicht nur den Wortlaut, sondern auch den Zweck der Aeußerung sowie die Begleitumstände, insbesondere den Begehungsort in Betracht zu ziehen (RG. in LZ. 1928 S. 345 4). Es bedarf einer Feststellung dahin, daß der Angeklagte sich bewußt war, daß die Aeußerung in beschimpfendem Sinne verstanden werden könnte (RG. in JW. 1928 S. 1058 28). Keine Beschimpfung ist einzelnes Scheltwort, das nicht zu politischer Kundgebung, sondern im Unmut rasch und ohne eigentliches Bewußtsein von dem gedanklichen Inhalt des Wortes ausgestoßen wurde (RGSt. 57 185, RG. in LZ. 1928 S. 345 4). Vollendete Beschimpfung liegt nur vor, wenn sie zur Kenntnis eines anderen gelangt ist, dergestalt, daß der andere nicht nur das gesprochene oder geschriebene Wort wahrnehmen, sondern auch dessen verletzenden Sinn verstehen konnte (RG. im „Recht" 1928 S. 43 203). Bloße Wiedergabe einer eine Beschimpfung enthaltenden Zeugenaussage stellt nur dann Beschimpfung dar, wenn Verfasser des Berichts sich Beschimpfung zu eigen gemacht hat (RGSt. 59 181).

(16) Verleumdung setzt im Gegensatz zur Beschimpfung keine der Form nach rohe oder inhaltlich besonders ehrverletzende Kundgebung voraus (vgl. oben Anm. 15). Es genügt, daß der Täter eine nachweislich unwahre Tatsache (nicht bloß eine Meinungsäußerung oder Werturteil) behauptet hat, die geeignet ist, den Reichspräsidenten bzw. Minister verächtlich zu machen oder in der öffentlichen Meinung herabzuwürdigen, und von der er bestimmt weiß (nicht etwa nur bei sorgfältiger Prüfung hätte wissen müssen), daß sie unwahr ist. Auch Weitergabe als Gerücht oder unter Vorbehalt kann Verleumdung sein.

(17) Strafe: Gefängnis nicht unter 3 Monaten bis zu 5 Jahren.

(18) Die strafbare Handlung wird dadurch nicht zum Antragsdelikt, sondern bleibt ein von Amts wegen zu verfolgendes Offizialdelikt. Doch muß die Staatsanwaltschaft die Zustimmung des Reichspräsidenten zur Strafverfolgung einholen und das Strafverfahren muß eingestellt werden, wenn diese versagt wird. Eine Zurücknahme der einmal erteilten Ermächtigung ist nicht zugelassen (RGSt. 33 S. 66).

(19) § 200 StGB. lautet:

„Wird wegen einer öffentlich oder durch Verbreitung von Schriften, Darstellungen oder Abbildungen begangenen Beleidigung auf Strafe erkannt, so ist zugleich dem Beleidigten die Befugnis zuzusprechen, die Verurteilung auf Kosten des Schuldigen öffentlich bekanntzumachen. Die Art der Bekanntmachung sowie die Frist derselben ist in dem Urteile zu bestimmen.

Erfolgte die Beleidigung in einer Zeitung oder Zeitschrift, so ist der verfügende Teil des Urteils auf Antrag des Beleidigten durch die öffentlichen Blätter bekanntzumachen, und zwar wenn möglich durch dieselbe Zeitung oder Zeitschrift und in demselben Teile und mit derselben Schrift, wie der Abdruck der Beleidigung geschehen.

Dem Beleidigten ist auf Kosten des Schuldigen eine Ausfertigung des Urteils zu erteilen."

Die öffentliche Bekanntmachung kann nur unter Zuhilfenahme von § 10 PreßG. erfolgen, da andere Vollstreckungsvorschriften fehlen. Der § 10 PreßG. gibt jedoch nur in beschränktem Umfange eine Handhabe zur Erzwingung der Aufnahme einer solchen öffentlichen Bekanntmachung, so daß hier oft erhebliche Schwierigkeiten erwachsen. Näheres hierüber siehe Häntzschel, Kommentar zum Reichspreßgesetz S. 76 f. und RG. v. 18. 4. 1929 in JW. 1929 S. 2367.

(20) Mildernde Umstände können nur bei Beschimpfung und Verleumdung, nicht bei Gewalttätigkeiten zugebilligt werden. Wird unter Zubilligung mildernder Umstände auf Gefängnis unter drei Monaten erkannt, so kann nach dem Geldstrafengesetz die Gefängnisstrafe in Geldstrafe umgewandelt werden.

Zu § 134a:

(21) Vgl. oben Anm. 14.

(22) Strafbar ist auch die Beschimpfung oder böswillige Verächtlichmachung des Reichs oder eines deutschen Landes. Der Angriff muß sich gegen den Staat (Reich oder Land) als solchen richten, nicht etwa nur gegen einzelne Einrichtungen oder Behörden (z. B. den Steuerfiskus). Die Vorschrift kann insbesondere bei Ausländern praktisch werden, die das ihnen in Deutschland gewährte Gastrecht durch Verunglimpfung des Deutschen Reichs oder eines seiner Länder mißbrauchen; ebenso aber auch bei Inländern und insbesondere bei inländischen Preßorganen, die etwa aus innerpolitischen Gründen ein deutsches Land beschimpfen oder böswillig verächtlich machen.

(23) „Verfassung" geht weiter als „verfassungsmäßig festgestellte republikanische Staatsform", die im Republikschutzgesetz allein gegen Beschimpfung geschützt war. Jetzt sind nicht mehr nur

die verfassungsmäßigen Einrichtungen, die den demokratisch-parlamentarischen Grundcharakter der Verfassung ausmachen, sondern die ganze Verfassung geschützt. Trotzdem wäre es sinnwidrig, auch die Beschimpfung oder Verächtlichmachung ganz nebensächlicher Vorschriften der Verfassung als Verunglimpfungen der Verfassung selbst anzusehen, vielmehr wird es sich immer um irgendwie wesentliche Bestandteile der Verfassung handeln müssen, gegen die der Angriff geht. Entsprechend der Rechtsprechung des Reichsgerichts zum Republikschutzgesetz (RGSt. 57 S. 209; vgl. auch RG. v. 17. 2. 1930 — 3 D. 1038/29) wird auch hier zu gelten haben, daß „nicht nur die äußere Rechtsform der Verfassungsartikel, sondern der ganze Ideen- und Gedankenkreis gegen Verunglimpfungen geschützt wird, der in der geltenden Verfassung seinen rechtlichen Niederschlag gefunden hat, und zwar so, wie er durch die verfassungsmäßig berufene Regierung auf Grund der Verfassungsbestimmungen unter Billigung der maßgebenden Volkskreise in der praktisch-politischen Betätigung Gestalt angenommen hat." „Denn" — so heißt es in der genannten Entscheidung weiter — „der Gesetzgeber verfolgt praktische Zwecke. Solchen würde es aber nur wenig entsprochen haben, wenn er lediglich der äußeren Rechtsform der Verfassung, soweit sie unmittelbar den Gegenstand von Angriffen bildet, Schutz gewährt hätte; denn erfahrungsgemäß sind Angriffe solcherart ohne tiefere Wirkung auf weite Volkskreise. Sie sind auch nur ausnahmsweise dazu angetan, den Geist der Auflehnung und die Neigung zu Gewalttätigkeiten hervorzurufen, auf deren Bekämpfung es dem Gesetzgeber bei dem Erlaß des Schutzgesetzes gerade ankam."

(24) **Reichsfarben** sind nach Art. 3 RV. nur die Farben Schwarz-Rot-Gold. Welche Farben Landesfarben sind, richtet sich nach Landesrecht. Neben den Farben sind auch die Flaggen des Reiches und der Länder geschützt. Flaggen des Reiches sind sämtliche in den Flaggenverordnungen vom 11. 4. 1921 (RGBl. S. 483) und 5. 5. 1926 (RGBl. I S. 217) aufgeführten Flaggen, nämlich:

1. die Nationalflagge (Schwarz-Rot-Gold),
2. die Standarte des Reichspräsidenten,
3. die Dienstflagge der Reichsbehörden zu Lande (Schwarz-Rot-Gold mit Reichsadler in der Mitte),
4. die Dienstflagge der Reichsbehörden zur See (Schwarz-Weiß-Rot mit schwarzrotgoldener Gösch und in der Mitte dem Reichsadler),

5. die Handesflagge (Schwarz-Weiß-Rot mit schwarzrotgoldener Gösch),
6. die Reichskriegsflagge (Schwarz-Weiß-Rot mit schwarzrotgoldener Gösch und in der Mitte das Eiserne Kreuz),
7. die Flagge des Reichswehrministers (Schwarz-Rot-Gold mit Eisernem Kreuz in der Mitte),
8. die Reichspostflagge (Schwarz-Rot-Gold mit Posthorn in der Mitte).

Alle diese Flaggen bleiben gegen Beschimpfung oder böswillig und mit Ueberlegung erfolgende Verächtlichmachung geschützt. Nicht dagegen auch die Farben dieser Flaggen. Vielmehr bleibt es bezüglich der Farben dabei, daß nur die Reichsfarben Schwarz-Rot-Gold als solche geschützt sind.

(25) Die deutsche Wehrmacht war nach dem Republikschutzgesetz nicht besonders gegen beschimpfende Angriffe geschützt. Sie ist jetzt als besonders wichtige Einrichtung des Staates unter besonderen Strafschutz gestellt worden. Der Schutz umfaßt naturgemäß nur die Wehrmacht als solche, d. h. als staatliche Einrichtung, und schützt nicht ihre Angehörigen gegen Kritiken, die nicht gegen die Wehrmacht als Einrichtung, sondern nur gegen die Art und Weise der Diensttätigkeit einzelner gerichtet sind.

(26) Ueber Beschimpfung siehe oben Anm. 15.

(27) Böswillig ist mehr als mutwillig und auch mehr als absichtlich. Es gehört dazu, „daß der Täter etwas von ihm als Unrecht Erkanntes gerade zu dem Zweck tut, um einem anderen zu schaden oder ihn zu kränken und damit seine feindliche Gesinnung gegen den Verletzten bekundet" (RGSt. **63** S. 289; vgl. auch RGSt. **48** S. 174).

(28) Mit Ueberlegung handelt, wer bei Ausführung der Tat sich in genügend klarer Erwägung über den zur Erreichung seines Zweckes gewollten Erfolg, über die zum Handeln drängenden und von diesem abhaltenden Beweggründe sowie über die zur Herbeiführung des gewollten Erfolges erforderliche Tätigkeit befindet (RGSt. **42** S. 260). Ruhige Ueberlegung ist nicht erforderlich (RGSt. **62** S. 197). Wenn der Täter sich gegen Entdeckungsgefahr zu schützen sucht, kann dies als Indiz für Ueberlegung verwertet werden (RG. in JW. 1927 S. 902). Beides, Böswilligkeit und Ueberlegung muß vorliegen; fehlt auch nur eines von beiden, so ist die Handlung nur strafbar, wenn ein Beschimpfen vorliegt.

(29) Verächtlichmachung ist jede Kundgebung, die den Gegenstand des Angriffs als mit einem sittlichen Makel behaftet oder als sonstwie der Achtung der Volksgenossen unwürdig hinstellt (vgl. Erklärung des Staatssekretärs Zweigert zur entsprechenden Vorschrift des RepSchutzGes. in der Sitzung des 21. Reichstagsausschusses vom 10. 1. 1930, S. 5). § 193 StGB. (Wahrnehmung berechtigter Interessen) findet hier keine Anwendung (a. a. O. S. 6). Vgl. auch S. 50 ff. Anm. 16, 17.

(30) Eine Mindeststrafe ist hier im Gegensatz zu der entsprechenden Vorschrift des § 5 Nr. 2 RepSchutzGes. nicht vorgesehen, so daß statt einer verwirkten Gefängnisstrafe nach dem Geldstrafengesetz auch auf Geldstrafe erkannt werden kann.

Abschnitt V

Waffenmißbrauch

§ 10

Die Geltungsdauer des § 3 des Gesetzes gegen Waffenmißbrauch vom 28. März 1931 (Reichsgesetzbl. I S. 77) wird bis auf weiteres verlängert.

Während das Gesetz gegen Waffenmißbrauch im übrigen nicht befristet ist, sollte nach § 4 Abs. 2 des Waffenmißbrauchgesetzes § 3 mit dem Außerkrafttreten des Gesetzes zum Schutze der Republik seine Gültigkeit verlieren. Da das Gesetz zum Schutze der Republik durch § 12 Abs. 2 dieses Gesetzes aufgehoben worden ist — es wäre am Schluß des Jahres 1932 ohnehin außer Kraft getreten —, so wäre damit auch § 3 des Waffenmißbrauchgesetzes beseitigt gewesen. Die politische Beruhigung ist jedoch noch nicht so weit vorgeschritten, daß dies zweckmäßig erschien, weshalb § 3 des Waffenmißbrauchgesetzes bis auf weiteres, d. h. für die Geltungsdauer dieser Verordnung aufrechterhalten worden ist. Er lautet:

§ 3

(1) Wer gemeinsam[a]) mit anderen[b]) zu politischen Zwecken[c]) an öffentlichen Orten[d]) erscheint[e]) und dabei bewaffnet ist[f]), wird mit Gefängnis nicht unter drei Monaten bestraft[g]).

(2) Die Waffe kann eingezogen werden, auch wenn sie nicht dem Täter gehört. Kann keine bestimmte Person verfolgt

oder verurteilt werden, so kann auf die Einziehung der Waffe selbständig erkannt werden, wenn im übrigen die Voraussetzungen hierfür vorliegen.

(3) Die vorstehenden Bestimmungen finden keine Anwendung auf Personen, die kraft ihres öffentlich-rechtlichen Dienstverhältnisses zum Führen von Waffen berechtigt sind, innerhalb der Grenzen dieser Berechtigung.

a) Gemeinsam bedeutet soviel wie gemeinschaftlich. Eine innere Verbundenheit der gemeinsam erscheinenden Personen zu einem gemeinsamen Zweck ist nicht erforderlich, vielmehr genügt, daß der Bewaffnete gemeinschaftlich mit anderen zugegen ist, wobei diese Gemeinschaftlichkeit allein körperlich aufgefaßt werden muß (RG. in JW. 1932 S. 951; a. A. Hoche S. 42). Das Wort „gemeinsam" bezieht sich nicht auf die folgenden Worte „und dabei bewaffnet ist", vielmehr genügt es, wenn auch nur einer der Erschienenen bewaffnet ist (Bayer. ObLG. vom 16. 12. 1930, JW. 1931 S. 748).

b) D. h. es müssen außer dem bewaffneten Täter noch mindestens zwei Personen — die aber nicht bewaffnet zu sein brauchen — anwesend sein, die ebenfalls zu politischen Zwecken erschienen sind (RG. in H. Rspr. 1931 Nr. 1511).

c) Zu politischen Zwecken bedeutet, daß die Versammlung oder der Aufzug oder das sonstige Auftreten mehrerer ein — nicht notwendig gemeinsames — politisches Ziel haben muß (RG. in JW. 1932 S. 951). Nicht erforderlich ist, daß der Bewaffnete zu den anderen gleichfalls Erschienenen in irgendwelchen Beziehungen steht, oder mit ihnen irgendeinen Zusammenhalt hat (RG. a. a. O.). Nicht jede das öffentliche Interesse angehende Angelegenheit ist politisch, vielmehr nur eine solche, die den Staat, seine Verfassung, Gesetzgebung und Verwaltung, insbesondere das staatsbürgerliche Verhältnis seiner Angehörigen oder seine internationalen Beziehungen zu anderen Staaten unmittelbar berührt (RGSt. 58 S. 415, Bayer. ObLG. vom 16. 12. 1930, JW. 1931 S. 748). Ist eine Einwirkung auf eine solche Angelegenheit der Zweck des Erscheinens, so liegen die Voraussetzungen dieser Vorschrift vor, gleichgültig, ob das Ziel parteipolitisch oder überparteilich verfolgt werden soll.

d) Oeffentliche Orte sind alle Orte, die dem Publikum unbeschränkt oder gegen Erfüllung gewisser Bedingungen, z. B.

Zahlung eines Eintrittsgeldes, zugänglich sind, insbesondere öffentliche Wege, Straßen und Plätze, ferner Wirtschaften, Bahnhöfe, Theater u. dgl. (Bayer. ObLG. vom 16. 12. 1930, JW. 1931 S. 748).

e) Erscheinen ist gleichbedeutend mit anwesend sein. Es ist nicht erforderlich, daß der Betreffende mit Waffen gekommen ist, vielmehr genügt es, wenn er erst während der Veranstaltung mit — vielleicht erst nachträglich an sich genommenen oder durch Ausreißen von Stuhlbeinen ad hoc geschaffenen — Waffen in Erscheinung tritt (RG. in JW. 1932 S. 1560). Erscheinen zu politischen Zwecken ist nicht schon dann gegeben, wenn mehrere (ohne zu demonstrieren) geschlossen auf der Straße erscheinen, um sich in eine politische Versammlung zu begeben. Vielmehr sind die Voraussetzungen des Gesetzes erst dann gegeben, wenn der Täter sich zusammen mit anderen an dem öffentlichen Ort befindet, wo der politische Zweck verfolgt werden soll (RG. in H. RSpr. 1931 Nr. 2028, JW. 1932 S. 1560 und KG. in JW. 1932 S. 531). Das Erscheinen der mehreren Personen muß für andere erkennbar gewesen sein (RGSt. 65 S. 280). Fährt der Täter nur in einem geschlossenen Wagen, dergestalt, daß die im Innern des Wagens befindlichen Personen den Augen anderer so gut wie vollständig entzogen sind, so liegt kein Erscheinen an öffentlichen Orten vor (RG. in JW. 1932 S. 1560).

f) Durch die Nachstellung der Worte „und dabei bewaffnet ist“, wird zunächst klargestellt, daß nicht etwa bewaffnetes Erscheinen aller erforderlich ist, um die Strafbarkeit zu begründen, sondern daß es genügt, wenn von den gemeinsam Anwesenden auch nur einer, nämlich der Täter, bewaffnet ist. Der Begriff „Waffe“ ist hier der gleiche wie im § 11 Reichsvereinsgesetz. Das ergibt sich schon aus der absichtlich mit dem Reichsvereinsgesetz gleichlautend gewählten Wortfassung. Unter Waffen im Sinne des Reichsvereinsgesetzes ist nach der Rechtsprechung des Reichsgerichts (RGSt. 44 S. 140 ff.) nicht jedes „gefährliche Werkzeug“, z. B. ein Taschenmesser, Stock, Regenschirm zu verstehen, sondern ein Gegenstand, der entweder schon bei seiner Anfertigung von vornherein (Waffe im technischen Sinne) oder nach dem Willen des Täters im einzelnen Fall dazu bestimmt ist, sei es im Angriff, sei es in der Verteidigung, Verletzungen zuzufügen. Das ist auch der Waffenbegriff im Sinne dieser Vorschrift (Bayer. ObLG. vom 16. 12. 1930 — JW. 1931 S. 748). Gegenstände, die nicht

— wie Schuß-, Hieb- oder Stoßwaffen — als Waffen im technischen Sinne anzusehen sind, sondern die — wie Spazierstöcke, Taschenmesser, feststehende Taschenmesser usw. — ihrer ursprünglichen Zweckbestimmung nach nicht zum Gebrauch als Waffe bestimmt sind, erfüllen also das Merkmal der „Bewaffnung" nur dann, wenn sie der Träger mit dem Willen und in der Absicht mitführt, sie gegebenenfalls als Waffen an öffentlichen Orten zu gebrauchen (Bayer. ObLG. a. a. O., RGSt. 65, S. 159). Jedoch ist zu beachten, daß die Eigenschaft einer Waffe einem im Griff feststehenden, nicht zusammenklappbaren Messer dann zugesprochen werden muß, wenn aus seiner Größe und sonstigen Beschaffenheit hervorgeht, daß es gleich einem Dolch zwecks Zufügung von Verletzungen an lebenden Personen angefertigt ist, also eine Waffe im technischen Sinne darstellt (RG. in JW. 1932 S. 953). Unter Umständen können auch feststehende Messer, die als Taschenmesser zusammenklappbar sind, Waffen im technischen Sinne sein, wenn sie durch ihre besonders angepaßte äußere Gestalt, z. B. durch Verleihung der Merkmale eines Dolches (ungewöhnliche Größe und das übliche Maß erheblich überschreitende Länge und Schärfe der Spitze) erkennen lassen, daß sie zum Zweck der Benutzung als Waffe hergestellt bzw. hergerichtet sind (RG. in JW. 1932 S. 952); dagegen reicht die Tatsache allein, daß das Taschenmesser vorn etwas zugespitzt ist und durch eine Vorrichtung festgestellt werden kann, noch nicht aus, um es als Waffe im technischen Sinne anzusprechen (RG. a. a. O.). Eine Schreckschußpistole ist keine Waffe (OLG. Köln in H. Rspr. 1932 Nr. 1737); wohl aber eine Scheintodpistole, die dazu bestimmt ist, den Gegner durch das austretende Gas kampfunfähig zu machen (RG. i. DJZ. 1933 S. 106). Macht jemand sich eine Waffe zurecht, um sich in einer bereits gegenwärtigen Notwehrlage damit zu schützen, indem er z. B. ein Koppel als Waffe zurichtet, so ist er zwar bewaffnet, handelt aber in Notwehr, so daß sein Handeln nach § 53 StGB. nicht rechtswidrig ist. Geht er nach überstandenem Angriff dann mit diesem Koppel nach Hause ohne den Willen, das Koppel noch als Waffe zu verwenden, so verliert ein solcher Gegenstand die Waffeneigenschaft wieder, weil der Wille fortgefallen ist, ihn als Waffe zu benutzen (RG. in JW. 1932 S. 1560).

g) Durch die Mindeststrafe von drei Monaten Gefängnis wird eine Umwandlung in Geldstrafe ausgeschlossen.

Abschnitt VI

Ueberleitungs- und Schlußvorschriften

§ 11

Die zur Durchführung dieser Verordnung erforderlichen Rechts- und Verwaltungsvorschriften[1]) erläßt der Reichsminister des Innern, und zwar, soweit es sich um Vorschriften über das Verfahren vor dem Senat des Reichsgerichts handelt, im Einvernehmen mit dem Reichsminister der Justiz[2]). Er kann, soweit er es für erforderlich hält, Richtlinien für die Handhabung der Verordnung erlassen[3]).

---

(1) Zum Unterschied von älteren Verordnungen wird der Reichsminister des Innern nicht mehr allgemein zu Maßnahmen jeder Art, sondern nur zu Rechts- und Verwaltungsvorschriften ermächtigt, so daß er für Einzelmaßnahmen nicht mehr zuständig ist. Da solche auch vorher nicht erfolgt sind, ist der Unterschied ohne praktische Bedeutung.

(2) Zuständig ist grundsätzlich der Reichsminister des Innern allein, nur die Verfahrensordnung für den Senat des Reichsgerichts ist im Einvernehmen mit dem Reichsminister der Justiz zu erlassen (Wortlaut der Verordnung siehe Anhang I).

(3) Ob diese Richtlinien innegehalten werden, unterliegt nur der Nachprüfung durch die Dienstaufsichtsbehörde und den Reichsminister des Innern, nicht auch der der Gerichte (RG. v. 18. 8. 1931 — XII V 93/31). Die Richtlinien sind für die Landesregierungen und ihre Beamten verbindlich. Zuwiderhandlungen gegen diese Richtlinien, die der Reichsminister des Innern als Beauftragter des Reichspräsidenten erläßt, berechtigen den Reichsminister des Innern, soweit ihm ein unmittelbares Nachprüfungsrecht zusteht (z. B. bei Zeitungsverboten), zur Aufhebung der Maßnahme und stellen eine Verletzung der den Ländern gegenüber dem Reich obliegenden Pflichten im Sinne des Artikel 48 Abs. 1 dar. Die freie Auslegung der VO. durch die Gerichte wird durch die Richtlinien nicht beschränkt.

§ 12

(1) Diese Verordnung tritt mit dem Tage nach ihrer Verkündung in Kraft[1]).

(2) Das Gesetz zum Schutz der Republik vom 25. März 1930 (Reichsgesetzbl. I S. 91) tritt nicht am 31. Dezember

1932, sondern mit dem Inkrafttreten dieser Verordnung außer Kraft[2]).

(1) Die Verkündung ist am 20. 12. 1932 erfolgt. Die Verordnung ist also am 21. 12. 1932 in Kraft getreten.

(2) Damit ist das Republikschutzgesetz — nur 10 Tage vor seinem natürlichen Ablauf — außer Kraft gesetzt worden. Einzelne seiner Vorschriften sind in diese Verordnung übernommen worden (vgl. §§ 3—9 dieser VO.).

§ 13

Verbote periodischer Druckschriften, die auf Grund einer der gemäß §§ 1, 12 Abs. 2 aufgehobenen Vorschriften erlassen sind, treten mit dem Inkrafttreten dieser Verordnung außer Kraft.

Damit sind alle am 21. 12. 1932 noch laufenden Zeitungsverbote — mit Ausnahme der wegen Hochverrats erlassenen — von selbst außer Kraft getreten.

§ 14

Soweit Strafvorschriften durch diese Verordnung aufgehoben oder geändert worden sind, findet § 2 Abs. 2 des Strafgesetzbuchs Anwendung.

Durch diese Bestimmung wird zum Ausdruck gebracht, daß die Milderung der Vorschriften gegen politische Ausschreitungen nicht als Folge der veränderten Zeitverhältnisse (z. B. inzwischen eingetretene politische Beruhigung und Entspannung) eingetreten ist, sondern auf einer veränderten Auffassung des Gesetzgebers beruht.

Soweit die jetzige Verordnung die Strafdrohungen gegenüber den bisher geltenden gemildert hat, sind auch für die Verurteilung der vor Inkrafttreten dieser Verordnung begangenen strafbaren Handlungen die milderen Strafvorschriften dieser Verordnung anzuwenden. Ist die Verurteilung nach dem härteren Strafgesetz der alten Verordnung schon erfolgt, aber noch nicht rechtskräftig geworden, so kann der Verurteilte die zulässigen Rechtsmittel einlegen mit dem Ziel der Herabsetzung der Strafe. Ist die Rechtskraft bereits eingetreten, so ist Strafmilderung nach § 17 möglich.

§ 15

(1) Ist jemand wegen einer Tat verurteilt worden, die nach dem Inkrafttreten dieser Verordnung nicht mehr strafbar ist, so darf die Strafe nicht vollstreckt werden. Dasselbe

gilt für Nebenstrafen und Sicherungsmaßnahmen sowie für rückständige Geldbußen, die in die Kasse des Reichs oder der Länder fließen.

(2) In den Fällen des Abs. 1 dürfen rückständige Kosten nicht mehr eingezogen werden.

Nach dieser Verordnung ist zum Unterschied von den früheren z. B. nicht mehr strafbar: öffentliche Anreizung (nicht Aufforderung) zu Gewalttaten gegen Personen oder Sachen. Soweit jemand wegen Zuwiderhandlung gegen eine solche Vorschrift der alten Verordnung bestraft worden ist, darf die Vollstreckung der Strafe nicht mehr vorgenommen bzw. fortgesetzt werden. Die Strafe selbst ist damit nicht beseitigt; vgl. jedoch § 18 über die Möglichkeit der Tilgung solcher Vorstrafen im Strafregister. Durch die VO. vom 4. 2. 1933 sind die meisten dieser Handlungen wieder strafbar (vgl. z. B. § 15 wegen Anreizung zu Gewalttätigkeiten), so daß diese Bestimmung nur für die kurze Zwischenzeit von Bedeutung ist.

§ 16

Enthält eine Gesamtstrafe, die zur Zeit des Inkrafttretens dieser Verordnung noch nicht verbüßt ist, eine Einzelstrafe wegen einer Tat, die nach dem Inkrafttreten der Verordnung nicht mehr strafbar ist, oder mehrere derartige Einzelstrafen, so wird der Teil der Gesamtstrafe, der nach dem Verhältnis der verwirkten Einzelstrafe auf die genannte Zuwiderhandlung entfällt, von der Gesamtstrafe in Abzug gebracht.

Diese Vorschrift behandelt den Fall, in dem jemand wegen mehrerer strafbarer Handlungen, darunter auch einer solchen, die nach dieser Verordnung nicht mehr strafbar ist, zu einer Gesamtstrafe verurteilt worden ist. In diesem Fall wird die Gesamtstrafe als solche — nicht nur ihre Vollstreckung — entsprechend gemildert.

§ 17

(1) Ist jemand wegen einer Tat rechtskräftig verurteilt worden, die nach dem Inkrafttreten dieser Verordnung strafbar bleibt, die aber nicht mehr mit einer erhöhten Mindeststrafe oder die mit einer geringeren Mindeststrafe als bisher bedroht ist, und ist die Strafe ganz oder teilweise noch nicht vollstreckt, so kann die Strafe auf Antrag der Staatsanwaltschaft oder des Verurteilten gemildert werden[1]). Enthält

eine Gesamtstrafe eine Einzelstrafe, die hiernach gemildert ist, so ist § 16 entsprechend anzuwenden.

(2)) Die Entscheidung erfolgt nach § 462 der Strafprozeßordnung[2]).

---

(1) Diese Vorschrift betrifft den Fall, daß jemand wegen einer Handlung rechtskräftig verurteilt worden ist, die strafbar bleibt, bei der aber die Strafdrohung gegenüber den bisherigen Verordnungen gegen politische Ausschreitungen gemildert ist. In erster Linie ist hier an Fälle zu denken, in denen die alte Verordnung eine Mindeststrafe von drei Monaten Gefängnis vorsah, die vorliegende Verordnung dagegen nur Gefängnis androht. Beispiel: öffentliche Aufforderung zu Gewalttätigkeiten gegen Personen oder Sachen, die nach § 11 VO. v. 14. 6. 1932 mit mindestens drei Monaten Gefängnis zu bestrafen war. Durch die VO. vom 4. 2. 1933 sind diese Mindeststrafen größtenteils wiederhergestellt, so daß diese Bestimmung nur für die kurze Zwischenzeit von Bedeutung ist.

(2) D. h. ohne mündliche Verhandlung durch das Gericht erster Instanz.

§ 18

Vermerke über Strafen wegen solcher Taten, die nach dem Inkrafttreten dieser Verordnung nicht mehr strafbar sind, sind auf Antrag des Verurteilten im Strafregister zu tilgen.

Eine bereits rechtskräftig erkannte Strafe ist nach der Vorschrift des § 15 nicht aufgehoben, sondern nur in der Vollstreckung gehemmt. Um die unter Umständen für das Fortkommen hinderliche Vorstrafe aus dem Strafregister herauszubringen, gibt diese Bestimmung dem Verurteilten das Recht, die Löschung im Strafregister zu verlangen. Löschung erfolgt nicht von Amts wegen, sondern nur auf Antrag.

§ 19

(1) Hat bei Inkrafttreten dieser Verordnung die Staatsanwaltschaft auf Grund des § 18 der Verordnung des Reichspräsidenten gegen politische Ausschreitungen vom 14. Juni 1932 einen Antrag nach § 212 der Strafprozeßordnung gestellt, so kann das Verfahren nach den bisherigen Vorschriften zu Ende geführt werden.

(2) Diese Vorschrift tritt eine Woche nach Verkündung dieser Verordnung außer Kraft.

Berlin, den 19. Dezember 1932.

Der Reichspräsident

Der Reichskanzler

Der Reichsminister des Innern

Der Reichsminister der Justiz

Durch § 18 der VO. vom 14. 6. 1932 war die Zuständigkeit der Schnellgerichte erheblich erweitert worden. Das Schnellverfahren sollte bei den durch jene Verordnung mit Strafe bedrohte Handlungen auch dann zulässig sein, wenn der Beschuldigte sich weder freiwillig stellte noch infolge einer vorläufigen Festnahme dem Gericht vorgeführt wurde. Das Schnellverfahren war ferner statthaft bei allen zur Zuständigkeit der Amtsgerichte gehörenden strafbaren Handlungen — nicht nur bei den nach dem Notverordnungsrecht strafbaren —, sofern sie an öffentlichen Orten, in Versammlungen oder durch Verbreitung von Schriften, Abbildungen oder Darstellungen begangen worden waren. Diese erweiterten Vorschriften sind durch diese VO. wieder aufgehoben worden. Für das Schnellverfahren gelten wieder die Bestimmungen des § 212 StPO. Durch die vorstehende Vorschrift wird der Uebergang so geregelt, daß ein Verfahren, für das die Staatsanwaltschaft beim Inkrafttreten dieser Verordnung das Schnellverfahren bereits beantragt hatte, auch dann in diesem Verfahren noch weitergeführt werden kann, wenn nach der Neuregelung die Voraussetzungen für das Schnellverfahren nicht mehr vorliegen. Die Weiterführung im Schnellverfahren ist nach Abs. 2 nur zulässig, wenn das Schnellverfahren binnen einer Woche nach Verkündung dieser Verordnung, d. h. bis zum 28. 12. 1932 zu Ende geführt werden kann. Inzwischen ist durch § 24 VO. v. 4. 2. 1933 das Schnellverfahren im bisherigen Umfange wiederhergestellt worden.

Dritte Verordnung des Reichspräsidenten zur Sicherung von Wirtschaft und Finanzen und zur Bekämpfung politischer Ausschreitungen*)

Vom 6. Oktober 1931 (RGBl. I S. 537)

Siebenter Teil

Bekämpfung politischer Ausschreitungen

Hochverrat § 1

Die Vorschriften des Strafgesetzbuchs über den Hochverrat sind in folgender Fassung anzuwenden:

1. Im § 86 Abs. 1 sind hinter den Worten „drei Jahren" die Worte einzufügen „oder Gefängnis von einem bis zu drei Jahren"[1]).

2. Hinter dem § 86 wird folgende Vorschrift eingefügt[2]):

§ 86a

Gegenstände, die zur Begehung einer der in den §§ 81 bis 86 bezeichneten Verbrechen gebraucht oder bestimmt sind, können eingezogen oder unbrauchbar gemacht werden, auch wenn sie weder dem Täter noch einem Teilnehmer gehören.

Kann keine bestimmte Person verfolgt oder verurteilt werden, so kann auf die Einziehung oder Unbrauchbarmachung selbständig erkannt werden[3]).

---

(1) § 86 StGB. bestraft die Vorbereitung eines hochverräterischen Unternehmens. Er lautet:

„Jede andere ein hochverräterisches Unternehmen vorbereitende Handlung wird mit Zuchthaus bis zu drei Jahren oder Festungshaft von gleicher Dauer bestraft.

Sind mildernde Umstände vorhanden, so tritt Festungshaft von sechs Monaten bis zu drei Jahren ein"

Durch die neue Verordnung wird im Abs. 1, d. h. nur bei Verweigerung mildernder Umstände, neben Zuchthaus- und Festungsstrafe auch Gefängnisstrafe zugelassen. Nach dem bisherigen Recht

---

*) Von dieser VO. sind nur zwei Paragraphen in Kraft geblieben, der Rest ist durch § 20 Nr. 3 VO. v. 14. 6. 1932 aufgehoben.

mußte in allen Fällen, in denen nicht festgestellt werden konnte, daß die strafbare Handlung aus einer ehrlosen Gesinnung entsprungen ist, auf Festungshaft erkannt werden. Letzteres war praktisch die Regel. Da die Festungshaft infolge der weitgehenden Bewegungsfreiheit, die sie dem Verurteilten läßt, sich angeblich als wirkungslos erwiesen haben soll, ist jetzt zur Abwehr der immer mehr anwachsenden Zahl der Hochverratsverbrechen an Stelle von Festung auch Gefängnisstrafe zugelassen.

(2) Diese Vorschrift wird praktisch in erster Linie auf die Druckmaschinen und sonstigen Vervielfältigungsmittel Anwendung finden, die bei der Herstellung hochverräterischer Schriften Verwendung gefunden haben. Sie ist eine überaus scharfe Waffe, da sie jeden, der Druckmaschinen usw. zur Herstellung hochverräterischer Schriften bereitstellt, in die Gefahr bringt, daß ihm seine Maschinen beschlagnahmt und zugunsten des Staates ohne Entschädigung eingezogen oder unbrauchbar gemacht werden. Nach ausdrücklicher Vorschrift des Gesetzes ist es dabei gleichgültig, ob der Eigentümer oder Besitzer der Druckmaschinen selbst Täter oder Teilnehmer war oder nicht. Die Maßnahme ist also auch dann zulässig, wenn er von dieser Art der Benutzung seiner Maschinen nichts wußte oder ihm dieses Wissen jedenfalls nicht nachzuweisen ist. Die Vorschrift begründet demnach praktisch eine besondere Verpflichtung jedes Druckereibesitzers, den Inhalt der in seinem Betriebe gedruckten Schriften im eigenen Interesse genau zu prüfen. Auf der anderen Seite ist zu betonen, daß es sich nicht um eine „Muß“-Vorschrift, sondern um eine „Kann“-Bestimmung handelt, die sinngemäß nur dann anzuwenden ist, wenn gegen den Eigentümer der Druckerei wenigstens der Verdacht besteht, daß er diese Art der Benutzung seiner Maschinen gekannt und geduldet hat. Zur Sicherung der durch Urteil auszusprechenden Einziehung ist gemäß §§ 94, 98 StPO. die Beschlagnahme zulässig, die dem Richter zusteht, bei Gefahr im Verzuge aber auch von Staatsanwaltschaft oder Polizei selbständig angeordnet werden kann.

(3) Es handelt sich hier um das sogenannte objektive Verfahren der §§ 430 bis 432 StPO., das in den Fällen Anwendung findet, in denen der Täter oder ein Teilnehmer (Anstifter, Gehilfe) nicht ermittelt oder jedenfalls nicht überführt werden kann.

§§ 2—5

aufgehoben durch § 20 Nr. 3 VO. v. 14. 6. 1932.

Verordnung des Reichspräsidenten über die Auflösung der kommunistischen Gottlosenorganisationen.

Vom 3. Mai 1932.

(RGBl. I S. 185.)

Auf Grund des Artikels 48 Abs. 2 der Reichsverfassung wird folgendes verordnet:

§ 1

Die Internationale proletarischer Freidenker (Sitz der Exekutive Berlin)[1]) und die ihr nachgeordneten oder angeschlossenen kommunistischen Freidenkerorganisationen, insbesondere der Verband proletarischer Freidenker Deutschlands, einschließlich der Proletarischen Freidenker-Jugend, der Freidenker-Pioniere und der Frauenkommissionen, sowie die Kampfgemeinschaften proletarischer Freidenker werden mit allen dazugehörigen Einrichtungen, einschließlich der Verlagsbetriebe[2]), für das Reichsgebiet mit sofortiger Wirkung aufgelöst.

Vorbemerkung

Die antireligiöse und antikirchliche Arbeit der kommunistischen Partei Deutschlands ist ein Teil ihrer auf den gewaltsamen Umsturz des Staates gerichteten Bestrebungen. Durch Zerstörung des Gottesglaubens sollen in der Bevölkerung die sittlichen Hemmungen, die Gottesglauben und Achtung vor Kirche und Staat gegenüber ungesetzlichen Handlungen darstellt, beseitigt werden. Die Auflösung der kommunistischen Gottlosenorganisationen bedeutet hiernach nicht einen polizeilichen Eingriff in den geistigen Kampf der Religionsgesellschaften mit den ihnen durch Artikel 137 RV. rechtlich gleichgestellten freidenkerischen Weltanschauungsgemeinschaften. Sie ist lediglich eine Abwehrmaßregel des Staates gegen den politischen Kampf, der von den Kommunisten in der Form und unter dem Deckmantel einer Freidenkerbewegung geführt wird, der aber in Wirklichkeit nicht eigentlich um Glaubens- und Gewissensfragen, sondern um die Grundfesten des christlichen Staates geht. Gegen die Auswüchse dieser Bewegung, die besonders um die Jahreswende 1930/31 geradezu bedrohlichen Umfang annahm, wurde zunächst durch die Verordnung vom 28. März 1931 vorgegangen. Als sich herausstellte, daß die dort gegebenen Handhaben nicht genügten, wurden durch die vorliegende Verordnung die kommunistischen Gottlosenorganisationen mit allen ihren Einrichtungen aufgelöst.

(1) Die Internationale proletarischer Freidenker wurde am 17. November 1930 in Tetschen gegründet und hat ihren Sitz in Moskau. Sie ist eine rein kommunistische Abspaltung von der vorwiegend sozialistischen Freidenkerinternationale. Aufgelöst ist nicht die internationale Organisation, sondern lediglich ihr deutscher Zweig und alle daran hängenden deutschen kommunistischen Gottlosenorganisationen, deren wichtigste in der Verordnung selbst genannt sind.

(2) Die Auflösung umfaßt nicht nur die Organisationen als solche, sondern auch alle dazugehörigen Einrichtungen einschließlich der Verlagsbetriebe. Bei ihnen ist Auflösung gleichbedeutend mit Schließung und Verbot ihrer Fortführung. Dementsprechend ist im § 2 auch die Weiterverfolgung des von den Organisationen erstrebten Zweckes durch Herstellen, Einführen, Verbreiten oder Vorrätighalten von Druckschriften unter Strafe gestellt. Näheres siehe Anm. 2 zu § 2.

§ 2

(1) Wer sich an einer Organisation, die nach § 1 aufgelöst worden ist, als Mitglied beteiligt[1]) oder den von der Organisation erstrebten Zweck durch Herstellen, Einführen, Verbreiten oder Vorrätighalten von Druckschriften weiter verfolgt[2]) oder die Organisation auf andere Weise unterstützt[3]) oder den durch die Organisation geschaffenen organisatorischen Zusammenhalt weiter aufrechterhält[4]), wird mit Gefängnis nicht unter einem Monat bestraft[5]).

(2) Neben der Gefängnisstrafe kann auf Geldstrafe erkannt werden.

(3) Gegenstände, die zur Begehung des im Abs. 1 bezeichneten Vergehens gebraucht oder bestimmt sind, können eingezogen oder unbrauchbar gemacht werden, auch wenn sie weder dem Täter noch einem Teilnehmer gehören[6]).

(4) Kann keine bestimmte Person verfolgt oder verurteilt werden, so kann auf die Einziehung oder Unbrauchbarmachung selbständig erkannt werden[7]).

(5) Die Beschlagnahme der im Abs. 1 bezeichneten Druckschriften ist ohne richterliche Anordnung zulässig. Die Vorschriften der §§ 24 bis 28 des Gesetzes über die Presse vom 7. Mai 1874 (Reichsgesetzbl. S. 65) finden Anwendung[8]).

(1) Beteiligung als Mitglied an der aufgelösten Organisation setzt voraus, daß diese, wenn auch nicht gerade in ihrer Gesamtheit, so doch wenigstens in örtlichen Gruppen verbotswidrig offen oder geheim fortbesteht. Bei geheimem Fortbestehen liegt zugleich ein Verstoß gegen § 128 StGB. vor. Ob Mitgliedschaft vorliegt, beurteilt sich in erster Linie nach tatsächlichen Gesichtspunkten, gleichgültig ist, ob der Betreffende auch rechtlich als Vereinsmitglied anzusehen ist. Wenn ein früheres Mitglied sich dem Gesamtwillen des verbotswidrig fortbestehenden Vereins weiterhin unterordnet und sein Wirken für die Organisation auf eine gewisse Dauer berechnet ist, liegt Beteiligung als Mitglied vor (RGSt. 24 328); auf die wirkliche Dauer der Mitgliedschaft kommt es nicht an.

(2) Die Weiterverfolgung des von der Organisation erstrebten Zweckes ist, wie sich aus der Stellung und dem Zusammenhang dieser Vorschrift ergibt, nicht schlechthin, sondern nur insoweit verboten, als sie eine mittelbare Fortführung oder Unterstützung der aufgelösten Organisation darstellen würde (siehe insbesondere den Nachsatz: „oder die Organisation auf andere Weise unterstützt"!). Unter Zweck der Organisation ist hier sinngemäß der Endzweck zu verstehen, nämlich die Vorbereitung des von den Kommunisten geplanten bewaffneten Umsturzes durch Erschütterung des dafür hinderlichen Gottesglaubens. Die von diesem kommunistischen Ziel losgelöste Freidenkerpropaganda der nichtkommunistischen Freidenkerorganisationen wird durch diese Verordnung, wie schon ihre Ueberschrift ergibt, nicht berührt.

(3) Unterstützung einer Organisation ist jede Tätigkeit, durch welche ihr Zweck gefördert werden soll. Dies kann durch Rat oder Tat geschehen, z. B. durch Hergabe von Geld, Vorträge oder andere Mittel. Auch Eintreten für die Verbindung durch Wort oder Schrift ist Unterstützung. Unterstützung einzelner Mitglieder ist dann Unterstützung der Organisation selbst, wenn sie der Förderung ihrer Bestrebungen dient.

(4) In diesen Fällen braucht der Fortbestand des aufgelösten Vereins nicht nachgewiesen zu werden. Es genügt, daß Mitglieder der Vereinigung ungeachtet ihrer Auflösung den Zusammenhalt, den sie durch den Eintritt in die Vereinigung zueinander erhalten haben, in irgendeiner Form zu dem Zweck aufrechterhalten, um sich dadurch für sofort oder später die Möglichkeit der Fortsetzung der Vereinstätigkeit zu bewahren. Eine auf gewisse Dauer berechnete Tätigkeit ist nicht erforderlich.

Ein ausschließlich zu gesellschaftlichen Zwecken aufrechterhaltener Zusammenhalt fällt nicht unter die Strafvorschrift.

Der organisatorische Zusammenhalt kann unter Umständen auch durch Eintreten in einen bisher ganz unbeanstandet gebliebenen Verein oder durch Neugründung eines äußerlich harmlos anmutenden Vereins aufrechterhalten werden.

Das Tragen von Abzeichen oder abzeichenähnlichen Kennzeichen des aufgelösten Vereins wird, wenn es von einer größeren Anzahl ehemaliger Mitglieder geschieht, regelmäßig als Beweismittel für Aufrechterhaltung des organisatorischen Zusammenhaltes angesehen werden. Geschieht es lediglich seitens einzelner ehemaliger Mitglieder oder seitens einer Mehrheit von Personen, die nicht Mitglieder waren, so kann es unter Umständen als Beweismittel für die Unterstützung des aufgelösten Vereins durch diese Personen gelten.

(5) Nur *vorsätzliches* Handeln ist strafbar.

(6) Nur solche Gegenstände unterliegen der Sicherstellung, die den in Abs. 1 genannten Zwecken, wenn auch nur mittelbar, gedient haben oder dienen sollten. Der Zweck der Sicherstellung ist der, alles zu erfassen, was zur Fortsetzung der Tätigkeit der Organisation dienen könnte. Dazu gehören auch die Karteien, Akten und sonstigen Einrichtungen zur Aufrechterhaltung des organisatorischen Zusammenhalts, dagegen nicht Büromöbel und ähnliche Dinge, die ihrer Natur nach mit dem Organisationszweck nichts zu tun haben.

Die Vorschrift wird praktisch in erster Linie auf die *Druckmaschinen* und *sonstigen Vervielfältigungsmittel* Anwendung finden, die bei der Herstellung kommunistischer Gottlosenschriften Verwendung gefunden haben. Sie ist eine überaus scharfe Waffe, da sie jeden, der Druckmaschinen usw. zur Herstellung solcher Schriften bereitstellt, in die Gefahr bringt, daß ihm seine Maschinen beschlagnahmt und zugunsten des Staates ohne Entschädigung eingezogen oder unbrauchbar gemacht werden. Nach ausdrücklicher Vorschrift des Gesetzes ist es dabei gleichgültig, ob der Eigentümer oder Besitzer der Druckmaschinen selbst Täter oder Teilnehmer war oder nicht. Die Maßnahme ist also auch dann zulässig, wenn er von dieser Art der Benutzung seiner Maschinen nichts wußte oder ihm dieses Wissen jedenfalls nicht nachzuweisen ist. Die Vorschrift begründet demnach praktisch eine besondere Verpflichtung jedes Druckereibesitzers, den Inhalt der in seinem Betriebe gedruckten Schriften im eigenen Interesse genau zu prüfen. Auf der anderen Seite ist zu betonen, daß es sich nicht um eine

„M u ß“-Vorschrift, sondern um eine „K a n n“-Bestimmung handelt, die sinngemäß nur dann anzuwenden ist, wenn gegen den Eigentümer der Druckerei wenigstens der Verdacht besteht, daß er diese Art der Benutzung seiner Maschinen gekannt und geduldet hat. Zur Sicherung der durch Urteil auszusprechenden Einziehung ist gemäß §§ 94, 98 StPO. die Beschlagnahme zulässig, die dem Richter zusteht, bei Gefahr im Verzuge aber auch von Staatsanwaltschaft oder Polizei selbständig angeordnet werden kann.

Der Einziehung und Unbrauchbarmachung unterliegen ferner sämtliche Druckschriften, die den Zwecken der kommunistischen Gottlosenorganisationen dienen sollen.

(7) Es handelt sich hier um das sogenannte objektive Verfahren der §§ 430 bis 432 StPO., das in den Fällen Anwendung findet, in denen der Täter oder ein Teilnehmer (Anstifter, Gehilfe) nicht ermittelt oder jedenfalls nicht überführt werden kann.

(8) Damit ist — abweichend von § 23 PreßG. — die auf Grund der Strafprozeßordnung erfolgende nichtrichterliche Beschlagnahme durch Staatsanwaltschaft und polizeiliche Hilfsbeamte der Staatsanwaltschaft zugelassen. Polizeiliche Beschlagnahme außerhalb eines Strafverfahrens auf Grund der Ermächtigungen des Landespolizeirechts bleibt nach § 1 PreßG. ausgeschlossen. Auf die Beschlagnahme finden die Vorschriften der Strafprozeßordnung Anwendung. Voraussetzung ist hiernach Gefahr im Verzuge (§ 98 Abs. 1 StPO.). Ergänzend gelten die Sondervorschriften der §§ 24 bis 28 PreßG.; es muß also insbesondere binnen 24 Stunden richterliche Bestätigung der nichtrichterlichen Beschlagnahme nachgesucht werden (§ 24) und es muß binnen zwei Wochen nach der Bestätigung Strafverfolgung in der Hauptsache eingeleitet werden (§ 26).

§ 3

(1) Diese Verordnung tritt mit ihrer Verkündung, § 2 tritt mit dem zweiten Tage nach der Verkündung in Kraft.

(2) Die zur Durchführung der Verordnung erforderlichen Rechts- und Verwaltungsvorschriften erläßt der Reichsminister des Innern.

Anhang I

Durchführungsverordnungen des Reichs

Erste Verordnung
zur Durchführung der Verordnung zum Schutze des deutschen Volkes
Vom 4. Februar 1933 (RGBl. I S. 41)

Auf Grund des § 25 der Verordnung des Reichspräsidenten zum Schutze des deutschen Volkes vom 4. Februar 1933 (RGBl. I S. 35/40) wird hiermit verordnet:

§ 1

Als leitende Beamte im Sinne des § 2 Nr. 2, § 9 Abs. 1 Nr. 5 der Verordnung des Reichspräsidenten zum Schutze des deutschen Volkes werden der Reichskanzler, die Reichsminister und die Staatssekretäre des Reichs bestimmt.

§ 2

Vor Erlaß des Verbots einer periodischen Druckschrift ist zu prüfen, ob an seiner Stelle eine Verwarnung oder eine von dem Verlag oder der Schriftleitung in der Druckschrift abzugebende Erklärung ausreicht. In leichteren Fällen ist von einer dieser Möglichkeiten Gebrauch zu machen.

Berlin, den 4. Februar 1933.

Der Reichsminister des Innern.

Zweite Verordnung
zur Durchführung der Verordnung zum Schutze des deutschen Volkes
Vom 7. Februar 1933 (RGBl. I S. 53)

Auf Grund des § 25 der Verordnung des Reichspräsidenten zum Schutze des deutschen Volkes vom 4. Februar 1933 (Reichsgesetzbl. I S. 35) wird hiermit verordnet:

§ 1

Der gemäß § 10 Abs. 1 der Verordnung des Reichspräsidenten zum Schutze des deutschen Volkes bestimmte Senat des Reichsgerichts ist zuständig für die Entscheidung darüber,

1. ob der Beschwerde gegen das Verbot einer periodischen Druckschrift stattzugeben ist, wenn der Reichsminister des Innern ihr nicht abgeholfen hat (§ 10 Abs. 2 Satz 4, § 11 Abs. 3 der Verordnung);
2. ob die Entscheidung des Reichsministers des Innern, die der Beschwerde gegen das Verbot einer periodischen Druckschrift abgeholfen hat, aufrechtzuerhalten ist (§ 10 Abs. 2 Satz 5, § 11 Abs. 3 der Verordnung);
3. ob die oberste Landesbehörde einem Ersuchen des Reichsministers des Innern um das Verbot einer periodischen Druckschrift entsprechen muß (§ 10 Abs. 3, § 11 Abs. 2 der Verordnung).

§ 2

Der Senat entscheidet auf Grund der ihm von den Beteiligten vorgelegten Unterlagen. Zu ihrer Ergänzung kann er von den Beteiligten schriftliche Aeußerungen einholen und weitere Erhebungen anstellen, insbesondere Zeugen und Sachverständige eidlich vernehmen. Auf solche Vernehmungen finden die Vorschriften der Strafprozeßordnung entsprechende Anwendung. Die Gerichte sind zur Rechtshilfe nach den Bestimmungen des Titels 13 des Gerichtsverfassungsgesetzes verpflichtet.

Der Senat kann mündliche Verhandlungen anordnen, zu der die Beteiligten zu laden sind. Die mündliche Verhandlung ist öffentlich. Die Vorschriften der §§ 172, 174 bis 179, 182, 183 und des Titels 15 des Gerichtsverfassungsgesetzes finden Anwendung.

Zwischen der Zustellung der Ladung und der mündlichen Verhandlung muß eine Frist von mindestens drei Tagen liegen. Mit Zustimmung der Beteiligten ist Abkürzung dieser Frist zulässig.

§ 3

Auf die Ausschließung und Ablehnung der Gerichtspersonen finden die Vorschriften des 1. Buches, 1. Abschnitts, Titels 4 der Zivilprozeßordnung entsprechende Anwendung.

§ 4

Die Entscheidung des Senats über das Verbot einer periodischen Druckschrift soll innerhalb einer Woche nach dem Tage ergehen, an dem das Ersuchen um die Entscheidung des Senats bei ihm eingegangen ist.

§ 5

Die Entscheidungen des Senats erfolgen mit einfacher Mehrheit der Stimmen.

Die Entscheidungen sind schriftlich zu begründen und den Beteiligten zuzustellen.

§ 6

Als Beteiligte gemäß §§ 2 und 5 gelten

1. im Falle des § 1 Nr. 1
   a) der Reichsminister des Innern,
   b) die oberste Landesbehörde,
   c) die Landesbehörde, die das Verbot der periodischen Druckschrift angeordnet hat,
   d) der verantwortliche Schriftleiter und der Verleger der periodischen Druckschrift;
2. im Falle des § 1 Nr. 2 und 3
   a) der Reichsminister des Innern,
   b) die oberste Landesbehörde.

Die Beteiligten können sich in dem Verfahren durch Bevollmächtigte vertreten lassen.

§ 7

Die Zustellung der Ladungen und der Entscheidungen erfolgt nach den Vorschriften der Zivilprozeßordnung über die Zustellungen von Amts wegen (§§ 208 ff.).

§ 8

Die Verfahren werden durch die Gerichtsferien nicht gehemmt.

§ 9

Wird im Fall des § 1 Nr. 1 die Beschwerde ganz oder teilweise verworfen, so hat der Beschwerdeführer eine Gebühr zu zahlen, die vom Senat durch besonderen Beschluß festgesetzt wird. Der Senat kann zugleich dem Beschwerdeführer auferlegen, die Auslagen des Gerichts ganz oder teilweise zu erstatten.

§ 10

Die Gebühr beträgt mindestens 30 Reichsmark und höchstens 600 Reichsmark.

Für die Auslagen gelten die Vorschriften der §§ 71 bis 73 des Gerichtskostengesetzes.

Die Einziehung der Gebühren und Auslagen erfolgt nach den Vorschriften über die Gerichtskosten in reichsgerichtlichen Verfahren.

§ 11

Ein Verfahren, das bei Inkrafttreten der Verordnung des Reichspräsidenten vom 4. Februar 1933 auf Grund des § 6 der Verordnung des Reichspräsidenten zur Erhaltung des inneren Friedens vom 19. Dezember 1932 (Reichsgesetzbl. I S. 548) eingeleitet war, wird nach den Vorschriften der Verordnung vom 4. Februar 1933 und dieser Durchführungsverordnung fortgesetzt; jedoch finden die Bestimmungen der §§ 9 und 10 der Durchführungsverordnung über die Gebühren und Auslagen in dem Verfahren vor dem Senat des Reichsgerichts keine Anwendung.

Berlin, den 7. Februar 1933.

Der Reichsminister des Innern.
Der Reichsminister der Justiz.

Dritte Verordnung
zur Durchführung der Verordnung zum Schutze des deutschen Volkes
Vom 7. Februar 1933 (RGBl. I S. 54).

Auf Grund des § 25 der Verordnung des Reichspräsidenten zum Schutze des deutschen Volkes vom 4. Februar 1933 (Reichsgesetzbl. I S. 35) wird hiermit verordnet:

Als leitende Beamte im Sinne des § 2 Nr. 2, § 9 Abs. 1 Nr. 5 der Verordnung des Reichspräsidenten zum Schutze des deutschen Volkes werden ferner die als Kommissare des Reichs mit der Führung der Preußischen Ministerien betrauten Personen bestimmt.

Berlin, den 7. Februar 1933.

Der Reichsminister des Innern.

Verordnung
zur Durchführung der Verordnung zur Erhaltung des inneren Friedens
Vom 20. Dezember 1932 (RGBl. I S. 573).

Auf Grund des § 11 der Verordnung des Reichspräsidenten zur Erhaltung des inneren Friedens vom 19. Dezember 1932 (Reichsgesetzbl. I S. 548) wird hiermit verordnet:

§ 1

Der gemäß § 3 Abs. 2 der Verordnung des Reichspräsidenten zur Erhaltung des inneren Friedens bestimmte Senat des Reichsgerichts ist zuständig für die Entscheidung darüber,

1. ob der Beschwerde gegen die Auflösung eines Vereins stattzugeben ist, wenn der Reichsminister des Innern ihr nicht abgeholfen hat (§ 3 Abs. 3 Satz 4 der Verordnung);
2. ob die Entscheidung des Reichsministers des Innern, die der Beschwerde gegen die Auflösung eines Vereins abgeholfen hat, aufrechtzuerhalten ist (§ 3 Abs. 3 Satz 5 der Verordnung);
3. ob die oberste Landesbehörde einem Ersuchen des Reichsministers des Innern gegen die Auflösung eines Vereins entsprechen muß (§ 3 Abs. 4 der Verordnung).

§ 2

Absatz 1, 2 gleichlautend mit S. 136, § 2 Abs. 1, 2.

Zwischen der Zustellung der Ladung und der mündlichen Verhandlung muß, wenn es sich um die Auflösung eines Vereins handelt, eine Frist von mindestens einer Woche, wenn es sich um das Verbot einer periodischen Druckschrift handelt, eine Frist von mindestens drei Tagen liegen. Mit Zustimmung der Beteiligten ist Abkürzung dieser Fristen zulässig.

§§ 3—8

gleichlautend mit S. 137, §§ 3—8.

Berlin, den 20. Dezember 1932.

Der Reichsminister des Innern.
Der Reichsminister der Justiz.

Anhang II

Ausführungsvorschriften der Länder

Preußen

Verordnung

zur Ausführung der Verordnung des Reichspräsidenten zum Schutze des deutschen Volkes vom 4. Februar 1933 (Reichsgesetzbl. I S. 35)

Vom 6. Februar 1933 (GS. S. 23).

Auf Grund des § 1 Abs. 2, § 7 Abs. 2, § 10 Abs. 1 Satz 1, § 14 Abs. 1 und § 25 Abs. 2 der Verordnung des Reichspräsidenten zum Schutze des deutschen Volkes vom 4. Februar 1933 (Reichsgesetzbl. I S. 35) in Verbindung mit Artikel 51 der Preußischen Verfassung wird folgendes verordnet:

§ 1

Leitende preußische Beamte im Sinne des § 2 Nr. 2 und des § 9 Abs. 1 Nr. 5 der Verordnung sind:

a) die aktiven Staatsminister, soweit sie tatsächlich ein Ministerium verwalten;
b) die Staatssekretäre in den Ministerien;
c) die Oberpräsidenten;
d) der Kammergerichtspräsident und die Oberlandesgerichtspräsidenten;
e) die Regierungspräsidenten;
f) die Polizeipräsidenten.

§ 2

Zuständig sind:

1. für das Verbot öffentlicher politischer Versammlungen und von Versammlungen und Aufzügen unter freiem Himmel sowie für die Genehmigung solcher Ver-

anstaltungen unter Auflagen statt eines Verbots nach § 1 Abs. 2 der Verordnung in Stadtkreisen und in Orten mit staatlicher Polizeiverwaltung die Ortspolizeibehörden, im übrigen die Landräte.

Bezieht sich das Verbot auf eine Versammlung, die bereits begonnen hat, so sind zu einem Verbote der Fortsetzung der Versammlung (Auflösung) auch die in sie entsandten Beauftragten der Polizeibehörde (§ 3 der Verordnung) befugt.

2. für die Anordnung der polizeilichen Beschlagnahme und Einziehung von Druckschriften gemäß § 7 Abs. 2 der Verordnung außer den Ortspolizeibehörden auch die Landräte und der Polizeipräsident (Landeskriminalpolizeiamt I) in Berlin.

Die räumliche Wirkung der Anordnung erstreckt sich auf den Bereich der anordnenden Behörde; wird die Beschlagnahme und Einziehung vom Polizeipräsidenten (Landeskriminalpolizeiamt I) in Berlin angeordnet, so erstreckt sich die Wirkung auf das ganze Staatsgebiet;

3. für das Verbot periodischer Druckschriften nach den §§ 9, 10 und 11 der Verordnung auch die Oberpräsidenten für den Bereich ihrer Provinz, der Regierungspräsident in Sigmaringen für den Bereich des Regierungsbezirkes Sigmaringen und der Polizeipräsident in Berlin für den Bezirk der Stadt Berlin;

4. für das Verbot des Einsammelns von Geld- oder Sachspenden nach § 14 Abs. 1 der Verordnung auch die Regierungspräsidenten für den Bereich ihres Bezirkes und der Polizeipräsident in Berlin für den Bezirk der Stadt Berlin;

5. für die Anordnung und den Vollzug der polizeilichen Haft nach § 22 der Verordnung die Ortspolizeibehörden;

6. für die polizeiliche Schließung von Räumlichkeiten und für die Beschlagnahme und Einziehung von Waffen nach § 23 Abs. 1 und 2 der Verordnung die Ortspolizeibehörden.

§ 3

Höhere Verwaltungsbehörde im Sinne des § 23 Abs. 5 Satz 2 der Verordnung sind die Regierungspräsidenten für den Bereich ihres Bezirkes und der Polizeipräsident in Berlin für den Bezirk der Stadt Berlin.

Berlin, den 6. Februar 1933.

Das Preußische Staatsministerium
Die Kommissare des Reichs
von Papen. Göring.

(Siegel.)

Durchführung der VO. des Reichspräsidenten zum Schutze des deutschen Volkes vom 4. 2. 1933 (RGBl. I S. 35)

RdErl. d. MdI. (KdR.) v. 10. 2. 1933 — I 1121 (MBliV. S. 148).

(1) Der Herr Reichspräsident hat unter dem 4. 2. 1933 die im Reichsgesetzblatt I S. 35 abgedruckte Verordnung zum Schutze des deutschen Volkes erlassen. Zur Ausführung der Verordnung ist die Verordnung des Preuß. Staatsministeriums (Kommissare des Reichs) v. 6. 2. 1933 (GS. S. 23) ergangen, wie in der Anl. 1 abgedruckt ist. Die Anwendung der Verordnung hat nach folgenden Richtlinien zu erfolgen:

(2) Die Reichsregierung hat den Herrn Reichspräsidenten um den Erlaß dieser scharfen Handhaben bitten müssen, um die von ihr in Angriff genommene Arbeit des Wiederaufbaus gegen Störungen durch staatsfeindliche Kräfte zu sichern. Dieser Aufgabe und Bedeutung der Verordnung haben die zu ihrer Durchführung berufenen Behörden und Beamten sich stets voll bewußt zu sein. Bei der Anwendung der Vorschriften sind daher Motive und Zweck von Verstößen weitgehend zu berücksichtigen. Die Verordnung ist nicht dazu geschaffen, die hinter der Regierung der nationalen Erhebung stehenden Volkskreise in ihrer willkommenen und notwendigen Mitarbeit an der Förderung der hohen Ziele der Reichsregierung zu behindern.

(3) Zur Durchführung der Verordnung ordne ich im einzelnen folgendes an:

1. (1) Ueber die erfolgte Anmeldung geplanter öffentlicher politischer Versammlungen in geschlossenen Räumen und politischer Versammlungen und Aufzüge unter freiem Himmel hat die Ortspolizeibehörde dem Anmeldenden eine kostenfreie Bescheinigung nach dem aus der Anl. 2 ersichtlichen Muster zu erteilen. Ein Doppel der erteilten Bescheinigung ist als amtlicher Beleg zurückzubehalten. Vordrucke sind beim Pol.-Präs. in Berlin zu bestellen. Die Anmeldung des voraussichtlichen Bedarfs hat sofort zu erfolgen.

(2) Die Bescheinigung über die erfolgte Anmeldung ist erst zu erteilen, wenn eine Entschließung darüber erfolgt ist, daß ein Verbot der Veranstaltung nach § 1 Abs. 2 der Verordnung nicht in Frage kommt. Stellt sich nach der Erteilung der Bescheinigung die Notwendigkeit eines vorbeugenden Verbots der Veranstaltung heraus, so ist die Bescheinigung sofort polizeilich wieder einzuziehen.

(3) Erfolgt die Genehmigung der Veranstaltung gemäß § 1 Abs. 2 Satz 2 unter Auflagen, so sind die Auflagen in der Bescheinigung aufzuführen.

(4) Die erteilte Bescheinigung über die Anmeldung der Versammlung oder des Aufzuges hat der Versammlungsleiter oder der Leiter des Aufzuges bei sich zu führen und auf Verlangen eines Polizeibeamten vorzuzeigen. Diese Verpflichtung ist in der Bescheinigung über die Anmeldung ausdrücklich zu vermerken und gilt in jedem Falle als Auflage im Sinne des § 1 Abs. 1 Satz 2 der Verordnung.

(5) Soll ein Aufzug unter freiem Himmel mehrere Orte berühren, die zu verschiedenen Ortspolizeibezirken, aber zu demselben Landkreis gehören, so kann die an sich bei jeder der beteiligten Ortspolizeibehörden erforderliche Anmeldung durch die Anmeldung beim zuständigen Landrat ersetzt werden; werden verschiedene Stadt- oder Landkreise berührt, die zu demselben Regierungsbezirk gehören, so kann die Anmeldung bei jeder der beteiligten Ortspolizeibehörden durch die Anmeldung beim Reg.-Präs. ersetzt werden. Die Ortspolizeibehörde des Ausgangsorts hat die Veranstalter des Aufzugs in jedem Falle hierauf besonders hinzuweisen.

(6) Werden von einem Aufzug die Bezirke verschiedener Polizeibehörden berührt, so haben sich diese wegen der er-

forderlichen Sicherheitsmaßnahmen rechtzeitig miteinander in Verbindung zu setzen.

(7) Die Polizei ist übrigens nicht gehindert, eine **Veranstaltung auch dann ausdrücklich zuzulassen, wenn sie nicht mindestens 48 Stunden vorher angemeldet** worden ist.

(8) Die in § 1 Abs. 3 der Verordnung genannten Veranstaltungen nicht politischer Art bedürfen keiner Anmeldung; es entfällt damit auch die Erteilung einer Bescheinigung.

2. (1) Nach § 2 Ziff. 1 der Pr. Ausf.-VO. v. 6. 2. 1933 (GS. S. 23) sind für ein **Verbot öffentlicher politischer Versammlungen** in geschlossenen Räumen und politischer Versamlungen und Aufzüge unter freiem Himmel nach § 1 Abs. 2 der Verordnung in Stadtkreisen und Orten mit staatlicher Polizeiverwaltung die Ortspolizeibehörden, im übrigen die Landräte zuständig. Die Ortspolizeibehörden haben daher die Landräte von der erfolgten Anmeldung einer öffentlichen politischen Versammlung oder eines politischen Aufzuges vor Erteilung der Bescheinigung sofort, gegebenenfalls fernmündlich, zu unterrichten, um ihnen die Entschließung über ein Verbot der Veranstaltung oder die Genehmigung unter bestimmten Auflagen rechtzeitig zu ermöglichen. Das Recht und die Pflicht der Polizeiaufsichtsbehörden, insbesondere der Landespolizeibehörden, die für die Anordnung von Verboten zuständigen Dienststellen mit Weisungen zu versehen, wird hierdurch nicht berührt.

(2) Nach § 6 Abs. 1 der Verordnung kann ein **allgemeines Verbot von Versammlungen unter freiem Himmel** und Aufzügen wegen unmittelbarer Gefahr für die öffentliche Sicherheit auf Grund des Art. 123 Abs. 2 der Reichsverfassung von den Polizeibehörden künftig **nur für bestimmt abgegrenzte Ortsteile** erlassen werden. Wenn und soweit ein solches allgemeines Verbot für notwendig erachtet wird, ist es in der Form einer polizeilichen Anordnung gemäß § 58 Buchst. b PVG. zu erlassen.

3. (1) Zuständig für die **polizeiliche Beschlagnahme und Einziehung von Druckschriften** nach § 7 der Verordnung sind nach § 2 Ziff. 2 der Pr. Ausf.-VO. v. 6. 2. 1933 (GS. S. 23) außer den Ortspolizeibehörden

auch die Landräte und der Pol.-Präs. (Landeskriminalpolizeiamt I) in Berlin. Eine vom Pol.-Präs. in Berlin in seiner Eigenschaft als Landeskriminalpolizeiamt ausgesprochene Beschlagnahme und Einziehung erstreckt sich in ihrer Wirkung auf das ganze Staatsgebiet.

(2) Besteht Grund zu der Annahme, daß eine Druckschrift, die gemäß § 7 von einer Ortspolizeibehörde oder von einem Landrat beschlagnahmt ist, im ganzen Staatsgebiet oder in großen Teilen verbreitet wird oder verbreitet werden soll, so hat die beschlagnahmende Behörde unverzüglich dem Polizeipräsidenten (Landeskriminalpolizeiamt I) in Berlin von ihrer Anordnung Nachricht zu geben, damit dieser sofort in die Lage versetzt wird, die Beschlagnahme und Einziehung für das ganze Staatsgebiet auszusprechen. Der Polizeipräsident (Landeskriminalpolizeiamt I) in Berlin hat die von ihm verfügte Maßnahme durch Polizeifunk bekanntzugeben. Die Benachrichtigung der nicht an den Polizeifunk angeschlossenen Dienststellen erfolgt durch Veröffentlichung im „Deutschen Kriminalpolizeiblatt" gemäß dem RdErl. v. 24. 11. 1931 (MBliV. S. 1201), der entsprechend anzuwenden ist.

4. Im Hinblick auf die Bestimmung des § 2 der Ersten Durchf.-VO. des RMdI. v. 4. 2. 1933 (RGBl. I S. 41) ist vor dem Erlaß des Verbots einer periodischen Druckschrift zu prüfen, ob der erstrebte Zweck nicht schon durch eine Verwarnung oder eine von dem Verlag oder der Schriftleitung in der Druckschrift abzugebende Erklärung erreicht werden kann. In leichteren Fällen, insbesondere, wenn der angerichtete Schaden gering und anzunehmen ist, daß lediglich fahrlässiges Handeln vorliegt, ist statt eines Verbots zunächst von einer dieser milderen Möglichkeiten Gebrauch zu machen.

5. (1) Verfügungen, durch die das Erscheinen einer periodischen Druckschrift gemäß §§ 9 ff. der Verordnung verboten wird, sind mit Gründen zu versehen, in denen die die Maßnahme stützenden Tatsachen darzulegen sind. Die Gründe sind, soweit Zustellung der Verfügung erfolgt, dem Betroffenen auch ohne besonderen Antrag mitzuteilen.

(2) Verfügungen gemäß Abs. 1 Satz 1 sind, soweit nicht besondere Gründe entgegenstehen, dem Betroffenen zuzustellen, sonst amtlich bekanntzumachen.

(3) Die Verfügungen sind stets im Reichs- und Staatsanzeiger ohne Angabe der Gründe zu veröffentlichen.

(4) Entsprechendes gilt für die Aenderung und Aufhebung solcher Verfügungen.

(5) In den Verfügungen ist auf die Bestimmungen der Verordnung über die Einlegung der Beschwerde hinzuweisen.

(6) Von dem Verbot ist den zuständigen Dienststellen der Reichspostverwaltung, gegebenenfalls auch der Reichsbahnverwaltung, unter genauer Bezeichnung des Beginns und des Endes der Verbotsfrist unverzüglich Mitteilung zu machen, sofern die weitere Versendung einer Druckschrift zu besorgen ist.

(7) Ueber das Verbot periodischer Druckschriften ist mir unverzüglich zu berichten. Dem Bericht sind beizufügen:

a) 5 beglaubigte Abschriften der Verbotsverfügung mit Gründen,

b) 2 Stücke der beanstandeten Nummer der Druckschrift.

(8) Wird gegen das Verbot Beschwerde eingelegt, so ist mir die Beschwerdeschrift unverzüglich vorzulegen, damit ich zu ihr Stellung nehmen und sie innerhalb der vorgeschriebenen Frist von 5 Tagen dem Reichsminister des Innern zuleiten kann. Der Zeitpunkt des Eingangs ist auf der Urschrift der Beschwerdeschrift, die mir stets vorzulegen ist, zweifelsfrei zu vermerken. Die Beschwerde ist mit einem Begleitbericht, der sich zu ihren Darlegungen eingehend zu äußern und die die Verfügung begründenden Unterlagen, soweit noch nicht in der Verfügung selbst geschehen, übersichtlich zu erörtern hat, so rechtzeitig abzusenden, daß sie spätestens am dritten Tage nach der Einlegung bei mir eingeht. Zur brieflichen Uebermittlung ist Eilbotensendung zu benutzen. Der Brief selbst ist zur Kennzeichnung der Eilbedürftigkeit als Schnellbrief (roten Rand) zu fassen und außerdem auf der ersten Seite mit dem Vermerk „Presseverbotssache!“ in rot zu versehen. Dem Begleitbericht sind beizufügen:

a) 2 beglaubigte Abschriften des Begleitberichts,

b) 2 beglaubigte Abschriften der Beschwerdeschrift,

c) 1 weiteres Stück der beanstandeten Nummer der Druckschrift,

d) die Zustellungsurkunde bzw. der Behändigungsschein.

6. Die Wirkung des Verbots einer periodischen Druckschrift besteht darin, daß sie nach Zustellung der Verbotsverfügung weder hergestellt, noch verlegt, herausgegeben oder verbreitet werden darf (§ 18 der VO.). Wenn periodische Druckschriften, deren Erscheinen für einen bestimmten Zeitraum verboten ist, häufig in einer Sonderausgabe, die lediglich den Abdruck der Verbotsverfügung enthält, ihren Lesern auf diese Weise von dem Verbot Kenntnis zu geben pflegen, so liegt, streng genommen, eigentlich ein Verstoß gegen diese Bestimmung vor. Gleichwohl haben die Polizeibehörden aus Entgegenkommen gegenüber der betroffenen Zeitung hieran regelmäßig nicht Anstand genommen. Die Wiedergabe der Verbotsbegründung, besonders wenn sie durch den Druck noch hervorgehoben wird, kann aber leicht dazu führen, daß z. B. Beschimpfungen, Verleumdungen, Irreführungen u. dgl. erneut ihre schädliche Wirkung in der Oeffentlichkeit ausüben. Um dem vorzubeugen, haben die Verbotsbehörden in die Verbotsverfügung künftig eine Bestimmung dahin aufzunehmen, daß künftig nur eine Mitteilung des Inhalts: „Das Erscheinen der Zeitung . . . ist bis zum . . . verboten worden", gestattet sei und daß darüber hinaus jede weitere Mitteilung verboten sei und einen Verstoß gegen § 18 der Verordnung bedeuten würde.

7. Allgemeine Anordnungen nach § 14 Abs. 1 der Verordnung ergehen zweckmäßig in Form einer polizeilichen Anordnung gemäß § 58 Buchst. b PVG.

8. (1) Die Anordnung der polizeilichen Haft nach § 22 der Verordnung ist schriftlich zu erlassen und zu begründen. Ausfertigung der Anordnung mit Gründen ist dem Verhafteten unverzüglich, spätestens innerhalb 24 Stunden nach Beginn der polizeilichen Haft, zu erteilen. Bei Uebergabe der Ausfertigung ist der Verhaftete darüber zu vernehmen, ob und welche Einwendungen er gegen die Anordnung der polizeilichen Haft zu erheben hat.

(2) Die Aufhebung der polizeilichen Haft hat durch schriftliche Verfügung zu erfolgen, die dem Verhafteten unter Uebergabe einer Ausfertigung der Aufhebungsverfügung zu eröffnen ist.

(3) Ueber die Anordnung der polizeilichen Haft ist dem Regierungspräsidenten und, soweit die Anordnung nicht von einer staatlichen Polizeiverwaltung oder einer

Polizeiverwaltung in kreisfreien Städten ausgeht, auch dem Landrat sofort zu berichten.

9. Verfügungen gemäß § 23 Abs. 1 bis 3 der Verordnung über die Schließung von Räumlichkeiten sind schriftlich zu erlassen und mit Gründen zu versehen.

10. Beschlüsse nach § 23 Abs. 5 Satz 2 der Verordnung sind mir zur Veröffentlichung im Min.-Blatt und Benachrichtigung des Reichsministers des Innern unverzüglich in dreifacher beglaubigter Abschrift vorzulegen.

An die Ober-Präs. und alle Pol.-Behörden.

— MBliV. I S. 147.

Durchführung der VO. zur Erhaltung des inneren Friedens

vom 19. Dezember 1932 (MBliV. S. 1336)*)

I. . . . .

II. . . . .

1. . . . .

2. Für die Zuständigkeit und das Verfahren bei der Auflösung von Vereinigungen auf Grund des § 2 Abs. 1 RVG., sofern sie Zwecke verfolgen, die den §§ 81 bis 86, 127 bis 129 StGB. zuwiderlaufen, ist die bisher in § 9 des Ges. zum Schutze der Republik enthaltene Regelung durch §§ 3 ff. beibehalten worden. Zuständig für die Auflösung einer solchen Vereinigung auf Grund des § 3 Abs. 1 der VO. v. 19. 12. 1932 sind, unter Vorbehalt meiner Zuständigkeit, die Regierungspräsidenten und der Polizeipräsident in Berlin.

3. . . . .

4. . . . .

III. Für die formale Behandlung von Verfügungen nach §§ 3, 4 und 6 der VO. v. 19. 12. 1932 bestimme ich folgendes:

1. Verfügungen, durch die ein Verein gemäß § 3 der VO. v. 19. 12. 1932 aufgelöst und sein Vermögen

---

*) Die durch die VO. v. 4. 2. 1933 und dazu ergangenen Ausführungsbestimmungen überholten Vorschriften sind fortgelassen.

gemäß § 4 a. a. O. beschlagnahmt und eingezogen wird, . .
. . . .
. . . . sind mit Gründen zu versehen, in denen die die Maßnahme stützenden Tatsachen darzulegen sind. Die Gründe sind, soweit Zustellung der Verfügung erfolgt, dem Betroffenen auch ohne besonderen Antrag mitzuteilen.

Verfügungen gemäß Abs, 1 Satz 1 sind, soweit nicht besondere Gründe entgegenstehen, dem Betroffenen zuzustellen, sonst amtlich bekanntzumachen.

Die Verfügungen sind stets, auch wenn die Bekanntgabe durch Zustellung erfolgt, im Reichs- und Staatsanzeiger ohne Angabe der Gründe zu veröffentlichen.

Entsprechendes gilt für die Aenderung und Aufhebung solcher Verfügungen.

In den Verfügungen ist auf die Bestimmungen der Verordnung über die Einlegung der Beschwerde hinzuweisen.

Von dem Verbot einer periodischen Druckschrift ist den zuständigen Dienststellen der Reichspostverwaltung, gegebenenfalls auch der Reichsbahnverwaltung, unter genauer Bezeichnung des Beginns und des Endes der Verbotsfrist unverzüglich Mitteilung zu machen, sofern die weitere Versendung einer verbotenen Druckschrift zu besorgen ist.

2. Ueber die Auflösung von Vereinen . . . .
. . . . ist mir unverzüglich zu berichten Dem Bericht sind beizufügen:

a) 5 beglaubigte Abschriften der Verbotsverfügung mit Gründen,

b) . . . . . .
. . . .
. . . .

IV. . . . . .

V. . . . . . .

VI. Ein Verein, der auf Grund bisheriger Vorschriften wegen eines den §§ 81 bis 86, 127 bis 129 StGB. zuwiderlaufenden Zweckes aufgelöst worden ist, bleibt weiterhin verboten; seine Fortsetzung oder Neubildung in irgendeiner Form ist nach § der VO. v. 19. 12. 1932 verboten und strafbar. Dies gilt insbesondere für den durch Verfügung v. 3. 5. 1929 aufgelösten Roten Frontkämpferbund.

Durchführung der VO. zum Schutz von Volk und Staat
s. o. S. 25/27.

Verordnung

zur Verordnung des Reichspräsidenten zur Erhaltung des inneren Friedens vom 19. Dezember 1932 (Reichsgesetzbl. I S. 548).

Vom 21. Dezember 1932 (GS. Nr. 66 v. 23. 12. 1932).

Auf Grund des § 3 Abs. 1 und § 6 Abs. 1 Satz 2 der Verordnung des Reichspräsidenten zur Erhaltung des inneren Friedens vom 19. Dezember 1932 (Reichsgesetzbl. I S. 548) wird folgendes bestimmt:

I. Für die Auflösung von Vereinen nach §§ 3 und 4 der Verordnung . . . . sind auch die Regierungspräsidenten für den Bereich ihres Bezirks und der Polizeipräsident in Berlin für den Bezirk der Stadt Berlin zuständig.

II. Diese Verordnung tritt sofort in Kraft.

Berlin, den 21. Dezember 1932.

Für den Preußischen Minister des Innern
Der Kommissar des Reichs
Popitz,
Reichsminister.

Bayern

Bekanntmachung zum Schutze des Deutschen Volkes

Vom 8. Februar 1933 (GVBl. S. 76).

Staatsministerium des Innern.

Zum Vollzuge der Verordnung des Reichspräsidenten zum Schutze des deutschen Volkes vom 4. Februar 1933 (RGBl. I S. 35) wird bestimmt:

I.

(1) Zuständig zum Verbot von Versammlungen und Aufzügen nach § 1 Abs. 2 und § 6 der Verordnung sind in

Städten mit staatlicher Polizeiverwaltung die Polizeidirektionen und Staatspolizeiämter, im übrigen die Stadtkommissäre und Bezirksämter.

(II) Die Ortspolizeibehörden haben die bei ihnen eingehenden Anmeldungen von Versammlungen und Aufzügen (§ 1 Abs. 1 der Verordnung) unverzüglich auf schnellstem Wege der in Abs. I bezeichneten Polizeibehörde vorzulegen und in jedem Falle fernmündlich mitzuteilen.

II.

(I) Zuständig zur polizeilichen Beschlagnahme und zur Einziehung von Druckschriften nach § 7 der Verordnung sind in Städten mit staatlicher Polizeiverwaltung die Polizeidirektionen und Staatspolizeiämter, im übrigen die Stadtkommissäre und Bezirksämter, außerdem für den Regierungsbezirk die Regierungen, Kammern des Innern, und für das Staatsgebiet die Polizeidirektion München.

(II) Vorläufige Maßnahmen zur Sicherung der polizeilichen Beschlagnahme und Einziehung können auch von den Ortspolizeibehörden und den Polizeibeamten des polizeilichen Sicherheitsdienstes getroffen werden.

III.

Zuständig zum Verbote periodischer Druckschriften nach §§ 9 bis 11 der Verordnung sind in Städten mit staatlicher Polizeiverwaltung die Polizeidirektionen und Staatspolizeiämter, im übrigen die Regierungen, Kammern des Innern.

IV.

Leitende Beamte des Staates im Sinne der Verordnung sind die Staatsminister und Staatssekretäre sowie die mit der Leitung eines Staatsministeriums betrauten Staatsräte.

V.

Sammlungen von Geld- und Sachspenden zu politischen Zwecken oder zur Verwendung durch politische Organisationen bleiben nach Art. 52 des Polizeistrafgesetzbuches in Verbindung mit der Verordnung vom 20. Sept. 1862 über die polizeiliche Bewilligung von Sammlungen (RegBl. S. 2269) ohne polizeiliche Erlaubnis verboten. Ausgenommen sind Sammlungen, die in Versammlungen oder im Zusammenhange mit ihnen am Versammlungsorte stattfinden, sowie Sammlungen von Haus zu Haus, die sich auf Mitglieder der sammelnden Organisation beschränken.

VI.

(I) Zuständig zur Verhängung der Polizeihaft nach § 32 der Verordnung sind in Städten mit staatlicher Polizeiverwaltung die Polizeidirektionen und Staatsämter, im übrigen die Stadtkommissäre und Bezirksämter.

(II) Der Polizeihaftbefehl ist schriftlich zu erlassen. Die der Verhaftung zugrunde liegenden Tatsachen sind anzuführen. Der Polizeihaftbefehl ist dem Verhafteten bei der Anordnung oder, falls dies nicht möglich ist, unverzüglich nach der Anordnung der Polizeihaft bekanntzugeben. Abschrift ist ihm alsbald zu erteilen.

(III) Der Verhaftete ist spätestens am darauffolgenden Tage darüber zu vernehmen, ob und welche Einwendungen er gegen die Anordnung der Polizeihaft zu erheben hat.

(IV) Gegen die Verhängung der Polizeihaft steht ihm die Beschwerde im Dienstaufsichtswege und, soweit er die Begehung der ihm zur Last gelegten Tat bestreitet, der Antrag auf richterliche Entscheidung zu. Hierüber ist der Verhaftete bei Bekanntgabe des Polizeihaftbefehls zu belehren.

(V) Der Verhaftete kann jederzeit einen Verteidiger zuziehen. Hat der Verhaftete einen gesetzlichen Vertreter, so kann auch dieser selbständig einen Verteidiger wählen.

(VI) Zu Verteidigern können die bei einem deutschen Gerichte zugelassenen Rechtsanwälte sowie die Rechtslehrer an deutschen Hochschulen gewählt werden. Andere Personen können nur mit Genehmigung der Behörde, die den Polizeihaftbefehl verhängt hat, zugelassen werden.

(VII) Dem Verteidiger kann Einsicht in die über die Verhängung der Polizeihaft erwachsenen Akten gewährt werden. Dem Verhafteten ist schriftlicher und mündlicher Verkehr mit dem Verteidiger gestattet.

(VIII) Der gesetzliche Vertreter des Verhafteten und der Ehemann einer Verhafteten sind als Beistand zuzulassen und auf ihr Verlangen zu hören.

(IX) Die Aufhebung des Polizeihaftbefehls hat schriftlich zu erfolgen und ist dem Verhafteten unter Angabe von Gründen und unter Uebergabe einer Abschrift der Aufhebungsverfügung zu eröffnen.

(X) Die Vollstreckung der Polizeihaft erfolgt nach Maßgabe des § 218 Abs. III der Dienst- und Vollzugsordnung für die bayerischen Strafanstalten und Gerichtsgefängnisse in der Fassung vom 18. September 1931 (GVBl. S. 281) im Gerichtsgefängnisse, wenn der Behörde, die den Polizeihaftbefehl erlassen hat, kein zureichender polizeilicher Verwahrungsraum zur Verfügung steht. Soweit nicht die Dienst- und Vollzugsordnung besondere Vorschriften enthält oder die Behörde, die den Polizeihaftbefehl erlassen hat, im einzelnen Falle etwas anderes anordnet, finden die für Untersuchungsgefangene gegebenen Vorschriften entsprechende Anwendung.

VII.

Zuständig zur Schließung von Räumlichkeiten nach § 23 der Verordnung sind in Städten mit staatlicher Polizeiverwaltung die Polizeidirektionen und Staatspolizeiämter, im übrigen die Stadtkommissäre und Bezirksämter. Diese Behörden sind auch Ortspolizeibehörden im Sinne des § 23 Abs. 3 und höhere Verwaltungsbehörden im Sinne des § 23 Abs. 5 der Verordnung.

München, den 8. Februar 1933.

Dr. Stützel.

Bekanntmachung zur Erhaltung des inneren Friedens
Vom 22. Dezember 1932 (GVBl. 1932 S. 442).

Staatsministerium des Innern.

Zum Vollzuge der Verordnung des Reichspräsidenten zur Erhaltung des inneren Friedens vom 19. Dezember 1932 (RGBl. I S. 548) wird bestimmt:

Zuständig zur Auflösung von Vereinen, deren Zweck den §§ 81 bis 86, 127 bis 129 des Strafgesetzbuchs zuwiderläuft (§ 3 der Verordnung), ... sind in Städten mit staatlicher Polizeiverwaltung die Polizeidirektionen und Staatspolizeiämter, im übrigen die Regierungen, K. d. J. Die Zuständigkeit des Staatsministeriums des Innern als oberster Landesbehörde bleibt unberührt.

München, den 22. Dezember 1932.

Dr. Stützel.

Sachsen

Ausführungsverordnung zur Verordnung des Reichspräsidenten zum Schutze des deutschen Volkes

Vom 7. Februar 1933 (GBl. S. 11).

Artikel 1.

Zur Ausführung der Verordnung des Reichspräsidenten zum Schutze des deutschen Volkes vom 4. Februar 1933 (Reichsgesetzbl. I S. 35) — nachstehend mit R.Pr.Vo. bezeichnet — wird bestimmt:

§ 1

(1) Oberste Landesbehörde im Sinne der R.Pr.Vo. ist das Ministerium des Innern.

(2) Ortspolizeibehörden und Polizeibehörden im Sinne der R.Pr.Vo. sind die unteren Verwaltungsbehörden (Amtsmannschaften und Gemeinderäte der Gemeinden, denen die Befugnisse der unteren Staatsverwaltungsbehörden voll überwiesen sind, in Städten mit staatlichen Polizeiämtern jedoch diese).

§ 2

Leitende Beamte im Sinne von § 2 Ziffer 2 und § 9 Abs. 1 Ziffer 5 sind der Ministerpräsident und die Minister.

§ 3

Zu § 1 Abs. 1 der R.Pr.Vo.

(1) Erstreckt sich ein Aufzug über das Gebiet einer Ortspolizeibehörde hinaus (§ 1), so hat die Anmeldung nur bei der Ortspolizeibehörde zu erfolgen, wo er beginnt. Beginnt er außerhalb Sachsens, so ist er bei der Ortspolizeibehörde anzumelden, in deren Bezirk er die Grenze überschreitet. Die Ortspolizeibehörde, bei welcher die Anmeldung erfolgt, hat alle staatlichen Polizeiämter und Amtshauptmannschaften, deren Bezirk von dem Aufzug berührt wird, sofort von der Anmeldung in Kenntnis zu setzen. Die Amtshauptmannschaften haben Ortspolizeibehörden ihres Bezirkes, deren Bereich von dem Aufzug berührt wird, sofort zu benachrichtigen.

(2) Ueber jede Anmeldung hat die Ortspolizeibehörde (§ 1) dem Anmeldenden eine kostenfreie Bescheinigung nach dem aus der Anlage ersichtlichen Muster zu erteilen.

§ 4

Zu §§ 2 und 3 der R.Pr.Vo.

Zuständig zur Auflösung nach §§ 2 und 3 der R.Pr.Vo. sind die in § 1 genannten Polizeibehörden. Die Amtshauptmannschaften werden ermächtigt, ihre Befugnisse auf einzelne Gemeinderäte der Gemeinden, denen die Befugnisse der unteren Staatsverwaltungsbehörde nicht voll überwiesen sind, allgemein oder in Einzelfällen zu übertragen.

§ 5

Zu § 6 der R.Pr.Vo.

Landesbehörden im Sinne von § 6 der R.Pr.Vo. sind das Ministerium des Innern und je für ihren Amtsbereich die Kreishauptmannschaften und Ortspolizeibehörden (§ 1).

§ 6

Zu § 10 der R.Pr.Vo.

Zuständig zum Verbot periodischer Druckschriften nach § 10 der R.Pr.Vo. sind die Kreishauptmannschaften, in Städten mit staatlichen Polizeiämtern jedoch diese.

§ 7

Zu § 11 der R.Pr.Vo.

Zuständige Landesbehörde im Sinne von § 11 Abs. 2 Satz 2 der R.Pr.Vo. sind die im vorstehenden § 6 aufgeführten Behörden, in deren Bezirk die als Ersatz zugestellte periodische Druckschrift erscheint.

§ 8

Zu § 22 der R.Pr.Vo.

Zuständig zur Inhaftnahme nach § 22 der R.Pr.Vo. sind die Ortspolizeibehörden (§ 1).

§ 9

Zu § 23 der R.Pr.Vo.

(1) Zuständig zur Schließung von Räumlichkeiten, Beschlagnahme und Einziehung von Waffen und zur Entziehung der Erlaubnis zum Betrieb einer Gast- oder Schankwirtschaft nach § 23 der R.Pr.Vo. sind die Ortspolizeibehörden (§ 1).

(2) Höhere Verwaltungsbehörden im Sinne von § 23 Abs. 5 der R.Pr.Vo. sind die Kreishauptmannschaften.

Artikel 2

Diese Verordnung tritt mit Wirkung vom 7. Februar 1933 in Kraft.

Dresden, am 9. Februar 1933.

Ministerium des Innern.
Richter.

Ausführungsverordnung zur Verordnung des Reichspräsidenten zur Erhaltuug des inneren Friedens
Vom 22. Dezember 1932 (GBl. Nr. 40 v. 28. 12. 1932).

Artikel 1

Zur Ausführung der Verordnung des Reichspräsidenten zur Erhaltung des inneren Friedens vom 19. Dezember 1932 (Reichsgesetzbl. I S. 548) — nachstehend mit R.Pr.Vo. bezeichnet — wird bestimmt:

§ 1

§ 2

Zu § 3 der R.Pr.VO.

Zuständig zur Auflösung eines Vereins nach § 3 der R.Pr.Vo. ist das Ministerium des Innern.

§ 4

Außer Kraft treten:

1. Die Ausführungsverordnung zum Republikschutzgesetz vom 10. April 1930 (GBl. S. 25);
2. die Ausführungsverordnung zur Verordnung des Reichspräsidenten gegen politische Ausschreitungen vom 24. Juni 1932 (GBl. S. 119);
3. die Ausführungsverordnung zur Zweiten Verordnung des Reichspräsidenten gegen politische Ausschreitungen vom 29. Juni 1932 (GBl. S. 121).

Artikel 2

Diese Verordnung tritt am Tage ihrer Verkündung in Kraft.

Dresden, am 22. Dezember 1932.

Ministerium des Innern
Richter.

Württemberg

Zum Vollzug der Verordnung des Reichspräsidenten zum Schutze des deutschen Volkes vom 4. Februar 1933

(Reichsgesetzblatt I S. 35)

wird verordnet:

§ 1

Zuständigkeit

(1) Zuständig für die in § 1 Abs. 2, §§ 2, 3, 4, 6, 7, 22 und 23 Abs. 1 und 2 der Reichsverordnung hinsichtlich der Versammlungen und Aufzüge, der Beschlagnahme und Einziehung von Druckschriften, der Waffendelikte, der Schließung von Räumlichkeiten sowie der Beschlagnahme und Einziehung von Waffen zugelassenen polizeilichen Maßnahmen sind die Ortspolizeibehörden. Zu allgemeinen Verboten von Versammlungen unter freiem Himmel und Aufzügen für bestimmt abgegrenzte Ortsteile nach § 6 Abs. 1 Nr. 1 und zur Schließung von Räumlichkeiten nach § 23 Abs. 1 und 2 der Reichsverordnung bedürfen die Verfügungen der Ortspolizeibehörden der Zustimmung des Oberamts. Höhere Verwaltungsbehörde im Sinne des § 23 Abs. 5 Satz 2 der Reichsverordnung sind das Polizeipräsidium Stuttgart und die Oberämter.

(2) Verbote periodischer Druckschriften nach § 9 in Verbindung mit § 10 der Reichsverordnung erläßt das Innenministerium als oberste Landesbehörde.

§ 2

Bescheinigungen

Ueber die Anmeldung von Versammlungen und Aufzügen nach § 1 Abs. 1 der Reichsverordnung haben die Ortspolizeibehörden auf Antrag gebührenfreie Bescheinigungen auszustellen, die als Ausweis dienen.

§ 3

Leitende Landesbeamte

Leitende Landesbeamte im Sinne des § 2 Nr. 2 und des § 9 Abs. 1 Nr. 5 in Verbindung mit § 25 Abs. 2 der Reichsverordnung sind die Mitglieder des Staatsministeriums.

Stuttgart, den 8. Februar 1933.

Baden

Verordnung und Bekanntmachung des Ministers des Innern zur Ausführung der Verordnung des Reichspräsidenten zum Schutze des deutschen Volkes

Vom 8. Februar 1933 (GVBl. Nr. 3).

Zur Ausführung der Verordnung des Reichspräsidenten zum Schutze des deutschen Volkes vom 4. Februar 1933 (Reichsgesetzblatt I Seite 35) wird mit sofortiger Wirkung verordnet, was folgt:

§ 1

Ortspolizeibehörde im Sinne des § 1 Absatz 1 und 2, des § 7 und des § 23 Absatz 3 der Verordnung des Reichspräsidenten sind die Bezirksämter (Polizeipräsidien, Polizeidirektionen). Diese Behörden sind auch für die Maßnahmen nach § 6 Absatz 1 und § 22 zuständig. Soweit die polizeiliche Beschlagnahme und Einziehung von Druckschriften für das ganze Land erfolgen soll, ist das Polizeipräsidium Karlsruhe zuständig.

§ 2

Zu Maßnahmen nach den §§ 2, 3, 4 und 23 Absatz 1 der Verordnung des Reichspräsidenten sind neben den Ortspolizeibehörden auch die Bezirkspolizeibehörden zuständig; zu solchen nach den §§ 2 und 3 Absatz 4 auch die Beauftragten dieser Behörden.

§ 3

Höhere Verwaltungsbehörde im Sinne des § 23 Absatz 5 der Verordnung des Reichspräsidenten sind die Landeskommissäre.

§ 4

Diese Verordnung tritt mit der Verkündung in Kraft.

Karlsruhe, den 8. Februar 1933.

Der Minister des Innern
Dr. Umhauer.

Bekanntmachung des Staatsministeriums zur Ausführung der Verordnung des Reichspräsidenten zum Schutze des deutschen Volkes

Vom 11. Februar 1933 (GVBl. Nr. 4).

Leitende Beamte im Sinne der Verordnung des Reichspräsidenten vom 4. Februar 1933 zum Schutze des deutschen Volkes (Reichsgesetzblatt I Seite 35) sind die Mitglieder des Staatsministeriums.

Karlsruhe, den 11. Februar 1933.

Das Staatsministerium
Dr. Schmitt.

Thüringen

Verordnung zur Ausführung der Verordnung des Reichspräsidenten zum Schutze des deutschen Volkes vom 4. Februar 1933 – RGBl. I S. 35 –

Vom 8. Februar 1933 (GS. S. 11).

1

Zu § 2 Nr. 2 und § 9 (1) Nr. 5:

Leitende Beamte sind die Mitglieder der Landesregierung (Staatsminister und Staatsräte).

2

Zu § 14 (1) Satz 1:

Das Sammeln von Geld- oder Sachspenden wird den kommunistischen Parteien oder ihren Hilfs- und Nebenorganisationen zu politischen Zwecken oder zur eigenen Verwendung von Haus zu Haus, auf Straßen oder Plätzen, in Gast- und Vergnügungsstätten oder an anderen öffentlichen Orten verboten.

3

Zu § 22:

Zuständig für die Anordnung der Polizeihaft ist in den Städten mit staatlicher Polizeiverwaltung diese, im übrigen das Kreisamt (§§ 7—9 ZustOrdg.).

4

Zu § 23:

(I) (Zu Abs. 1—3.) Zuständig für die polizeiliche Schließung von Räumen und für die Beschlagnahme und Einziehung von Waffen sowie für die Entziehung der Erlaubnis zum Betrieb einer Gast- und Schankwirtschaft ist in den Städten, in denen eine staatliche Polizeiverwaltung besteht, diese, im übrigen das Kreisamt (§§ 7—9 ZustOrdg.).

(II) (Zu Abs. 5.) Höhere Verwaltungsbehörde ist das Kreisamt (§§ 7—9 ZustOrdg.).

Weimar, den 8. Februar 1933.

Thüringisches Ministerium des Innern.

Ausführungsanweisung zur Verordnung des Reichspräsidenten zur Erhaltung des inneren Friedens vom 19. Dezember 1932

(Amts- u. Nbl. Nr. 5 v. 18. 1. 1933.)

[1—4]

5

Ein Verein, der auf Grund bisheriger Vorschriften wegen eines den §§ 81 bis 86, 127 bis 129 StGB. zuwiderlaufenden Zweckes aufgelöst worden ist, bleibt weiterhin verboten. Seine Fortsetzung oder Neubildung in irgendeiner Form ist nach § 5 der VO. vom 19. 12. 1932 verboten und strafbar. Dies gilt insbesondere für den aufgelösten Roten Frontkämpferbund.

Auch die durch VO. vom 3. 5. 1932 — RGBl. I S. 185 — aufgelösten kommunistischen Gottlosenorganisationen bleiben nach wie vor verboten, da diese Verordnung weiterbesteht.

6

Besteht der Verdacht, daß der Zweck eines Vereins den §§ 81—86, 127—129 StGB. zuwiderläuft, so haben die Polizeibehörden uns unter Beifügung der erforderlichen Beweismittel umgehend zu berichten.

7

Die Geltungsdauer des § 3 des Gesetzes gegen Waffenmißbrauch vom 28. 3. 1931 — RGBl. I S. 77 — ist bis auf weiteres verlängert. Danach wird auch weiterhin mit Gefängnis nicht unter 3 Monaten bestraft, wer gemeinsam mit anderen zu politischen Zwecken an öffentlichen Orten erscheint und dabei bewaffnet ist.

8

In Wirksamkeit bleiben von den früher erlassenen Notverordnungen gegen politische Ausschreitungen die in unserer Zusammenstellung vom 22. 6. 1932 — Bekanntmachungen für die staatl. Polizei S. 117 ff. — aufgeführten Teile (Aenderung des § 86 StGB., Aenderung des Lichtspielgesetzes, Maßnahmen gegen Waffenmißbrauch, Verstärkung des Ehrenschutzes, Auflösung der kommunistischen Gottlosenorganisationen).

Zu beachten sind im übrigen die in Abschnitt IV der VO. vom 19. 12. 1932 enthaltenen Aenderungen des Strafgesetzbuches.

Weimar, den 5. Januar 1933.

Thüringisches Ministerium des Innern.
III P V.

Hamburg

Verordnung zur Ausführung der Verordnung des Reichspräsidenten zum Schutze des deutschen Volkes (GVBl. S. 17).

Auf Grund von §§ 10, 14, und 25 Abs. 2 der Verordnung des Reichspräsidenten zum Schutze des deutschen Volkes vom 4. Februar 1933 (Reichsgesetzblatt Teil I Seite 35) verordnet der Senat:

I.

Zuständig für das Verbot einer periodischen Druckschrift für das gesamte hamburgische Staatsgebiet ist der Präses der Polizeibehörde.

II.

Zuständig für das Verbot von Sammlungen zu politischen Zwecken im Sinne von § 14 der Verordnung ist der Präses der Polizeibehörde.

III.

Leitende Beamte im Sinne des § 2 Nr. 2 und des § 9 Abs. 1 Nr. 5 der Verordnung des Reichspräsidenten sind

die Mitglieder des Senats,
die Staatsräte,
der Polizeipräsident und dessen Stellvertreter sowie
der Chef der Ordnungspolizei und dessen Stellvertreter.

IV.

Diese Verordnung tritt mit dem 15. Februar 1933 in Kraft.

Gegeben in der Versammlung des Senats,

Hamburg, den 13. Februar 1933.

Bremen

Verordnung zur Ausführung der Verordnung des Reichspräsidenten vom 6.*) Februar 1933 zum Schutze des deutschen Volkes

Vom 13. Februar 1933 (GBl. S. 9).

Der Senat verordnet zur Ausführung der in der Ueberschrift bezeichneten Verordnung des Reichspräsidenten (Reichsgesetzbl. I S. 35):

I. Leitende Beamte des Staates im Sinne des § 2 Nr. 2 und § 9 Abs. 1 Nr. 5 der Verordnung sind die Mitglieder des Senats.

II. Zuständig für das Verbot einer periodischen Druckschrift nach § 9 der Verordnung ist die Polizeikommission des Senats.

III. Gegen die von den Ortspolizeibehörden in den Fällen der §§ 1, 4 und 7 getroffenen Entscheidungen ist die Beschwerde an die Polizeikommission, gegen deren Entscheidung die Beschwerde an den Senat zulässig.

Beschlossen Bremen, in der Versammlung des Senats am 11. und bekanntgemacht am 13. Februar 1933.

---

*) Soll heißen: 4. Februar!

Anhang III

Uebersicht über die Religionsgesellschaften des öffentlichen Rechts in den größeren Ländern und den Hansestädten
(§ 1 Abs. 1 Nr. 3 und § 6 Abs. 1 Nr. 3 v. 14. 6. 1932)

Religionsgesellschaften mit den Rechten einer öffentlichen Korporation sind folgende:

Preußen: Die Gemeinden und kirchenverfassungsrechtlichen Verbände der evangelischen Landeskirchen und der katholischen Kirche einschließlich der Altkatholiken sowie der jüdischen Religionsgesellschaft.

Bayern: Die katholische Kirche und die altkatholische Religionsgesellschaft,
die evangelischen Kirchen einschließlich der reformierten Kirche,
die israelitischen Kultus- und Synagogengemeinden,
der Verband bayerischer israelitischer Gemeinden in München,
der Verband bayerischer israelitischer Kultusgemeinden in der Pfalz,
der Bund gesetzestreuer israelitischer Kultusgemeinden Bayerns in Schweinfurt.

Sachsen: Die evangelisch-lutherische Kirche und ihre Einzelgemeinden,
die römisch-katholische Kirche und ihre Einzelgemeinden,
die evangelisch-reformierten Gemeinden in Dresden und Leipzig,

die freireligiöse (deutsch-katholische) Gemeinschaft in Sachsen, Sitz Dresden, und ihre Einzelgemeinden,
die israelitischen Religionsgemeinden,
die Evangelische Brüderunität in Deutschland und ihre sächsischen Unterverbände (Brüdergemeinden),
die Bischöfliche Methodistenkirche in Sachsen,
die evangelisch-lutherische Freikirche in Sachsen mit dem Sitz in Niederplanitz und ihre Einzelgemeinden,
die Vereinigung der Baptisten mit dem Sitz in Dresden und ihre Einzelgemeinden.

Württemberg: Die evangelische und katholische Kirche,
die israelitische Religionsgemeinschaft,
die Bischöfliche Methodistenkirche in Württemberg,
der Landesverband der Evangelischen Gemeinschaft in Württemberg,
die reformierte Gemeinde in Stuttgart.

Baden: Die evangelischen und römisch-katholischen Kirchen einschließlich der Altkatholikengemeinschaft des Landes,
die israelitische Religionsgemeinschaft Badens,
die freireligiöse Landesgemeinde in Baden,
der Landesverband der Gemeinden der bischöflichen Methodistenkirche in Baden,
die neuapostolische Kirche im Freistaat Baden,
der Landesverband der evangelischen Gemeinschaft in Baden,
die Brüdergemeinde zu Königsfeld,
die israelitische Religionsgesellschaft in Karlsruhe.

Thüringen: Die Thüringer evangelische Kirche und ihre Einzelgemeinden,

der Bund evangelischer Gemeinden in Thüringen,
die Evangelische Brüderunität,
die Bischöfliche Methodistenkirche in Thüringen,
das römisch-katholische Bistum Meißen,
die Gemeinschaft proletarischer Freidenker, Wirtschaftsgebiet Thüringen,
ferner im Gebiet von

a) Sachsen-Weimar-Eisenach:
die römisch-katholische Kirche,
die katholischen Kirchengemeinden,
die israelitischen Kultusgemeinden,

b) Sachsen-Meiningen:
die römisch-katholische Kirche und einzelne katholische Kirchengemeinden,
die israelitischen Kultusgemeinden,

c) Schwarzburg-Sondershausen:
die römisch-katholischen Pfarrgemeinden und die Synagogengemeinden in Sondershausen und Arnstadt,

d) Reuß:
die evangelisch-lutherische Kirche in Reuß ä. L.,
die römisch-katholische Kirche im Volksstaat Reuß,
die israelitische Religionsgemeinschaft Gera.

Hessen: Die evangelische und römisch-katholische Kirche einschließlich der altkatholischen Kirche,
die israelitischen Religionsgemeinden,
die freireligiösen Gemeinden in Mainz, Offenbach und Ober-Ingelheim.

Hamburg: Die evangelische Kirche und die Römisch-Katholische Gemeinde,

die Gemeinden der deutschen Evangelisch-Reformierten, der Französisch-Reformierten, der Englisch-Reformierten und die Englisch-Bischöfliche Gemeinde,
die Vereinigung der Mennoniten-Gemeinden im Deutschen Reiche,
die Deutsch-Israelitische Gemeinde,
die Portugiesisch-Jüdische Gemeinde,
die Methodisten-, Monisten-, Baptistengemeinden und einige kleinere Gemeinden verschiedener Bekenntnisse.

Bremen: Die Bremisch-evangelische Kirche und ihre Gemeinden und Gemeindeverbände,
die römisch-katholische Kirche,
die Bischöfliche Methodistenkirche.

Lübeck: Die evangelisch-lutherische Kirche,
die reformierte Gemeinde,
die römisch-katholische Kirchengemeinde,
die israelitische Gemeinde.

Sachverzeichnis

(Die Zahlen bedeuten die Seiten)

Druck: Hans Heenemann, Berlin W.

FSC
www.fsc.org
MIX
Papier | Fördert gute Waldnutzung
FSC® C083411

Kolibri 360 GmbH
Ferdinand-Jühlke-Straße 7
99095 Erfurt, Deutschland
produktsicherheit@kolibri360.de